近代科学のリロケーション

南アジアとヨーロッパにおける知の循環と構築

カピル・ラジ［著］　水谷 智・水井万里子・大澤広晃［訳］

Relocating Modern Science

Circulation and the Construction of Knowledge in South Asia and Europe,1650-1900

名古屋大学出版会

近代科学のリロケーション——目　次

第4章　一九世紀初頭におけるイギリスの東洋学《オリエンタリズム》、もしくはグローバリズム対普遍主義《ユニバーサリズム》……131

第5章　普及論を打破する……149

——一九世紀初期ベンガルにおける近代科学教育の制度化

第6章　旅人が機器になるとき……170

——英領期の南アジア人による一九世紀の中央アジア探検

凡　例

一、本書は Kapil Raj, *Relocating Modern Science : Circulation and the Construction of Knowledge in South Asia and Europe, 1650–1900*（Basingstoke : Palgrave Macmillan, 2007）の日本語訳である。

一、引用文中の〔　〕は原著者による補足であり、〔……〕は省略を示す。

一、［　］は訳者による補足・訳注である。

一、南アジアの固有名詞は、原則として原語の発音に則って表記する。ただし、場合によっては、より広く使われている英語、ヒンディー語、サンスクリット語の表記を採用するか、あるいはそれを併記する。

序　章

近代科学は、一六〜一七世紀の「科学革命」に起源をもち、他の文化や時代に何も負うことのない純粋な西欧産であると広く見なされている。それに応じて、近代科学と非西欧世界との関係に対する学問的関心は、伝統的に主に二つの問題に焦点を合わせてきた。

一つ目は、西ヨーロッパという狭い範囲で近代科学が台頭したとされる要因は何かという問いに関するものである。このテーマについては、一九世紀から二〇世紀への世紀転換期に科学史が本格的な学問領域《ディシプリン》として確立されて以来常に、西洋の認識論的、社会学的、経済的な独自性を賞賛する科学史家たちによる数多くの叙述が生み出されてきた。(1) 実際、科学史で扱われるあらゆる問いのなかで、おそらくこれこそが、この学問領域を一般に最もよく知らしめているものである。起源論争に関するこれまでで最も謙虚な考察——少なくとも最も比較主義的なもののひとつであることは間違いない——は、ジョゼフ・ニーダムによるものであろう。同世代の多くの知識人たちと同じように、ニーダムは、人間による企てとしての——すなわち、時代や場所に左右されない、人間の本性に根ざした生まれつきの好奇心の表れとしての——科学の普遍性に確信をもっていた。(2) 一五世紀までの中国の重要な科学的・技術的達成に興味をそそられた彼は、なぜ近代科学がヨーロッパで生まれ、中国で生まれなかったのかを問うた。ニーダムによれば、彼の「大問題《グランド・クエスチョン》」と呼ばれるようになったものへの答えは、中国の強固な農業官僚的文化に求められた。それが、近代科学の基盤たる数学的合理性の出現にとって必須である商業資本および産業資本の台頭を妨げたというのである。それゆえ、インド科学やアラビア科学と同じように、中国科学はローカルで、「民族的なものにしばられた」諸カテゴリーに立脚し、それは技術的イノベーションの普及を可能にしても、その根底にある理論体系の普及を妨げてしまった。他方で、近代科学は数学的思考のもとに成り立っているがゆえに、あらゆる人間によって完全に我がものとすることができる、「全世界的《エキュメニカル》」なものである。しかし、その独自性にもかかわらず、近代科学は無から生じたわけではない。むしろそれは、「近代科学の大海へとさまざまな川が流れ込むように」西洋と東洋の中世的学問をともに包摂したのである。(3) このように、ニーダムにとって近代科学とは、その起源において西洋に固有である一方、文化的には普遍的なものなのである。

二つ目の問題群は、近代科学の起源が西洋にあるという点については自明視するものの、そのかわり、西ヨーロッパから外部への普及の様相《モダリティ》に注目するものである。この問題に関しては、ジョージ・バサラによる考察が、おそらく最もよく知られ、間違いなく最も物議を醸すものである。ほぼ四〇年前に発表された画期的《エポック・メーキング》な論文において、バサラは自らがシンプルに「西洋科学」と呼ぶものに関して、そのグローバル化の進化論的発展を示す三段階モデルを提唱した。(4) 科学的探究の準備の時代には、非ヨーロッパ的(すなわち「非科学的」)な社会が受動的なデータの宝庫としての役割を果たすが、その時代は二つ目の時代へ、すなわち植民地的依存の時代へと連なっていく。そこでは、ヨーロッパの科学の諸制度が西洋的な科学活動——ヨーロッパ人の植民地支配者や移住者、あるいは文化適応した先住者を担い手とするもの——をヨーロッパの外で促進する。そしてついには、植民地化された社会が成熟を迎え、西洋の専門的基準に基づきつつも独立してナショナルな科学的伝統を確立しようとするフェイズに達する。バサラのモデルは典型的な冷戦期の産物であり、反共的でアメリカ的理想に基づいた[ウォルト・]ロストウによる経済発展の五段階モデルと共鳴するものだった。ゆえに、それがかなり批判的な反応を招いてきたのは驚くべきことではない[5]。

ニーダムとバサラの両者によって打ち出された一連の問いは、それなりに、科学を研究対象とする歴史家および社会学者のうち西洋の外側のトピックに取り組むほとんどの人々の思考を支配してきた。近年、そうした学者たちは「科学と帝国」研究と呼ばれる学問的コミュニティを緩やかに構成している[6]。こうして、西洋の外、なかでも特にインドの科学に関する歴史研究は主に、一方では非西洋の諸文化による「近代科学の大海」への貢献に脚光をあてること、そして他方では近代科学の普及およびそれへの応答に集中してきた[7]。

これらの研究は、科学とは真実と合理性という根源的な価値観が具現したものであり、道徳的・社会的・物質的進歩の原動力であり、文明そのものの目印である、という信念をニーダムやバサラと共有している。ゆえに、科学史が論争の場となり、ナショナリストの歴史家たちが現地の諸学問および学びのあり方の科学性を主張するようになったということは驚くに当たらない。宗教的・政治的過激派の手によってこれは、たとえまったくの歴史的改竄ではないにしても、多くの排他的愛国主義的なゲリマンダリング[1]へと導かれていった[8]。

そこで我々は、以下のジレンマを突きつけられることになる。我々は、純粋に西ヨーロッパ発のものとして近代科学を理解すべきなのだろうか。その場合、近代科学は「西洋とそれ以外との分水嶺」の構成要素となり、非ヨーロッパの人々にとってはヨーロッパ人および資本主義との接触によって初めて到達するものと見なされることになる。それとも、自分の社会に科学的思考が先立って存在していたことを主張する、競合するナショナリストたちの語りの観点からのみ考えるべきなのか。

これまでのところ、この窮地を脱するひとつの方法は、近代科学の道徳的・政治的価値を問うことであった。実際近年では、疎外化・非人間化するものとして科学——そしてその他のあらゆる近代の制度——を非難すること、また場合によっては、ありうるかもしれない科学の代替的なヴィジョンを切り拓こうと試みる人が増えてきている[9]。

より最近では、フーコーに触発された近代科学の批判にならって、バサラのモデルは西洋権力のヘゲモニー的な「マスター・ナラティブ」、すなわち、自ら以外の世界を服従させつつ、同時にそれをヨーロッパの二項対立的な反対物たる「他者」の役割へと格下げする言説編成として一部では見なされている。この見方によれば、「別の合理性（another reason）」をもともと賦与されていた諸文化に対するしばしば暴力的な「合理性」の強制によって、西洋科学の普及が達成されることになる。しかしながら、この同じ見方によると、結果として生じた実践はヨーロッパのものをそのまま再現するどころか、雑種的《ハイブリッド》であるかあるいは前者の劣化コピーで、オリジナルの普遍性からはほど遠くその地でしか通用しないもの——西洋学問の拙劣な模倣——であった。(10)

これらの批判は、その政治的アピールにもかかわらず、非西洋的な「合理性」とされているもの——ヨーロッパ人との接触に先立つ数千年を通して純朴な無垢を保持したことを前提とする——の性質について何も示さない（この前提自体、二元論的な主張の押しつけによって成り立っているにすぎない）。より重要なことには、それらの批判は、近代そのもののごとく西ヨーロッパに起源をもち、のちにそれ以外の世界に普及した近代科学と呼ばれる何か本質的で統一されたものが存在するのだ、という広く受容されている考えを、より楽観的なかつての立場と同様に保持している。しかし、歴史学的調査はこれらの前提を裏付けるだろうか。

近年の学問は、これらの信条の誤りを指摘する傾向にある。実際、過去二〇年の間、ヨーロッパを横断する近代知としてその統一性が主張されてきたものは、納得のいくかたちで解体されてきている。独自の「近代科学」のかわりに、多数のナショナルな、そしてローカルな知的伝統およびダイナミクスが北ヨーロッパと西ヨーロッパのほとんどの地域にまたがって存在し、そこには近世および近代を通じて、多様で時に矛盾する知的課題や影響がみられる、ということが今では受け入れられている。(11)

さらには、多くの著名な帝国史研究者たち（といっても主にイギリス帝国に焦点が合わせられている）が、近代の根本的な価値――民主主義、正義、福祉国家といったもの――がその他の世界にただ単に普及したという考えに疑問を呈している。彼らは、近代とその諸制度は、あらかじめ存在する中心から単に発せられたものではなく、むしろ、イングランドとそれが支配するようになったアイルランド、スコットランド、インドを含む多くの国々との「衝突、妥協、融合の複雑な冒険物語《サーガ》」の産物である、と主張している。こうして構築のプロセスに焦点を合わせることで、イギリス連合王国とその近代の諸制度、そしてその帝国とが共に全体を構成していた、ということを彼らは示唆している。(12)

無関連でありながらも並行する傾向のなかで、植民地史家たちもまた自らの研究の焦点を、「被支配者」から、偶発的で移ろいやすい政治的領域へと拡大してきた。その領域では、ヨーロッパの優越性の主張に対する抵抗と再構成の弁証法を通じて、支配する側と支配される側のカテゴリーそのものがさまざまな時代や場所において形づくられパターン化されてきた。(13) 植民地研究のこの新しい傾向は、権力抗争に対してより敏感ではあるものの、近年勢いをもちつつある遭遇の歴史と人類学に関する研究と共鳴している。こうした研究に通底する中心的なテーマは、暗黙の理解があらゆる文化において自己および他者の概念に影響を及ぼすということである。しかしながら、これらの理解は両者が参加する不断に移ろいゆくプロセスの経験によって変容していくのであり、そして、そのことによってそうした遭遇は複雑な歴史的出来事および発見の契機《モーメント》になるのである。(14)

そして最後に、社会的・歴史的分析の範囲外に存在する、厳密で、不変的で、明示的で、実証的に検証された法則と手法に基づいた独自の発展論理を近代科学が有しているという伝統的理解を、科学史、科学社会学、科学哲学の研究者たちは過去数十年にわたって根底から掘り崩してきた。科学とは形式的な命題あるいは発見の制度であるという概念から離れ、近年のこれらの研究は、知の物質的、道具的、形而下的、実践的、社会的、政治的、認識論的な側面にも等しく焦点を合わせることによって、科学知の生成、維持、拡大、再構成を理解することを求めている。大きな物語や「全体像」の説明よりもむしろ、知識およびそれに関連する技術、実践、制度が生み出されるプロセスに関する詳細な事例研究を系統的《システマティック》に選択することで、これらの研究は自然科学の知を構成する命題、技術、対象がいかに交渉を通して形成され、また偶発的、局所的な性質を有するかを論証してきた。

　この新しい学問は、科学的研究が、論理的な思考を一歩一歩積み重ねていくことではなく、実用工芸の場合と同じように、多分にプラグマティックな判断に依拠するということを説得的に示している。より重要なことは、そしてもしかするとより驚くべきことは、こうした研究によって科学知があらゆるところでローカルなものであると判明したということである。実際、時間と場所の正確な背景――典型的には、実験室、観測所、博物館、驚異の部屋[2]、植物園、動物園、図書館、病院のような閉じられた空間――に知の生成を見出すことが、科学に関する近年の研究の主要な業績のひとつである。これに従い、発祥の場を越えていくさまざまな自然科学の知の可動性《モビリティ》――それらの普及と最終的な普遍化――を説明することが、もうひとつの重要な関心事となった。科学研究《サイエンス・スタディーズ》に携わる人々は、科学の命題、人為的結果《アーティファクト》、実践が、（その認識論的な力によって）内在的に普遍的でもなければ、他者に対して強引に押しつけられるものでもないということを納得のいくかたちで示している。むしろそれらは、受容と交渉の複雑なプロセス――それらの生成においてみられたのと同じくらい偶発的なもの――を通してのみ広まっていくのである。ある研究者がうまく言い表しているように、複製がうまくいくための「演算規則的《アルゴリズム》な処方箋」など存在しないのである。[15]

　同時に、長きにわたって科学知を具現するといわれてきた数学および自然・実験哲学は、最高位を他の多くの自然科学の領域に次々と明け渡しつつあり、今では、航海天文学、自然史、医学、地理学探検といった科目《サブジェクト》と歴史学的な注目をますます分け合うようになってきている。[16]そして、実験室が科学研究にとっていまだに知の生産の主要な場であり続けているものの、近頃では、厳密に隔離された空間の外部における知の生成に注目を移す学者もいる。こうして、コーヒーハウス、パブ、酒造場といった他の知的生産の場（ただし、常にヨーロッパの大都市《メトロポリス》の内部ではあったが）へと注目が移っていった。[17]しかしながら、非ヨーロッパの近代空間における知の生産については、知的伝統に関する社会史的研究によっては探究されておらず、もっぱら人類学者とその他の地域研究専門家に任されてきた。[18]

これらの新たな発見を武器に、学者たちは科学的活動に関する我々の理解を、社会、国家《ステート》、そして経済との複雑な関係の枠の中で捉え直そうと試みてきた。こうして科学は、知の生産のみならず、そのために使用される道具、技術、サービスの生産をも指すものとして捉えられている。それはまた、産業への応用および国家の威信に関する研究、未来の世代の科学者の教育と訓練、そして知的生産活動の公共理解の向上にも関わっている。[19]

本書は、こうした近年のいくつかの歴史学的な展開と理解の交差点に位置している。それは、ヨーロッパ拡大の文脈のなかでグローバル化された近世空間における、科学知の生産の本質を再検討する試みである。とりわけ、この時代の科学を構成する専門化された知の循環において間文化的《インターカルチュラル》な遭遇が果たす役割を見ていく。本書では、以下のいくつかの問いを扱う。すなわち、知の伝達のベクトルの性質はどのようなものだったのか。間文化的な遭遇の場において、知識・技術の伝達および流用に関与した主体《エージェント》は誰だったのか。それは普及と容認の単純なプロセスだったのか、あるいは、循環する知識および技術を受容し、再編成する積極的なプロセスが存在したのか。もし後者だとすれば、どこで——つまり、ヨーロッパの大都市圏以外のどこで——知は再構築され、認証されていたのか。この知と、その大都市における同類のものとの関係はどのようなものだったのか。これらの知は移動可能だったのか。だとすれば、置換のプロセスで何が起こったのか。

本書では、これらの問いは、一七世紀後半から一九世紀後半にかけてのひとつの間文化的な「接触領域《コンタクト・ゾーン》」——すなわち、ヨーロッパと南アジア——に関係する歴史的記録を検証することによって探究される。[20]豊富な文献史料の存在に加えて、南アジアの人々とヨーロッパの人々との間の遭遇の範囲および期間を勘案すると、この地域は、新たな知の生成における異なる専門文化間の相互作用を追跡する理想的な機会を提供するものといえる。

接触領域そのものにおける科学知の構築を検討し、また目新しい史料とともに接触領域を科学知生産の正当な場としてその範囲内に取り込むことによって社会的研究の視野を拡大するだけでなく、ヨーロッパの、あるいは西洋の科学として通ってきたものの重要部分が実際には外《ほか》で作られたということを私は示したい。これは、国家《ネーション》と地域の歴史は、とりわけ一六世紀の最初のグローバリゼーション以降、研究対象をそれぞれの地理的境界の内側に限定していては理解されえないという、より一般的な論点の一部を成すものである[21]。

もちろん、これが、近代科学の知の構築の場を西ヨーロッパを越えて拡大させる最初の試みというわけではない。その際私は、新世界および太平洋における知の遭遇を研究し始めた研究者たち——現時点では少ないながらも増加しつつある——によって示されている手本に従っていく[22]。しかしながら、もうひとつの主要な接触領域たるインド洋にはこれまでほとんど注意が払われていない。南アジアにおける科学の間文化的遭遇は、近年刊行されたある大著の主題になってはいるものの、科学に関する議論が、一九世紀の南アジアの人々およびイギリス人の知識人の間でなされた科学および科学知のステータスについての論争——それは二次的な議論であり、知の生成からは一歩離れてしまっている——に限定されている[23]。

本書で検討される類いの科学知には、自然史、土地測量、地図制作、法学、言語学、公共政策が含まれる。一見すると選択の範囲が広すぎるように見えるかもしれないが、近代の法、政治、行政を自然科学と同じグループに入れるのは根拠のないことではない。近年の科学史研究は、近代の諸科学における計量的な客観性が、かなりの部分、官僚機構の実践によって形づくられてきたということを説得的に示してきた[24]。

この本の狙いのひとつは、「植民地科学」あるいは「植民地的な知」というよく使われる概念を問い直すことである。こうした概念は、ヨーロッパ人の植民者が自らが支配するようになった現地の人々の人口、言語、対象物《オブジェクト》について分類・整理する言説実践——植民地支配を可能にした実践——を指し示すために使われてきた。[25] こうして獲得された知は、特に各々の地域に関するものであるがゆえに、ローカルな、あるいは地理的に制限された地位をもち、普遍的な科学あるいは主流の科学とされるものの一部ではないと言われる。多彩な領域（自然科学と社会科学の両方）を検討対象とするのと同時に、知的そして物質的《マテリアル》な実践——単に言説的なものだけではない——を強調することを通じて、本書は、循環と交渉の相互的（ただし非対称）なプロセスを通じた科学知の構築と普及のオルタナティブな像——それは今日のポストコロニアル的思考とは合致しない——を前進させることを目指す。ここで提示される諸事例は、南アジアが、ヨーロッパの知を単純に応用する空間でも、ヨーロッパの大都市において処理される多彩な情報の広大な収集場所でもなかったこと、さらに、「インド人によって創られたものの、ヨーロッパ人によって体系化・伝達された複雑な知」の現場でもなかったということを例証しようと試みる。[26] それどころか南アジアは、新しく生まれつつある知の秩序への活発な参加者——対等ではないが——であった。後に示すように、接触領域とは、認証された知が生み出される場だったのであり、そこで南アジアとヨーロッパの知的・物質的な実践が間文化的に遭遇しなければ、それらの知はそもそも存在しなかった。言い換えればこれらの知は、南アジアおよびヨーロッパの専門家共同体《コミュニティ》のなかで多様な軌跡を描き、また、これら二つの地域で（とりわけ植民地支配のせいで）異なったあり方をもって流用・統合されていったけれども、それらは同じ循環のプロセスに加わり、またそれを通して構築されたのである。

近年の帝国研究、植民地研究、科学研究で展開されている修正史学に大きく依拠するにもかかわらず、本書で展開される視座は、これまで研究されてきた制度、主体、実践、そして対象物に関するいくつもの置き換えとリロケーションを呼びかける。と同時に、グローバルに分布する近代空間における知の生産を考慮に入れるためには、歴史学上のアプローチの変化が必要であると訴えることになる。
ヨーロッパの大都市の内部からその外部の接触領域へと視点を移すにあたって、純粋数学や自然・実験哲学のような知が生成される社会的に同質で閉じられた空間から、「屋外《オープンエア》」、すなわち自然史および医学、測量および地図製作、そして言語学および行政科学——大都市の外の文脈に特徴的な諸領域——が発展したところへと、注意の対象を変える必要がある。私は、「屋外」科学という表現をマイケル・カロンに負っているが、彼は、まさに自らの生成と認証において専門家と他の多様な集団との間の交渉を必然的に伴うような知の諸実践を指し示すために、「アウトドア・リサーチ（*recherche de plein air*）」という造語を編み出した。カロンも強調するように、実験室の外の世界をデータ収集のための静的な空間——そのデータは収集後に実験室の隔離された静けさのなかで整理され処理される——と単に実践者が見なす「フィールド」科学と、これらの諸実践は根本的に異なっている。[27] しかしながら、異なる複数の実験室で知が構築されるあり方と同じように、あるひとつの屋外空間において構築された知が別の屋外において構築された別の知と自らを区別する特殊性を有する限りにおいて、屋外実践もまた同様にローカルな性質を刻印されたものである。
ここで考察される屋外知の領域は、その屋内の姉妹領域としばしば同様に数学に基礎づけられていたのであり、それらとともに、物質的・社会的実践の共通の中核に支えられていたということを思い出しておくことは重要である。実際、ヨーロッパ内の有識者のアカデミーにおいてさえ、重要な研究の多くが土地測量や地図作成といった分野に焦点を合わせており、そうした分野において一七〜一八世紀にはフランスの王立科学アカデミーのような機関が最もよく名を知られていたのである。[28]
しかしながら、海外における知の生産に直接関与していたのは、ヨーロッパにおける伝統的な知の生産活動の場であった有識者のアカデミーや大学ではなかった（それらはしばしば間大陸的・間大洋的な冒険探査を計画・監督したけれども)。こうして、我々の二つ目の置換は、宗教伝道団体とともに海外、特に南アジアにおける遭遇に関わった主要なヨーロッパの組織のひとつである海外貿易会社への焦点移動を必要とする。最初は驚くべきことのように聞こえるかもしれないが、ヨーロッパのさまざまな東インド会社のように、商業会社は近世の知の生成プロセスにおいて中心的な役割を果たした[29]。王立協会の先駆たるグレシャム・カレッジ（Gresham College）が商人のグループであるマーサーズ・カンパニー（Mercers' Company）によって創設されたということを思い起こしておくと有益である[30]。そして、近年の研究は、自然哲学をグレシャム・カレッジのような排他的領域からより広範なヨーロッパの大都市の公共空間へと移すにあたって、専門技術者および自然哲学の実践者のパトロンとして貿易会社が果たした重要な役割を明らかにしている[31]。実際、企業通商は、ヨーロッパの海外貿易の存続と拡大が科学的な専門技術および関連の物質的実践に大いに依存しているということをいち早く認めた。こうして、その誕生の瞬間から、貿易会社は航海のために数学者、実地天文学者、水路測量学者を、そして乗組員の手当および海外の商業的価値のある植物や植物由来の商品を同定するために医者《メディック》を、支援したり、ときに雇ったりさえした[32]。このように彼らは、近世の知の生成および使用の企てにおける鍵となるアクターであった。

さらに、貿易会社は、自然哲学・自然史・実用数学の普及の代理人として、ただ単にさまざまな学術協会の傍らに存在しただけではなかった。それとはまったく逆に、貿易と学問は非常に緊密に絡まり合っていた。科学者たちは、相当な額の金を国際通商に投資した。もう一度イングランドの例を取り上げると、最も有名な人々を挙げただけでもロバート・ボイル、アイザック・ニュートン、ジョゼフ・バンクスといった多くの王立協会の著名なフェローが、イギリス東インド会社——イギリスの貿易団体のなかでも最も長く存続し、最も強大だった——や南海会社等の取締役や主要株主にその名を連ねていた。当初、これらの投資によってもたらされる魅力的な配当金——最大二〇％に達した——に誘われて、こうした男たちは自らの信望《クレジット》を高める安全な手段をそこに見出した[33]。これが今度は、企業貿易団体と学会の間の、より構造化された永続的な関係に連なっていった。例えば、キューガーデン（Royal Botanic Gardens at Kew）は、ジョゼフ・バンクス（彼は王立協会の会長でもあった）の指揮のもと、東インド会社によるベンガルの経営、そしてイギリス政府によるポリネシアと西インド諸島の経済管理において不可欠の役割を果たした。イギリスの植物学者は最も儲かる種の植物を選択し、こうして南アジアの農業生産の一部は、中国から茶と陶器を輸入するための資金調達に役立ったのである。[34]学会のなかには、東インド会社の社員によって設立されたものさえあった。東インド会社の上級商人であり、測量官であり、サンスクリット研究者であり、ヒンドゥー天文学史家でもあったヘンリー・トマス・コールブルック（一七六五～一八三七年）によって一八二〇年に創設された王立天文学会は、その一例である。

一八世紀から一九世紀を通じて、スコットランドおよび北ヨーロッパの大学の求職中の卒業生のうちますます多くが、上級技術職に就くべく、通商団体の絶え間なく拡大する海外事業に吸収されていった。そこで彼らの多くは、外交官や軍人として、大規模な国際通商と科学との間の結びつきを強化した。エンジニア、獣医、医師、博物学者、地理学者として、彼らは相当数の骨董品コレクションや植物標本を獲得することが可能であり、そうして、帰国するや否やジェントルマンの学者になるために十分な信頼を得て、貿易会社とヨーロッパ大都市の学会との間のつながりをさらに強化していった。[35]

しかも貿易会社は、一攫千金を狙ったり、本国に戻った後で金儲けに使えるような新技術を身につけることを求める、それほど高学歴でない若い男性たちの一大雇用主でもあった。こうした男たちのなかには、著名な科学者になる者も現れた。例えば、彼の時代にはおそらく最も有能な水路学者であったアレクサンダー・ダルリンプル（一七三六～一八〇八年）は、東インド会社に雇われていた商人時代に仕事を身につけた。一七七七年にイギリスに戻るとすぐに彼は東インド会社所属の水路学者として職を得て、その後一七九五年には海軍本部に加わるまでになった。こうして、これらの男たち（最初の段階では教育を受けた者とそうでない者を両方含んでいた）は、現地社会の同類の人々とともに、南アジアとの間文化的な知の遭遇における計り知れないほど貴重な仲介者ないし中間者のグループを構成した。こうした仲介者の存在なしには、そもそもその遭遇自体が不可能だったのである。

これらの人々のなかの何人かの人生およびキャリアに注目することで、本書は、企業貿易と科学の結びつきへの関心を、ヨーロッパの大都市から接触領域へと、そして間文化的遭遇のダイナミクスへと、さらにシフトさせていく。そうしつつ、お定まりの科学史――一般的に（ヨーロッパの）「文芸共和国（republic of letters）」と見なされるもののネットワーク内で活動する著名な英雄たちの人生や業績の語りとしての――には背を向けていく。知の技術をヨーロッパの学問の伝統的な現場から地球の裏側ほども離れたところで獲得し、またそうした技術を近世の科学の主流に導入した人々、つまり当初は貿易会社のぱっとしない雇われ人にすぎなかった人々の遍歴に焦点を合わせることで、私は、近代科学および多くの科学キャリアの両方が形成された、それほどよくは知られていない実践やプロセスのいくつかを明るみに出すことを試みる。

そこで、座職の人々の人生を見ていくかわりに、本書はその注意を、知の諸実践の変容へと、さらに、接触領域において自分たちの技術を循環させ、交渉し、再構成した、それら［知の諸実践］を体現した人物の変容へと向けていく。これらの男たちのほとんどが一四歳から一八歳の間にヨーロッパを離れたということ、そして、遠方の土地で過ごした年月が彼らの成長過程に大きな影響を及ぼしたということを強調することは重要である。海や大陸をまたいで移動し、さまざまな技術実践者と出会っていくにつれて、彼ら自身の関心、野心、そして技術も変化していった。商業的な、そして後には植民地的な諸機関を代表するものとして、彼らが体現した技術もまたこれらの機関に組み入れられたのであり、その意味では、彼らの専門知識はヨーロッパの大都市の科学だけにインパクトを与えたわけではなく、同時に地球規模で影響を及ぼしたのである。

その商業活動のおかげで、ヨーロッパの貿易会社は世界の他の地域、とりわけインド洋世界の商人および貿易団体と必然的に緊密なつながりを発達させることになった（インド洋世界では、ヨーロッパ人は、自らの進出以前に繁栄していた地域的商業ネットワークへの参入者の一人にすぎなかった）。その結果、専門的な仲介者の新たなグループが生み出され、これらのグループを通してのみヨーロッパの商業会社は、現地の商品、さらには自らの生存と商売の存続にとって決定的に重要な専門知識を入手することができた[36]。こうした知識は、ほんの数例を挙げただけでも、植物、薬草、動物から、製造品に至るまでの、儲けを生み出す可能性のある商品の識別法および価値、それらの地理的分布、会計および通商慣例、船舶の維持・修理、航海に関するものを含んでいた。ヨーロッパにおいてだけでなく、アジア世界やインド洋世界においても、貿易と知のそれぞれのネットワークがこのように大きく重なり合っていたということ、そしてその地域における間文化的な知の遭遇を支えたのはこの重要な共有されたつながりにほかならなかったということに気づくのは大切である[37]。

ヨーロッパ人と恒常的に相互交渉を行っていた先住者の人々のグループを見ていくことによって、我々はまた、これらのグループが科学的な知、実践、人為的結果の生成に参加していった時のそのあり方をも追跡していくことになる。台頭する植民地体制における自分たちの立場について再交渉するために、いかにして彼らは、それらを流用し、そして最終的に展開していったのか。我々はまた、新しい学問を制度化するための教育カリキュラムを作る彼らの試みをも検証していく[38]。ゆえに、本書が、［間文化的な］遭遇における両サイドの仲介役の自己形成が、科学知、遭遇の制度化、および帝国の形成と同時に起こったのだと強調することにぜひ留意してほしい[39]。

かくして、以下に続く各章の主要な焦点のひとつは、移動自体によってもたらされる、既存の概念や実践の歴史的な偶発性および変異である[40]。実際、知の生成の「場」としての循環そのものにこうして焦点を合わせることは、科学研究の通説へのアプローチに大きな変化をもたらすものである。というのも、上で概略を示したとおり、これまでの科学の社会的研究は、明示的にではないにせよ、知の生成における三つの時機《モーメント》を分けて考えてきた。まず、情報もしくは対象物の収集。次に、局所的で隔離された実験室の空間内におけるそれらの蓄積と処理。そして最後に、こうして生成された知の普及および最終的な普遍的受容である。仮に科学を研究する学者のほとんどが、フィールドで入手された資料《マテリアル》の実験室への遍歴を、あるいは機械、道具、さらに活字化された（あるいは手書きの）諸結果の創造の場から地球上の別の場所への遍歴を追跡する際に、インプットとアウトプットが不変だと実際に自明視はしないとしても、そうした転移過程におけるそれらの変異を彼らが扱うことはない(41)。しかしながら、循環に焦点を合わせることは、地理的な転移そして／あるいは社会的な転移の過程における資料の変化と再編だけでなく、そうした資料の――そして人々自身の、また彼らが体現する知と技術の――まさにその変化しやすい性質をこそ前景化するのに役立つのである(42)。

しかしながら、循環へのこの着目点のシフトは、地域性《ローカリティ》がその意味を失うということを暗示するものではない。むしろ各章は、知の循環および知に関係する実践を、初期の貿易用の沿岸居留地から植民地および本国の国家《ステート》、それどころかそれらを越えてトランスヒマラヤ山脈に至る特定の地域に基づかせようと試みる。実際、狭く地域的な空間と間大陸的な――そしてまた、グローバルな――空間の両方の内側で循環する物体、技術、概念、実践を根付かせること（つまり、流用し再編すること）を通して、地域性が常に自らを作り直すのだということは、本書の主要な論点のひとつである。

本書は、さまざまな知の領域に関係する、年代順に並べられた六つの章によって構成されている。各章はそれぞれ主要な科学的事業、人物、制度、あるいはプロジェクトの事例研究である。選択された各事例は、それぞれの知の領域において非常に重要なものである。それぞれが、ヨーロッパと同じくらい南アジアでも科学史、社会史、政治史における重要な出来事を表しており、本書が扱う時代における科学的発展を代表する（たとえそれが、第1章におけるように「例外的正常性（exceptional normality）」においてであるとしても）にふさわしいものである。[43] かくして、これらの章は互いに独立して読むこともできようが、私の希望としては、それらは一緒に読まれた際に、この特定の間文化的な遭遇の移ろいゆく性質——一八世紀の個人的関係に基づいたインフォーマルなネットワークという前‐植民地的文脈から、一九世紀後半の大規模な序列化された制度という植民地的文脈への——、および、それらが生み出す科学知の構築の具体的な諸問題を大局的に説明することになる。全体として読まれたとき、本書はニーダムとバサラによって立てられた近代科学の生成と普及についての問いと関わってくる。しかしながら、本書は、これらの問いを支える——そして実際、いざグローバルな文脈に近代科学を布置するとなると、知の社会的研究の伝統において多分に暗黙の了解となっている——普及論的な中心／周辺の枠組みを攪乱する（そしてその二項対立をぼやかす）ことによって、これまでとは完全に異なる答えを示す。知の移転を媒介した交換の経路および多様なネットワークを追跡することによって、さらに、それらが意味を帯びた南アジアとヨーロッパの間の循環空間を見出すことによって、そして最後に、こうした循環空間内の特定の地域において知を流用したり根付かせたりする営みに焦点を合わせることによって、本書は、ローカルなるものとグローバルなるものとの共同生産に新たな光をあてようと試みる。

それぞれの事例研究はまた、知の生成の少なくともひとつの重要な側面を扱う。というのは、知の社会的研究による科学のラディカルな再定義とあわせて、新たなアプローチ、新たな区分、そしてなにより、新たなる正当な問いの立て方が出現してきたからである。それぞれの事例研究はまた、近年の多くの科学研究の中心にあるひとつないしそれ以上のいくつかの問いの周囲にも位置づけられる——すなわち、信用、複製可能性、較正《キャリブレーション》［目盛り合わせ］、標準化、遠隔作用、道具と具体的技術との関係、翻訳などである。このように、本書は主に科学知の歴史に関するものである一方で、こうした社会学的、文化的、人類学的な視点が、この歴史の領域——伝統的に他から隔離され、人を怖じ気づかせてきた――を、歴史学の本流とそこでの論争の枠内へと持ち込むことにいっそう貢献するのを私は希望している。

本書は一七世紀の最後の数十年から出発する。一七世紀から一八世紀にかけてますます増加する、海をまたいだ貿易ネットワークに従事するヨーロッパの国々にとって、現地の植物相の一覧を作成することはきわめて肝要であった。植物およびその用途に関する知識は、ヨーロッパ市場に新たな商品を導入するためだけでなく、熱帯におい て厳しい気候に直面することになった何千人もの船員や商人の健康を維持するためにも不可欠であった。ポルトガル人、オランダ人、イングランド人、フランス人は、アジアの植物に関する大部の草本誌を準備した。一七世紀末のオリッサでフランス人外科医の依頼により作成された全一四巻の彩色された草本誌（インド人の芸術家たちによって描かれた七〇〇以上のインドの植物を掲載）、および、このプロジェクトと関連する書簡は、そうした研究を可能にした初期の印欧間の経済的・社会的ネットワークの性質を我々がよりよく理解する一助となる。それはまた、この植物学的・医学的な知の生成と正当化に関わる間文化的な交渉および協力の複雑なプロセスを明るみに出す。

覇権的なヨーロッパの企てとして植民地科学を見なす支配的な見方（その普遍化は純粋に普及論的な言葉で理解される）と、それをヨーロッパの正典《カノン》の内部における先住者の知の単なる再秩序化と見るより最近の認識の両方に抗して、第2章では植民地における地図作成に伴う複雑な互酬性を示すよう試みる。この章では、イギリスによる南アジアの植民地征服における初期の数十年、および、ヨーロッパ人と南アジアの人々の両方を雇用した行政的、軍事的、技術的な諸制度の創造を通して作りだされた間文化的遭遇に焦点を合わせて、インドとイギリスにおける地質調査および地図作成の結果として生じた知の実践を検討する。これらの実践がそれぞれの地域で相当異なっていた――前者は現地の旅行者や調査者の説明に決定的に依拠し、後者は主に三角法の道具に頼っていた――ということに注意を払いつつも、にもかかわらずこの章は、それぞれの文脈で生み出された知が、本質的にはローカルなものである一方で、それでもなおトランスナショナルな地図作成法の出現に全面的に関与していたということを示す。

科学史および科学社会学における近年の研究は、知の認証が信頼、権威、道徳秩序の問題の実践的な解決策に密接に依拠しているということを説得的に示している。「科学知は確かだと見なされている程度に確かなのであり、実際広く信頼されている」とスティーヴン・シェイピンは書く。そして「信頼性の基礎が歴史的に、また文脈によって一様でない一方で、信頼できる人物を見分けることは、知の制度をつくり、維持するにあたって必要な構成要素である」と言う。(44) 真理と客観性の社会的構築は、科学研究における近年の多くの研究の主題となっており、そこでは、近世のヨーロッパにおいて真理主張に正当性を付与する主要なファクターとして、科学実践者の同質的な社会的地位、および、共有される洗練性《シビリティ》の規範が強調されている。しかしながら、学会の閉鎖的な壁の外で構築された知——とりわけヨーロッパの外で構築された知——の信用を確立するのは真に困難なことだったのであり、遍歴する科学者および旅行者たちは、自分たちの証言に真理としての地位を確保するためのさまざまな戦略を編み出した。この問題は、植民地において構築される知の圧倒的な量と多様性に直面した一八世紀後半の南アジアのイギリス人にとっては、質的に異なった様相を帯びた。こうして第3章は、ウィリアム・ジョーンズによる法学および言語学への貢献に目を向ける。それは、サンスクリット語、ラテン語、ギリシア語を話す人々——すなわち、インド人パンディット（pundit）［学識者］とイギリス人ジェントルマン——の起源が共通であることを立証し、そうして共通の洗練性が潜在していると主張することを狙った戦略であった。こうして、植民地統治に必要とされた初期の多文化的な行政、科学、技術、法の制度が正当化されえたのである。同時に、後で示すように、ジョーンズが一九世紀前半の比較言語学および単一起源的な民族学（monogenetic ethnology）の創始者として認められるべく自分の将来を決めていったのは、まさにこれらの貢献を通してにほかならなかった。

一八世紀末、イギリスとその帝国は、軍事力と平等主義的理想の力の両方を通じて生み出される革命フランスの深刻な脅威の下にあった。一八〇〇年には、ヨーロッパ人の社員の間にフランス革命の「誤った主義」が伝播するのを食い止める試みの一環として、東インド会社はカルカッタのフォート・ウィリアムにカレッジを創設した。そこでは、「宗教および統治の正しい主義」を植えつけるべく、会社の将来の役員たちが、インド社会の言語、科学、哲学、階層構造だけでなくヨーロッパの科学や文学を教えられた。このカレッジの教員には、イギリス人の東洋学者《オリエンタリスト》だけでなく、インド人のパンディットやムンシー［語学教師］もいた。一八〇六年、ここでの教育の一部はイングランドに移管され、インド人教員のなかには転任して政治経済学者トマス・マルサスらと肩を並べて教鞭をとる者もいた。こうした一見不自然な同盟は、改革者が科学者と連合し、フランス革命の普遍主義的な理想と正反対のグローバルな不平等性に基づいた社会的・政治的なモデルを伝播させようとする、イングランドにおけるより大きな運動の一部をなすものだった。そこで第4章は、ベンガルにおけるイギリスの東洋学が、「東洋《オリエント》」を服従させて全能たる「西洋《オクシデント》」の二項対立的な他者としての役割に格下げさせる言説編成を構成するものであったどころか、フランス人および彼らのイデオロギーを封じ込め、最終的には追放するためにイギリス人エリートとヒンドゥー教徒エリートとの間に同盟関係をつくりだすことを目指す強力なレトリックであったということを示す。

このイギリス東洋学の換骨奪胎、および南アジアの人々とヨーロッパ人との間に数世紀にわたる協力関係があったという一般的背景は、我々が南アジア社会の内部における知の再構成を注視することをも可能にする。本書はここで、カルカッタにおける一八一六年のヒンドゥー・カレッジの創設に目を向ける。これは一般的には、イギリス東洋学の理想の伝達を通して、ベンガルのヒンドゥー教徒エリートが知的覚醒を果たした結果と見なされている。このカレッジは、ヨーロッパの文科系と理科系の学問をボッドロロク（*bhadralok*）の少年たちに教えるというたったひとつの目的のために創設されたけれども、シラバスの理系科目の選択および内容を詳しく検討すると、これらは当時イギリスで教えられていたものとは、あるいはフォート・ウィリアムで教えられていたものとさえ、相当異なっていたということがわかる。ここでの主張は、従来の普及論的な理解とは逆に、知の伝達および受容は主体《エージェント》の歴史文化的な先験性《アプリオリ》によって――この場合は、イングランドやスコットランドの啓蒙思想で示される科学の理想、およびボッドロロクが植民地において自らを正当化しようとする際にそれらに与える解釈を通して――かなりの部分が形成される能動的なプロセスだった、ということである。

近年の科学研究においては、科学知の化身的性質（incarnate nature）およびその移動を可能にする体現的ベクトル――その体現が落ち着くのが、技術者、科学道具、あるいは人々と知の生成装置の間のどこであろうと――が強調されている。[45] 第6章は、知の生成における間文化的遭遇が、既存の科学道具や装置の改良と適応のみならず、いかにまったく新しい科学道具の着想と構築にまで発展していったかを示す。そこでは、［ラドヤード・］キプリングの『少年キム』によって不朽の名声を与えられた一九世紀後半の印・英のトランスヒマラヤ中央アジア調査を分析し、植民地的な、そしてより大きな地政学的な文脈が、いかにしてその時代に最も大規模で、また最も正確な地図作成で使われた手法および道具を形づくったかを示す。実際、そのシステム全体が、インド大三角測量局（the Great Trigonometrical Survey of India）――おそらく、イギリス帝国で最も権威ある科学機関であった――において採用されたような体現的・道具的機能を再構成することを中心に作り出された。こうして、チベット仏教の僧侶に変装したインド人調査員の身体と衣服のなかで歩数計、六分儀、磁気コンパスの機能がいかに分け与えられたかの研究を通じて、この章は、ローカルな、一見したところ時代遅れの技術が、一方では非常に正確で、信頼でき、そして再現可能な知を生み出し、他方では「アングロ・インディアン」のアイデンティティを創り出すあり方を理解することを試みる。そして、広く受容されているヴィジョンとはやや異なる角度から帝国の道具《ツール》を照らし出すことになるだろう。[46]

第1章　外科医、行者《ファキール》、商人、そして職人

——近世南アジアにおけるランプルールの『オリシャの庭園』の制作

はじめに

近年、［いわゆる］ヨーロッパ勢力の拡大との関連で、大都市の領域を越えて、博物学や民族誌や地理に関する知識を収集するためにヨーロッパ人が用いた戦略への関心が高まっている。学術的には、主に以下の二つの方向に注目が集まっている。ひとつは、これらの分野で用いられた「フィールド」調査という方法の特異性を研究するものである。それは、実験室という制御された環境のなかでの知の形成という、科学研究において一般に注目されてきたテーマとは対照的なものである。(1) もうひとつは、「旅する人々への指南書」というジャンル——その多くはヨーロッパにいるデスクワーク中心の科学者が書いたものだが——に注目するものである。それらの著作が意図したのは、よその土地で何を観察すべきか、必要なものを収集するときの行動や技術をいかにして制御し規格化するか、そして最後に、それらについてどのように報告すべきか、ということを旅に出る人々に指南することであった。(2)

双方のアプローチが科学史にとって新しくて重要な問いを数多く提示してきたのではあるが、いずれのアプローチも多くの深刻な問題を抱えている。例えば、前者のアプローチは、雑多なものが混交するフィールド科学の空間

を、実験科学の均質な整然さと対立的に捉えてしまう。そのために、知を形成する二つの空間の相互関係、つまり「外に出てきた」人々と、デスクワーク中心の同僚たちとの関係については研究できていない——後者が、フィールドで得られた知識である《ナリッジ・クレーム》と主張される知見の正当性を立証するのに、決定的な役割を果たしてくれることも多かったにもかかわらず。そして、「旅する人々への指南書」の研究は、大都市にいる大家が、凡百の旅人たち（ふつうは船乗りや、船に乗り込んでいる外科医や商人で、ときには伝道者のこともあった）に推奨した、身体を使う技術や分類の技法にもっぱら焦点を絞ってきた。その結果、外の世界の知識を得るためには、指示に対して忠実に従っていれば十分だと示唆するものになっている。こうして、それらは、［一方では］求められた博物学の対象物や知識が、直ちに旅人の手の届くものだったかのような、また［他方では］自然の収集というプロジェクト全体が、あたかも過酷な環境から相応の情報を手に入れるために惑星探査用無人宇宙船のプログラミングをしている、今日の宇宙工学技術者みたいなものだったかのようなニュアンスをもってしまっている。しかし、無人宇宙船と近世の旅人との間には決定的な違いがある。旅人たちの行先は、主に人の住んでいる土地であり、彼らは現地の人々との交渉をもたなければならなかった。現地の人々の仲立ちがあってはじめて、目指すものについての情報を得て、そのものを入手できることも多かったのである。

ヨーロッパの科学者の多くがこの側面をよく承知していたことは、彼らの指南書をざっと読んだだけでも明らかである。ロバート・ボイル（一六二七〜九一年）の『博物学大綱（ある国の博物学のための一般項目）（*General Heads for the Natural History of a Country*）』は、ボイル自身が「自然哲学の唯一の確実な礎」と宣伝したものだが、このジャンルの古典である。彼の指南は、水界地理学や地形地理学の測量、緯度と経度の計算、「気体の比重」、「数種の液体の重量」、天文学的現象の記録、気象、訪問した土地の「土壌〔……〕鉱物、野菜、あるいは動物」から、各地の住民の芸術、採鉱や金属抽出の技術、法、農業、経済、そして薬学にまで及んでいた。

そこに定住している者であれば、現地の者、よそ者の双方〔についての情報を集めよ〕。特に彼らの体格、体型、特徴、強靭さ、創意性、食事、性向、つまり教育によらないと思われるものを。女性については、多産か不妊か、お産は軽いか重いかを、彼女らの営為や食生活と併せて〔調べよ〕。そこの人々に特有の、男女ともに罹患する病気については、影響を与えている彼らの食生活、空気などと比較するように。

それらの指南書には、具体的な「その国特有の、あるいは少なくともよその土地では滅多に見られないような、〔それぞれの〕国に関わる独特の事物すべてに関する伝統についての質問」も含まれていた。このような対象になった国々には、「トルコ」、ポーランド、ハンガリーおよび「トランシルバニア」、エジプト、「ギニー」、ペルシア、「スーラトなど」（そこにはインド亜大陸、東南アジア、中国、日本、フィリピンが含まれていた）、ヴァージニア、バミューダ諸島、「ガイアナ」、「ブラジル」、そして「アンティル諸島」（あるいはカリブ諸島）が入っていた。とりわけ、ボイルが旅人たちに指示したのは、「植物、樹木、果物など」について「それらのなかに観察される特徴〔……〕そして、それらが最もよく生育する土壌を調査するように。陸上にいたり、飛んだりするどんな動物〔がいるのか〕や、彼ら〔住民たち〕が見せるあらゆる種類の昆虫について、また〔それらが〕食肉、医薬品、外科術、染料といった、どんな用途に利用されるのか〔も調べるように〕」ということであった(3)。

この一節が示しているように、旅する人々の役割とは、博物学の対象物、特に動植物の社会的——および経済的——重要性について正確に報告すること、つまり彼らの周りにある人間文化の拠り所に光をあてることだった。このような知識の獲得は——現地の協力者の積極的な参加なくしてはほとんど不可能だったのだが——、ヨーロッパ人が参入し改変しようとしていた地域経済、そしてグローバルな経済のなかで、これらの対象物の商品化にあたって必要とされる最初の一歩と見なされた。その戦略的重要性ゆえに、この種の情報はそれ自体が大事な商品であったと言わなければならない[4]。

確かに、博物学的知識の構築における仲介者の役割に注目した最近の研究が証明しているように、少なくとも若干の歴史家たちは、ヨーロッパの大都市の外で収集された知識の双方向性という問題に関心を抱かずにはいなかった。もっとも、それらの研究は主に新世界の文脈に限られていた[5]。一方で、もうひとつの主要な接触領域であるインド洋は、ほとんど注目されてこなかった。

後者の地域に対しては、独自のアプローチと方法を発展させる必要がある。ヨーロッパ人と西方との出会い、また東方との出会いには、多くの類似点があるとはいえ、とりわけ知識形成においては重要な相違点が見られる。ヨーロッパ人は、当初は儲けの大きな香辛料と贅沢品の貿易によって東方に引き寄せられたのだが、とどのつまり彼らがそこで発見したのは、彼らにとってなじみ深い世界、つまり永年の——それゆえよく知られていた——ライバルであるムスリムがすでに存在し貿易を支配している世界であった。また一方で、そこはインド洋をまたいで広がる複雑でダイナミックな商業の世界——広く植物由来の産品をベースとする——であり、この世界を構成する、さまざまな人種、宗教、地域に起源をもつ、多くの長い歴史をもつ商人共同体《コミュニティ》のうちで、ヨーロッパ人は非常にささやかな商人集団のひとつにすぎなかった[6]。したがって、このような地域でヨーロッパ人が生き残れるかどうかは、ヨーロッパの商人、伝道者、旅人と、さまざまな現地の仲介者たち——政治的支配者、商人、銀行家、通訳のみならず、熟練の職人や学識者も含めて——との間で、当時も、そしてその後の時代にも維持していけるような関係を発展させることができるかどうかにかかっていた。というのも、インド洋世界においては、とりわけ植物や薬や錬金術に関する専門的な知識がすでに確立されていて、アラビア半島から中国にいたるまで、既存の専門家集団のなかでそれぞれに尊重されながら行き渡っていたからである。そして、この地域では、近世のヨーロッパ人の内科医、外科医、そして後世の博物学者たちは、この事実を躊躇うことなく認めていたのである。

このため、本質的に近世のヨーロッパ人による南アジアでの植物研究は、「本質的に非ヨーロッパ的知覚表象に基づいて構築された」中東と南アジアの民族植物学《エスノボタニカル》の知識を集積することによって構成されている、と主張する研究者が少なくとも一人はいる。(7) いかに魅力的であろうとも――そして植物学をヨーロッパの領分のものと見る一般的な見方に対して斬新であろうとも――、このような解釈は以下のような多くの疑問点を巧みに避けてしまっている。(8) 第一に、近世の世界において「ヨーロッパ的」および「非ヨーロッパ的」な知識の知覚表象とは何だったのか。ヨーロッパと南アジアの人々が、どのようにして知識形成という事業における協働関係を発展させたのか。現地の人々とヨーロッパ人との間での、このような知識形成をめぐる遭遇が生じた、より広い物質的、経済的、象徴的な交流の特性とは何か。これらは地域の手工業や商取引の経済活動とどのように関わっていたのか。新たに登場した知識は、単なるローカルな知識の集積にすぎなかったのか。このローカルな知識、すなわちそれを生み出した人々と、大都市のヨーロッパ人の学識者や学会との関係はどのようなものだったのか。最後に、よその土地の知識の実践への関わりという点において、その地域に進出していたさまざまなヨーロッパ諸国家の間で大きな違いはあったのか。

興味深いことに、パリの国立自然史博物館に所蔵されている無名の草本誌写本と、さまざまなフランスの文書館にばらばらに保管されている関連の文書が、これらの疑問点に対して新たな、そして貴重な光を投げかけるのに役立つのである。

パリの文書館の忘れられた古写本から……

パリの国立自然史博物館の図書室に、全一四巻に及ぶ、ある草本誌が所蔵されている。それには、『「オリシャの庭園」に見る植物の構成要素。それらの効能と質について。既知のものと未知のものを含む。それらの花、果実および種子。オリヤー語からフランス語への翻訳（*Ellemans botanique des plante du Jardin de Lorixa leur vertu et quallite, tans conus que celle qui ne le sont pas avec leur fleur fruis et grainne traduit de louria an frances*）』という表題が付けられている。そのうちの一二巻には、七二二種の植物を描いた七二五点の見開きサイズの絵が含まれる。最初の二巻には、これらの植物のそれぞれについてのフランス語による説明が、現地語名のローマ字転写によるインデックスと、それらの医学的な、また時には経済的な利用法とともに記載されている。[9] 加えて、写本の第一巻には、「前文」、「読者への覚書」、そして興味をそそられる口絵がある（図1）。その前景には五人の人物の姿と一本の鉢植えの木、背景にはギリシア・ローマ風の遺構が描かれている。これらの人物は二つのグループに分けられる――左側の三人、つまり鉢に植えられた木の絵を描いている画家、彼の隣に座る男性、そして頭に載せた籠に植物を入れて持つ女性と、右側の二人、すなわち一冊の写本を手にした行者と、彼の背後に立つヨーロッパ人である。その口絵とそこに描かれた人物のスタイルからも、植物の絵のスタイルからも、その草本誌が南アジア起源のものであることに疑いの余地はない。

しかし、この図書室の写本カタログからは、たった二つのわずかばかりの情報しか得られない。著者がランプルール（L'Empereur）なる人物――十中八九、口絵に描かれたヨーロッパ人であろう――であるということと、一八世紀の写本であるということである。たとえカタログが簡潔だとしても、写本はもっと率直である。その表題はインド亜大陸のある特定の場所に触れている。『オリシャの庭園』とは「オリシャの植物誌」を意味するからである（オリシャとは今日のオリッサを表すのに一八世紀に一般的に使われた綴りである）。その表題は、この作品がオリヤー

図 1　『オリシャの庭園』の口絵

語からフランス語への翻訳であることも明らかにしている。写本そのものが他にも手がかりを与えてくれる。会計台帳と写本の類似点、絵画、フランス製の透かし入りの紙、そしてインド製の羊皮紙による装丁から、この作品が、必要な設備と現地の職人その他の専門家集団を備えた、ヨーロッパ商人の居留地で作られたものと推測することができる。

「前文」と「読者への覚書」からは、著者が、学識者ではなかったが、おそらく医学の訓練を受けた者であったことがわかる。ランプルールは、自分がその作品を作らせたのは、「完璧なものを作ろうという野望によるのではなかった」と慎ましく述べる。「私はただ着手して、誰であれこの仕事を引き受けたいと思う人に、その完成の栄光を引き渡すことだけを考えていた」。彼は、「私の努力と支出によって、もし哀れな病人のなかに救いを見出す者がいるならば、幸せなことである。——それこそが私がこの植物学の書に取り掛かった唯一の目的なのだから」という言葉で締めくくっているが、その言葉は明らかに、カトリック伝道者の感情に訴えるために意図したものであった[10]。

幸運なことに、貿易と宗教の双方の手掛かりが役に立つということが証明されている。それらを追い求めていくと、フランス中に広がる商業、科学、宗教関係の文書のさまざまなコレクションのなかに充実した関連資料を掘り起こすことができる[11]。これらの資料が伝える多くの話のなかで最も注目すべきは、『オリシャの庭園』の構想、制作、フランスへの到着、そして最終的な運命に関するものである。端的に言えば、その制作は一六九〇年代末にオリッサで始まり、ベンガルで完成して、一七二五年にパリに船で運ばれた。しかし、その話を十分に理解するには、一七～一八世紀の南アジアにおけるフランス勢力のあり方について付言しておく必要がある。

……一七世紀のインド東部まで

フランスは、アジア進出では出遅れていた。公式に到来したのはようやく一六六四年のことで、フランス東インド会社（Compagnie des Indes Orientales）に伴う進出であった。実際、フランスはインド洋交易世界に参入した最後のヨーロッパ主要勢力であった。同国は、オランダやイギリスよりも半世紀以上、ポルトガルよりも一五〇年以上遅れていた。しかし、他のヨーロッパ諸国の会社と異なり、フランス東インド会社は勅令によって、王家と貴族と投資家と、しぶしぶ加わったフランスの商人共同体から調達された資本によって設立されたものであった。このことが、知識の形成と正当化を含めた、あらゆる面にきわめて重要な影響を及ぼした[12]。

インド亜大陸はアジア海上交易の機軸であり、ヨーロッパ勢力間の競争はそのダイナミズムの主要因であった。インドに足場を見出そうとしていたフランス東インド会社の目的は、オランダやイギリスによってすでにヨーロッパにもたらされていた商品を手に入れることであった。布類、胡椒、コーヒー、硝石、そして「薬種（*drogues*）」という用語に含まれる広範な品々が、フランス行きの積荷の大半を占めていた。「薬種」のなかに含まれたものとしては、野生動物——王立動物園向けの犀のような——、宝石、書物、芸術作品など折々に多様なものがあった。これらの物を手に入れるため、フランスは他のヨーロッパ諸勢力の近くに活動拠点を置いた。最初に西海岸のスーラト、次に東海岸のポンディシェリ、そして最後にベンガルのシャンデルナゴル（チョンドンノゴル）に落ち着いた。シャンデルナゴルは、オランダおよびイギリスの重要な居留地があったチュンチュラ（チンスラ）とカルカッタの近くに位置していた。「ベンガル地方の」これらの居留地はガンジス水系の主要だが危険な分流であるフグリ川に面していたので、ヨーロッパ人たちは交易中心地へと遡行する彼らの船を導く水先案内人を住まわせるため、一六三〇年代にオリッサのバラソールにある大河の河口に小商館《ロッジ》を建てた。ランプルールがフランス東インド会社に外科医として勤務し始めたのは、一六八六年にフランスが進出してまもない頃のバラソール（バーレーシュワル）の地であった[13]。

『オリシャの庭園』の起源

ニコラ・ランプルールは一六六〇年頃にノルマンディーで生まれた。彼の著作や書簡からは、ある程度の初等教育を受けていたことが推測される。彼がフランスで医学か外科医学の何らかのアカデミーで訓練を受けたことを示す記録はない。そうではなく、おそらく彼は、一八世紀末までこの職に就くための普通の入口であった外科医見習いという身分で、東インド行きの貿易船の一隻に乗り込んでいたに違いない[14]。一六八八年頃に一〇年間の見習いを終えて、彼はついに外科医官の称号を得て、定住生活に入った。しかし、フランス諸州に戻っていった大半の仲間の見習いたちとは異なり、ランプルールはフランス東インド会社に勤務して生計を立てることにして、バラソールに配置された。

一〇年後、この地でランプルールは草本誌を制作する計画を立てた。その理由の第一は、ヨーロッパ人が通常運んでくる薬草や薬が海上で傷んでしまい、インドに着くまでに効用を失ってしまうためであった。第二は、ヨーロッパ人がこの遠方の熱帯気候地域で、従来知られていなかった多くの病気にかかっていたためであった。第三に、伝統的にヨーロッパ人に知られていた薬用植物の数は相対的に少なく、そのため彼らは海外で新しい療法を探していたということが挙げられる[15]。海上での健康維持が一九世紀にいたるまでヨーロッパ人にとって大きな問題であったということは、特筆すべきことである。実際、一六六四年から一七八九年までの間に東方へ航海した一二万人のフランス人のうち、一般の船乗りであるか高級船員であるかを問わず、三万五〇〇〇人が航海中に死亡した[16]。例えば、ランプルールが彼の計画を思いついたまさにその年である一六九八年には、フランスのある船団がベンガル湾で病気に見舞われ、数日のうちに外科医と医療関係者のほとんど全員を含む六〇〇人以上の人命が奪われた[17]。ランプルールは、友人のガブリエル・ドラヴィーニュ（一六五七〜一七一〇年）に宛てて、この大惨事について報告した。ドラヴィーニュは、アジアの人々を改宗させるため一六六四年にフランス国王によって設立されたカトリックの有力教団である「パリ外国宣教会（Société des Missions Étrangères de Paris）」を率いるために、その前年にアジアからパリに戻っていた。ランプルールは続けて、「当地の人々が持っていて、用法を見出している薬に関する本をすべて」購入する、という計画について述べている。「私はこれらをフランス語に訳すつもりです。そうすればヨーロッパ人にまだ知られていない、大小のあらゆる治療法を私たちは知ることができます。これによって、私たちはインド向けの薬学書ならびに医学書のコレクションを構築することができるでしょう[18]」。後者のことがとりわけ重要であった。その理由は、「インド人はたいてい必要に応じてそのときに自分たちで治療薬をつくる」ものだったからである。「彼らにとっては価値がないので、［インドでは］薬剤師は存在しません。ただ、あちこちから海路で輸入される薬種が見つかる、グジャラートのスーラトだけは例外です[19]」。数年後、彼は計画を練っていた。「この作品は相当の大きさのものになるでしょう。そして印刷された暁には、［インドの薬のうち］ヨーロッパ人外科医が知らずにいるものはなくなるでしょう[20]」。

もちろん、ランプルールはこの種の計画を考えついた最初のヨーロッパ人ではなかった。すでに一六世紀のうちに、多くのポルトガル人が同様の理由でアジアの博物誌に関わる物を集め始めていた。これらの人々のなかで最もよく知られているのは、ガルシア・ダ・オルタ（一五〇〇年頃〜一五六八年頃）とクリストヴァン・ダ・コスタ（別名クリストヴァル・アコスタ、一五一五年頃～一五九二年頃）である。彼らは二人とも、マラバール海岸で何年も過ごしたことがあった。ポルトガルの植民都市ゴアで出版された、宗教関係ではない最初の本が、一五六三年のオルタによる『インドの薬草・薬種・医薬品に関する対話（*Coloquios dos simples e drogas ... da India ...*）』であったことには大きな意味がある。アジアの植物に関する知識はヨーロッパ人にとってそれほど戦略的に重要なものだったのである。[21] この本は、おそらく一六世紀最大の植物学者であり、ライデン大学附属植物園の創設者である、シャルル・ド・レクルーズ（カロルス・クルシウス）によってほとんど時をおかずに（一五六七年に）ラテン語に翻訳された。

　オランダ東インド会社（Verenigde Oost-Indische Compagnie : VOC）はインド洋に進出したほぼ直後に、一六一〇年代には外科医の店をバタフィア（今日のジャカルタ）に開き、続いて東南アジア各地から入手した薬用植物を育てるための植物園の原型のようなものをつくった。一六七〇年代には、オランダのマラバール長官であったヘンドリク・アドリアーン・ファン・レーデ・トット・ドラーケンステイン（一六三六～九一年）がこの地域の植物相に関する大部の著作を編纂させた。[22] 同書に収められた七二〇種あまりのペン画にはそれぞれに詳細な説明が付されていた。この草本誌は『インド・マラバール植物誌（*Hortus Indicus Malabaricus*）』という書名で、一六七八年から九三年までの間に――その一部は著者の死後に――アムステルダムで一二巻に分けて出版され、すぐにインド南西部の植物相に関する標準的な参考文献となった。実際、ファン・レーデの書とパウル・ヘルマン（一六四六～九五年）――彼もオランダ人である――によるセイロンに関する書は、リンネにとってアジアの植物相に関する主要な情報源になった。[23] もう一人のオランダ東インド会社の医師、ゲオルグ・エーベルハルト・ルンフ、あるいはルンフィウスについても述べなければならない。彼は生涯の大半をマルク諸島での植物研究に費やし、「東インドのプリニウス（*Plinius Indicus*）」として知られた人物である。オランダは、アジアの熱帯植物相に関する知識を、薬物や新鮮な野菜、船の製造や修理のための木材、さらには「アジア」地域市場向けのアレカ椰子のような商品作物といった資源を行き渡らせるため、喜望峰やバタフィアやセイロンのような地域の戦略的拠点に植物を移植するのに利用した[24]。

イギリスもまた、せっせとアジアの植物を採集し、現地語も含め、何であれ集めることができた治療その他の特性に関する詳細とともに、ロンドンに送り届けた[25]。一七世紀半ばまでには、オランダ、イギリス双方の東インド会社はアジア産の贅沢な産品や香辛料とあわせて、ヨーロッパの薬市場で売るためのエキゾティックな植物を幅広く送るようになっていた[26]。

バラソールにおけるオランダとイギリスの存在および長年にわたるヨーロッパ諸勢力間の競争は、ランプルールがその野心的な計画に乗り出すよう駆り立てるのに少なからぬ役割を果たした。彼はドラヴィーニュに、「我々〔フランス人〕が最も貧しいのに対して、イギリス人はどこでも貿易を通して繁栄している」と不平を述べていた[27]。一七〇六年、ランプルールは外科医務監として、当時南アジアにおけるフランスの最も重要な居留地であった、ベンガルのシャンデルナゴルに移った。今や彼は、インド東部におけるヨーロッパ勢力の活動の中枢にあり、それについて綿密に報告することができるようになったのである。彼は、「イギリス人は毎年イングランドに大量のカルンバウッドを送っています」とパリの王立植物園教授アントワーヌ・ド・ジュシュー（一六八六～一七五八年）に宛てて書いている。「彼らは労を厭わずそれを調べていました。もの珍しい植物を入手するには手間を惜しまないのです」。あるいはまた、「オランダ人はレドヴァル（redovar）〔トウダイグサ科の草のテルグ語名〕を毎年三〇〇ポンド購入し、それを自分たちで使うためにバタフィアに送るとともにヨーロッパにも送っています[28]」。

競争相手の輸出品について報告するのは比較的簡単なことだったが、これらの植物産品の特性や利用に関する知識を同地のヨーロッパ勢力から手に入れるのは困難であった。彼らはその知識を秘密にしておき、他のヨーロッパ勢力を欺こうと総力を注いでいたからである。そのため、一六九〇年代にスーラトにいたイギリス人牧師ジョン・

オーヴィントン（一六五三〜一七三一年）は、ナツメグの栽培に関するオランダ人による記述について懐疑的であった。「彼らはナツメグの木の性質に関して、いささか奇妙で驚くような一節を伝えている」と彼は書いている。

それによると、それ［ナツメグの木］は植えつけられたことはなく、もしそんなことをしたら決してきちんと育たないのだ、という。そうではなく、実をつけて熟成にいたるような木は、その島々にいるある種の鳥に丸ごと飲み込まれた、完熟したナツメグの実から育つ。鳥はその実を消化せずにまた吐き出し、そこについてくるねばねばしたものと一緒に地面に落ちると、根を張って役に立つ木に育つのである、と。しかしこれは、人々がそれら［の木々］を移植しようとさせないための、オランダ人の巧妙なつくり話かもしれない。(29)

各国とも他国をスパイする努力を惜しまなかった。ルイ一四世が一六八〇年代にシャムに派遣した学識者兼大使であった、イエズス会士ギー・タシャール（一六五一〜一七一二年）は、一六八五年六月に喜望峰に滞在した一五日間の間に数回、（当時インド洋におけるオランダ東インド会社の機能不全を調査していた）ファン・レーデに会った。タシャールは『インド・マラバール植物誌』と似たやり方で『アフリカ植物誌（*Hortus Africus* (*sic*)）』を準備していたファン・レーデの進捗状況について長い報告を書いた。彼はファン・レーデの挿絵画家の一人であったヘンドリク・クラウディウスをそそのかして、南アフリカ内陸部への調査報告や地図、そして途中で描かれた植物や動物の図を何枚か渡させさえしたのである。フランスに帰ると、彼は直ちにその資料を自分自身の回想録のなかに入れて出版してしまった。(30)［1］クラウディウスは軽率さの代償として、仕事と名誉を失い、ケープ植民地から追放された。(31)

結局のところ、自然に関する知識を蒐集するには、ヨーロッパ人は専門化された現地のネットワークに入り込まなければならなかった。そのため、医業を営む傍ら貿易商――主に医薬品と宝石を扱う――であり船主でもあったガルシア・ダ・オルタは、知識を得るためアジアの人々の医学上や貿易上の協力者に頼り、アジア中から植物や種子を送ってくる、雇われた通信員や仲介人の広大なネットワークに頼っていた[32]。また、ファン・レーデの場合は、薬や植物学について調査するよう指示を受けていたわけではなかったが、彼が『マラバール植物誌』の制作にあたって植民地のさまざまな人的資源を動かすために、コーチンの王《ラージャ》との関係や自分の所属機関の権威を利用することができたのは、マラバールにおけるオランダ領の長官としての地位があったからであった。

『オリシャの庭園』の制作

「読者への覚書」のなかで、ランプルールはいかにして植物学の知識を得たかを説明している。

生涯を旅に費やす行者《ファキール》がおり、彼らの多くは豊富な知恵を持っている[2]。しかし、そのような知恵のいくたりかを分けてもらうのは難しい。仮に、彼らと懇意な間柄になり、そのうえで彼らに喜捨をすれば別だが。そうでない限り、〔……〕彼らは、金には興味がないと冷ややかに告げるだけだろう。しかし、私は一二年ないし一五年にわたってそのような行者二人と親しく付き合い、彼らを介して他の通りすがりの行者にも接している。私が薬草を見つけると、いつも彼らは私にその特性と利用法について教えてくれるのである[33]。

ある書簡のなかで、彼はより詳しく述べている。「最良の治療薬をもっている行者《ファキール》は、毎冬ガンジス川に沐浴にやって来ます。彼らにちょっと何かを渡して、通訳を介さず直接〔ヒンドゥスターニー語で〕話しかければ、彼らはあなた方に秘密を教えてくれます。こうして私に癲癇のすばらしい治療法を教えてくれたのは、ある行者だったのです[34]」。

外科医務監兼シャンデルナゴルの評議会員としての務めに加えてランプルールは、彼のためにヨーロッパで調達された南米産の未加工のエメラルドを売る私貿易を始め、小さな船の共同所有者となり、利益を得るため地所の売買をしていた。(35) 彼は、現地で手に入る薬草を日々扱う経験を通してそれらの効能を確信し、渡り歩く友人たちを介して薬に関する現地の書物を買い集め始めた。(36) これらの書物は、「入手するのがとても難しい」(37) と彼は言っているが、南インドのドラヴィダ諸語から北インドのサンスクリットを基礎とする諸語にいたるまで、亜大陸のさまざまな現地語で書かれた貝葉文書の形で伝えられるのが最も一般的であった。『オリシャの庭園』に見られる植物名から察すると、「チナ・マッリ (china malli)」(小ジャスミン [chinna malli]) のように、明らかにタミル語のものが含まれている。しかし、ランプルールはこの言語的多様性には気づいていなかったようで、すべての資料をオリヤー語と見なし、それをフランス語に翻訳したのだと言い切っている。(38) とはいえ、その過程はもっと複雑なものだった。自ら認めているように、ランプルールはオリヤー語を知らなかったのである。彼はすべてを、その地域におけるヨーロッパ人と南アジアの人々との主たる共通言語であったヒンドゥスターニー語に訳させた。彼自身がその後フランス語への翻訳――彼の言葉によれば、「私はヒンドゥスターニー語を話すので [そうでもないが]、私以外の者にとっては飽き飽きするような仕事」(39) ――に着手したのは、このヒンドゥスターニー語訳テクストだったのである。

もっとも、すべての記述が書かれたテクストに基づいていたわけではない。先にも述べたように、ランプルール自身も薬用植物を入手し、友人の行者たちの助けを得てそれら [の有用性] を確認していた。彼は、多くの植物採集家を雇い、多額の費用を払って、時には三〇〇マイル以上も離れた山や森に送り出し、薬用にあるいは経済的に重要な植物を持ち帰らせた。(40) やがて彼は、貴重な植物を送ってもらおうと、はるかネパールにいる商人たちとまで貿易上のつながりを築いた。これらのなかには、行者《ファキール》たちにさえ知られていないものがあったので、彼は現地の患者たちに自分で調合したものを試しに処方し始めるようになった。「[ハンセン病を患っていたフランス人伝道師の]

ノゲスト氏は、私が彼に与えたかった治療薬を呑みたがりませんでした」と彼はドラヴィーニュにこぼしている。「私は、潰瘍で苦しんでいた地方出身の男でその薬を試し、成功してから彼に送ったのですが。実際、私はこの治療薬のさまざまな効能を観察するために、他にも多くの人々に処方してきたのです[41]」。

ランプルールは、それぞれの植物とその根、花、実および種の形態に関する記述に始まり、次に生息地、最後に特性と利用法が続く統一した様式に解説を整えた。もっとも、すべての植物が薬用だったわけではない。染料があり、香料もあった。その一方で、明確な利用法がまったく知られていないものもいくつか含まれていた。パパイヤやチリ、チェリモヤやジャガイモのような、一六世紀にポルトガルによって南米から導入された外来種まであった。ランプルールは、他のヨーロッパ人と同様に、在来種と外来種を区別しなかった。そのため、彼の記述は、それらがいずれも現地の伝統的な植物相の一部を成しているような印象を強く与えてしまう。このことは確かに、ヨーロッパ人たちが植物の移植について知らなかったためではない。彼らはインド洋周辺——南北アメリカからアジアへとは言わないまでも——を移動する植物相に自分たち自身関わっていたのだから。そうではなく、彼らの目的は各地域における植物の「現地での利用法」を目録にすることだった。一世紀のうちには、同様に現地の動物相に新たに加わったもののなかにも、すでに治療法や経済的な利用法が見出されるようになっていたという事実は、その地域に備わっていた専門家集団のダイナミズムを物語る興味深い証左である。

薬学に関する書物と植物を蒐集する一方で、ランプルールはそれぞれの植物を描くため、現地の絵描きも雇うようになった。それらの絵には、花や実も描かれており、下の方には種子の断面図もあった。シャンデルナゴルは主要な交易港だったので、何万人ものアジアの商人、通訳、銀行家、そして職人がヨーロッパ向け輸出市場で働いていた[42]。ヨーロッパ向けの主要なインド産輸出品のひとつであった、手描き染めの布に花模様を描いて生計を立てている絵描きが多数いた。そのため、「現地人に植物の絵を描かせるのは簡単です。紙やその他の材料の方がずっと高くつきます」ということをランプルールは知った[43]。七二五点の見開きサイズの絵は、別紙に糊付けされて、最終的には一二巻本のなかに綴じ入れられた。

上述のことが示しているように、純粋に言葉上の意味で言うなら、『オリシャの庭園』は現地語テクストの翻訳ではない。さらに、インドの貝葉文書の本草書（*materia medica*）とも違っている。これらの本草書は植物について述べるものではなく、その特性と利用法を挙げるものであって、とりわけ挿絵は含まないものだったからだ。もちろん、一六世紀末以降には、南アジアの貴族のための博物誌や画集に絵をつける伝統が確立されていた。これらに始まる花模様の縁取りや定型化された植物の描写は、まもなく、布の絵付けや壁画から民話や宗教叙事詩の挿絵にいたるまで、数多くの図像芸術に入り込んでいったが、療法士の便覧（*vade mecums*）には取り入れられなかった[44]。

典型的なインド様式の絵と、オリヤー語の諸書をただ訳しただけだというランプルール自身の主張にもかかわらず、その全体的な構成と体裁において、一見して明らかに『庭園』はヨーロッパの植物学的著作でもある。つまり、それは新たなひとまとまりの書に再構成された、多くのまったく異質な要素を含む雑種《ハイブリッド》的な作品なのである。もちろん、ランプルールは決して医学の初心者ではなく、ヨーロッパの医学・植物学的論文の定式を知っていた。しかし、先にも指摘したように、アジアで生み出されたその種の著作には相当の集積があったので、このような集積と『庭園』の関係を吟味するのは興味深いことだろう。

『オリシャの庭園』と『マラバール植物誌』

最もわかりやすい［比較対象の］候補は、ファン・レーデの有名な『マラバール植物誌』である。その最終巻は、ランプルールが彼自身の計画に着手するよりもわずか数年早く世に出された。両書には、非常によく似た形式と多くの植物の説明が見られることに加えて、他にも多くの点で不自然なほどの類似性がある。まず、雑多な仲介者が両書の制作に関わっていたという点が似ている。ランプルールと同じく、ファン・レーデもいくつかの異なる分野の専門家たちを雇っていた。植物の収集を監督し、それらを識別し、医学的な利用法についての情報を提供するための、少なくとも四人のマラバール海岸出身の内科医からなる評議会と、現地の樹木栽培家と植物採集家、ポルトガル系インド人の通訳、一団のオランダ人挿絵画家がいたのである。『マラバール植物誌』の第三巻はコーチン王に捧げられたものだが、その前文で、ファン・レーデは彼の草本誌の制作方法について次のように述べている。

私の注文によって、バラモンと他の内科医たちが、最もよく知られていて最もよく見られる植物のリストを、彼らの言語で作成した。これを基礎として他の人々が、葉や花や実が注目される季節ごとに植物を分類した。その後、この季節別カタログは植物の専門家たちに渡された。この専門家たちは三つのグループに分かれて、たとえ木々の最頂部に登ってでも、そのような葉や花や実をつけた植物を採集する役を任されていた。三、四人の挿絵画家は、私と一緒に適切な場所にいて、生きた植物を採集者が持ってくるとそれを正確に描くことになっていた。これらの絵には、ほとんどの場合、私の目の前で説明文が付けられた(45)。

その説明文は、その後ポルトガル系インド人の通訳エマニュエル・カルネイロによって多くの現地語や方言からポルトガル語に訳され、この作品が最終的に出版された言語であるラテン語に最後に翻訳された(46)。オランダでは、その説明文に植物を描いた元のペン画から作成した銅版画が付けられて、一六七八年から九三年にかけて全一二巻で出版された。全体の著作に信頼性を付すためにファン・レーデは、主だった現地人内科医の各々とポルトガル系インド人の通訳による、彼らがそれぞれに貢献した部分の正確さを証言する自筆の現地語による宣誓文も銅版画にして収めていた。

『マラバール植物誌』には、オランダで作られた他の二枚の銅版画も収められている。ファン・レーデの肖像画と口絵（図2）である。この口絵には、広大な熱帯の庭園が描かれている。その中央には二本の女人像柱《カリアティード》に支えられたエンタブラチュアをもち、ティンパヌムに書名が刻まれた、装飾的な夏の別荘が立っている。前面には、アー

図2　ファン・レーデの『マラバール植物誌』の口絵

チ型のパーゴラの下に、（信憑性に欠ける）インド植物学の女神が、熊手を手に、剪定ナイフを足元に置いて座り、他方左手には四人のマラヤーラム人の智天使《ケルビム》が鉢植えの木を彼女に捧げている。

一見したところ、この銅版画は『オリシャの庭園』の絵具で描かれた口絵（図1）とはかなり違っているように見える。何か似ているところがあるとすれば、双方の植物と人間集団の配置具合程度にとどまるように思われる。つまり、中央に鉢植えの木があり、マラヤーラム人のケルビムか画家の一群がいて、植物学の女神か行者がいて、すべてが二本の花咲く木で作られたパーゴラかアーチの下におさまっていて、古典的な夏の別荘かギリシア・ローマ風の遺構があるということである。しかし、頭上の籠に植物を入れて運んでいる女性に目を向けると、これが『マラバール植物誌』に描かれた夏の別荘の、左側の女人像柱とそっくりだということに気づく。ランプルールの画家は明らかに、この『マラバール植物誌』に接していたのだが、遠く離れたオランダに居座っているオランダ人銅版画家が想像したアレゴリーとはかなり違った物語を描き出している。トウモロコシの束を載せた女人像柱が、植物を運び込む本物の女性として生命を与えられているのと同様に、『植物誌』の他のすべての人物も、『庭園』の制作に関わった他の登場人物として実在するものの様相を呈している。跪くマラヤーラム人のケルビムは画家に姿を変え、女神は熊手と剪定ナイフの代わりに貝葉文書を扱う行者に、パーゴラは、伝統的なインド絵画や詩集から着想を得た花咲く木々で作られたアーチに、装飾的な夏の家はギリシア・ローマ風の遺構に変わっているのである。中央の木は今や中国製の植木鉢——活発なアジア地域間貿易の証左である——に植えられ、左手の肉体労働者と右手の「頭脳」労働者という異なる集団を分ける役割を果たしている。こうして、ランプルールはパトロンとして遺構の正面、つまりバラモンのすぐ上にいるというわけである。

『植物誌』を詳細に分析すれば、これがヨーロッパの植物学の慣例となるひな型を示したことがさらに確かめられる。というのも、花模様を描くことがインド人の画家にとって主な生計の手段だったとはいえ、彼らの絵付けし

図3　『オリシャの庭園』に描かれたバナナの木

図4　『マラバール植物誌』に描かれたバナナの木

たキャラコは植物学の慣例を尊重することはなかったし、そのようなつもりもなかったということは特筆すべきだからである。これらの植物学の慣例では、例えば種子を別に、丸ごとと縦割りにした形で描く必要があった。『庭園』の絵はこのような慣例を尊重していないだけではなく、なかには、例えば、バナナ（図3、図4）やパパイヤ、ジャックフルーツのように、『マラバール植物誌』の銅版画から多少なりとも直接着想を得て描かれた絵もいくつかあった。[47] しかし、このことはランプルールの画家たちが印刷された本から機械的に挿絵を写したということを意味しているわけではない。この問題についての疑念は、彼らがすべての部位の色を正しく選んで挿絵を彩色したということ――『マラバール植物誌』はモノクロだった――によって払拭されるからである。実際、画家の手は、どのようにして多様で微妙なこれらの色合いを表現し、銅版画家の網掛けを色の変化に移し替えるかを知っていた。そのうえ、マチン（*Strychnos nux vomica*）のように、二つの著作においてかなり違うかたちで表現されているものも多い[48]（図5、図6）。さらに、気候も違う、一〇〇〇マイル以上離れた二つの地域に関するものなので、二つの著作のそれぞれで言及されている植物の大半は別のものである。現地の画家たちは、いったん何が求められているのか

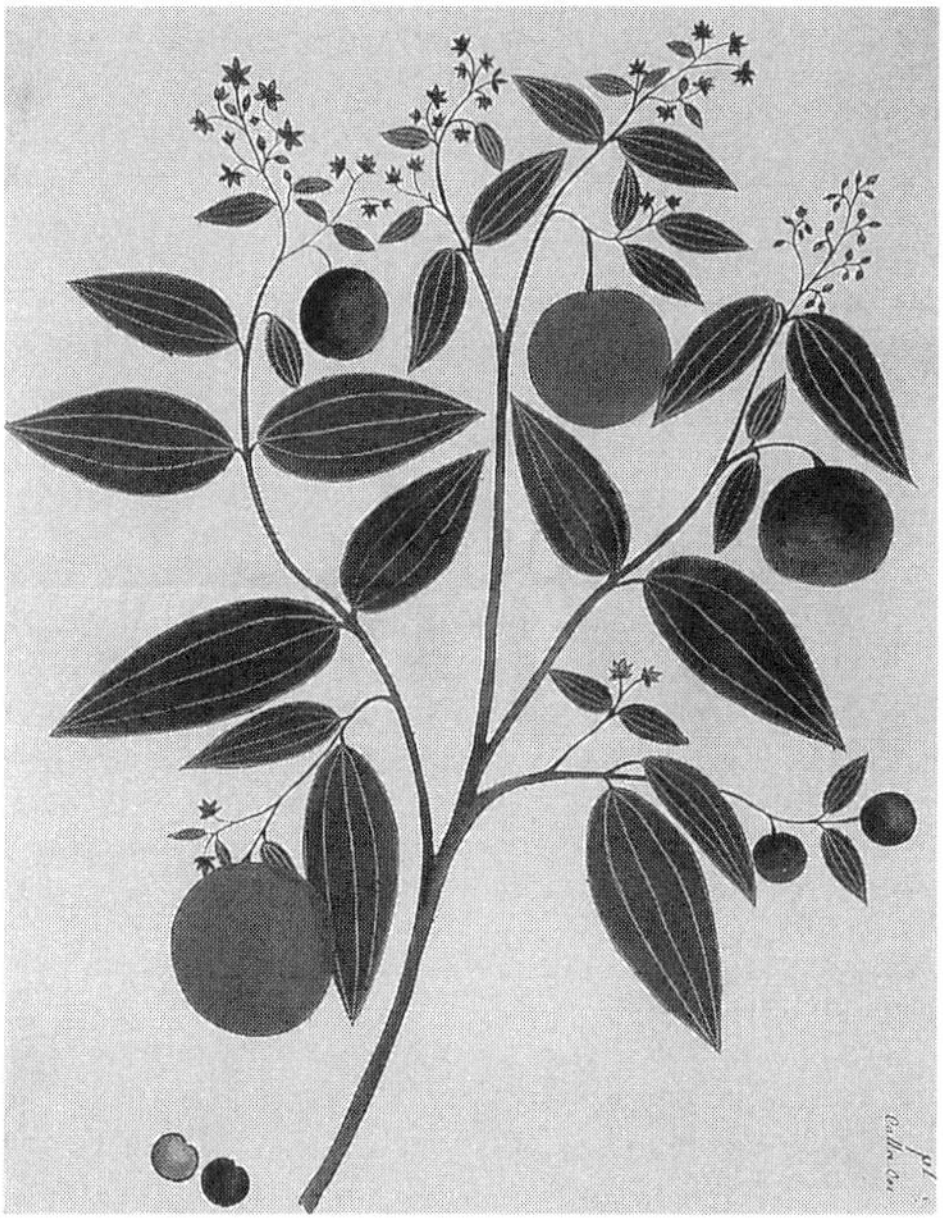

図5　『オリシャの庭園』でマチンとして描かれた絵

図6　ファン・レーデのマチンの描写

を理解すれば、「見本帳」から直接写さなくても、その趣旨に従うことができた。このことは、当時、ベンガルやコロマンデル海岸の主要輸出品であったチンツやパランポーレに、他国の顧客が示したとおりに、インドの織布工や絵付け職人が花模様を描くことができたという、よく知られている話を裏付けるものである[49]（図7）。この点において、これらインドの画家とヨーロッパの出版社のために働いていた銅版画家との相似性に注目するのは興味深い。

二つの草本誌に記された言語による説明については、両書とも——そのころまでにヨーロッパの植物学におい

図7　インド東部産の天幕用彩色布（18世紀初頭）。この地方からのヨーロッパ向けの主要輸出品であったベッドカバー用彩色布と類似した花模様が見られる。

て確立されていた慣例に従って――植物の特性や利用法を述べる前に、それらの植物のさまざまな部位、花、実、種子や根、形状や生息地について体系的に解説しているという点で、大まかに似ているにすぎない。しかし、ランプルールはフィートとインチでそれぞれの植物の寸法を体系的に示しているし、特性と利用法についての彼の記述は、ファン・レーデのものとは著しく異なっている。とはいえ、ファン・レーデは植物の現地語名をローマ字綴りで転写し、さらにマラヤーラム語の名称をアーリヤエルットゥ(Aryaezuthu)[Arya Eluttu]文字[3]とアラビア文字で、コンカニ語の名称をナーガリー文字で表記している。他方ランプルールは、先に述べたように、彼が集めた現地語名(大半はオリヤー語。ただし、すべてではない)をラテン文字で記しているだけである。そして、フランス人「のランプルール」が南アジアの医学的伝統から植物を熱性と冷性に分ける分類を借用しているのに対して、ファン・レーデの方は四体液への効用を想起させる。いずれの草本誌も、利用法の説明については、それぞれの土地の人々が示した各植物のさまざまな部位を挙げるにとどまっていて、治療薬の正確な配合を述べているわけではない。ランプルールは、「彼ら[インド人の医師たち]は薬種を量らないので、調剤については述べない。人は経験によってのみ薬の投与の仕方を学ぶことができるのだ[50]」と明言している。さらに、ランプルールがプロの外科医だったのに対して、ファン・レーデは医学に関しては初心者であった。最後に、一方がフランス語を使っており、明らかに同国人向けだったのに対して、他方はヨーロッパの学識エリートたちの共通語であったラテン語――もっともそれはファン・レーデ自身が習熟していない言語であったのだが!――でその著作を出版している。

ランプルールの『庭園』がパリに到達して……

ランプルールは彼の企画が然るべき評価を受けるだろうと自信をもっていた。彼は、適当なパトロンが見つかるように望みをかけて、すでに一六九八年にはドラヴィーニュに託して自分の著作のサンプル数点をパリに送っていた。ドラヴィーニュははかばかしい進展を得ることができず、ランプルールの苛立ちは一七〇一年までには目に見えて高まっていた。彼は、ドラヴィーニュに宛てて、「私がそれによって然るべき利益を上げることができない限り、誰も私の著作を受け取ることはないでしょう」と書いた。また、同時に別のパトロンの後援を探し始めていることを告げていた。実際に彼は、自分の著作のサンプルのいくつかを、ロンドンにいる（謎の）「ムッシュー・プチ（Monsieur Petit）」なる人物と、ドルにいる兄の友人に送っていたのである。後者は、ルイ一四世の侍医でパリの王立植物園の園長でもあったギー＝クレソン・ファゴン（一六三八〜一七一八年）の息子たちの家庭教師をしていたことがある、引退した聖堂参事会の元会員であった。[51] ランプルールの飽くなき努力はある段階で実を結ぶことになった。一七一九年、科学アカデミーの会員で、雑誌『ジュルナール・デ・サヴァン（*Journal des Savants*）』の編集委員であり、国王の図書係でもあった、影響力のあるジャン＝ポール・ビニョン神父（一六六二〜一七四三年）の巧みな口利きのおかげで、ランプルールは、計画に対する王の後援のしるしと、「その著作を完成させたら直ちに然るべき褒賞を得られる約束」［の証拠］として、「一枚はルイ一四世、もう一枚は摂政」の黄金メダル二個を受け取ったのである。[52]

一七二五年、その植物誌はついに完成し、ランプルールはそれを、癲癇の驚くべき治療薬とともに、パリの科学アカデミーに送った。彼は今では六五歳になっており、相当額の報酬を得て退職するのを心から楽しみにしていた。

ランプルールはフランス東インド会社の職を失っており、この大作に最後の一ペニーまでを費やして――破産し、物乞いをするほどにまで落ちぶれて――しまっていたのである。[53] その大部の作品と治療薬は無事に到着し、専門家の審査を受けるため、アカデミー会員にして王立植物園の植物学教授であり、フランス東インド会社の植物学専門家でもあるアントワーヌ・ジュシューに送られた。しかし、ランプルールは物理的な利益はもちろん、何らの礼状も受け取らなかった。返信のなかったジュシュー宛の何通かの手紙の後で、[54] 彼はフランス東インド会社の重役たちや、パリの上流社会の多くの知人たちに対して、ジュシューの振る舞いについて不平を訴え始めた。とりわけ科学アカデミー院長であり、王立植物園の園長（一七三二～三九年）でもあったシャルル＝フランソワ・デュ・フェイ（一六九八～一七三九年）、海相であったモールパ伯、ビニョン神父、そしてフランス東インド会社の聖職部門理事にしてルイ一五世付きの告解司祭兼地理学教師でもあったジル＝ベルナール・ラゲ神父（一六六八～一七四八年）に対してである。[55] 一七三三年には、フランス東インド会社がランプルールをシャンデルナゴルの倉庫検査官として復職させたが、彼に代わって多くのとりなしがなされたにもかかわらず、ジュシューはさまざまな治療薬が実際に効くことは認めながらも、頑として彼に支払いをするのを拒んだ。[56]

ニコラ・ランプルールは一七四二年二月一三日に無名のままシャンデルナゴルで死んだ。八〇歳だった。ベンガル人の医師に看取られ、この医師に彼はささやかな貯えの一部を遺した。[57]

……王立植物園において匿名のものになる

『オリシャの庭園』がなぜ『マラバール植物誌』とはあまりにもかけ離れた運命をたどることになったのかは、

その内容や構成の点からは説明できない。外来植物の草本誌や薬剤書は、博物学者や医療関係者が使うためにも、商業上の可能性のためにも、大いに求められていたからである。一八世紀までには、挿絵付きの草本誌はヨーロッパの美術品市場で珍重される品としての地位も得ていた。ランプルールが示唆しているように見える、ジュシューの側の個人的な敵意だけでは、『庭園』の失敗を説明し尽くすことはできない。[58] この興味深い問題への決定的な回答には、『庭園』に関するジュシューの報告書の完全版が発見されるのを待たねばならず、さしあたっては、状況証拠から推測することしかできない。

何はともあれ、『オリシャの庭園』にジュシューが動かされなかったのは、アジアの植物相に対する無関心のためではなかったことは確かだと言える。というのも、彼はフランス東インド会社の植物学専門家として、オランダがヨーロッパの薬種市場を独占していることをよく知っていたからである。彼自身が認めているように、それは「彼らが訪れる土地で、博物学と薬種の利用法に関する深い知識を得ることによって獲得した」独占であった。したがって、もしフランスが薬種市場の一角に食い込みたいと思うなら、有用な植物を集め、「専門家の知見を求めるためにそれらをパリに送り」、やがては「我々の新たに築かれた植民地に、それらのうち最も役に立つものを移植する」よう海外の東インド会社職員たちに促さなければならなかった。[59] ジュシューは東方にいるフランス人たちと定期的な通信を続けていたし、一七二五年にはシャンデルナゴルで植物を採集するようにと、ジャン゠クロード・バルベ（一七〇〇年頃生まれ）なる人物をひそかに送り出しさえしていたのである！（一七二九年のバルベの突然の死に際し、ランプルールは彼の所業をくまなく調べ上げ、ジュシューの二枚舌を発見して激怒したのであった。[60]）

しかしジュシューは、ヨーロッパの外の知識は費用を負担せずに得ることができて、より大きな経済のなかに埋め込まれてはいないと思っていた節がある。ランプルールは、このような思い込みの愚かさをジュシューに指摘する機会を逃さずにはいなかった。

植物採集者一人につき一二〇〇リーブルでは，食料や衣服，一本三〇スーのワイン，現地の医者，住まい，使用人，通訳およびその他の雇い人や贈り物にもっと費用がかかることを考えると，たいしたことはできません。そのうえ，あなたの植物採集者たちは，採集には最悪の時期であるモンスーンの季節にやって来るのです。加えて，彼らは現地人から言語を学び，本を買わなければなりません。[61]

ヨーロッパと同じくこのような遠隔地においても，知識がより大きな経済の一部であったことをジュシューに思い出させたのは，ランプルールだけではなかった。バルベもまた，アジアにおける植物採集の落とし穴について知らせようと次のように書いていた。「あなたは，インド甘松と，シナモン，クローブ，ナツメグを私に依頼しました。私たちはセイロンやモルッカ諸島により近いところにいるかもしれませんが，これらの木々は［ヨーロッパの］あなた方にとって知られていないのと同じくらい——たとえそれ以上にではないにせよ——，当地にいる我々にも知られていないことを私は請け合います。油断なく見張るオランダの特権のもとにあるため，それらを入手するのは容易ではありません」。また，南インド産の植物を求めるジュシューの要請に応えて，ポンディシェリ総督のピエール・クリストフ・ルノアールは，知識収集の厄介さと現地側の案内の必要性を彼に説明する返事を書き送った。[62] アジアの世界はヨーロッパ世界と同様に商業的に組織化され分節化されていた。このことを知らなかったため，ジュシューは遠く離れた東方での自然採集を大して進められなかったのである。

しかしながら，ジュシューの著作のひとつがランプルールの草本誌に対する彼の評価を知る直接の手掛かりを与えてくれる。ほぼ間違いなく一七三二年に書かれた原稿『他国の植物学者との書物の取引から得られる利益（*De avantages que nous pouvons tirer d'un commerce littéraire avec les botanists etrangers*）』は，アントワーヌ・ジュシューの考える植物学の事業に対する興味深い見解を明らかにしている。「それは単なる好奇心ではない」と彼は言う。

また、国外の植物学者と交信する主な理由である、エキゾティックでこれまで知られていなかった植物で自分の庭を飾りたいという欲望でもない――そうではなく、もし植物学が薬などの技術の進歩に何らかの役割を果たすことができるなら、ヨーロッパの植物相と国外の通信員から送られる植物相との比較検証ができていなければならない。このようにして初めて、同種の植物を同定し、薬などの技術に利用し、最終的にはヨーロッパの植物相の質を高めることができるのである。

ジュシューによれば、このような同定が次のようなことを確かめるのに役立つという。つまり、トコン（Ipecacuanha）とは一般的なスミレのことにほかならず、「スカモニアとはインドヤラッパ（turbith）のことである。これらのよく利用される下剤は、輸入されるつる性植物にすぎない。また、和紙の原料となる植物はただの白い桑とタチアオイである」。

ジュシューは続いて、そのような同定の実用性を示すために五つの実例を挙げている。その二つ目がほかならぬニコラ・ランプルールのことである。

第二の手紙は、一七二九年一月二〇日付で、ベンガル王国のシャンデルナゴルでかつて外科医を務めていた、ランプルール氏からのものである。そこには一二巻にわたる彼によって描かれたその国の植物に関する多くの記録が含まれているが、彼はそれをアカデミーに送ってきたので、今は私のところにある。その記録は主に、この集成で触れられている植物の大部分のベンガルにおける利用について述べており、それはほとんどこの遠い王国の薬大全のようなものである。

しかし、その植物の調査記録を見て言えるのは、あちらで自生していて、いわば野生のままの植物の大半が、こちらで栽培され、それゆえに違った風味を発達させた、我々の「知っている」野菜のなかに見出される、と

いうことである。(63)

驚くべきことに、ジュシューとランプルールは植物学に有為性があると見なす点については一致をみている。ただし、両者の意味するところはまったく違うのである。ジュシューにとって、よその地域の植物相に関する知識は、よその植物を地元のものと比較し、そしてそれによってフランスが輸入代替品を見つけ出し、自国の市場と強力な専門家集団をオランダとの競争から保護するために、双方の植物相の名称一覧《コンコーダンス》を完成させるのに役立つという程度の興味の対象でしかなかった。これは確かにランプルールの目的ではなかった。彼の目的は、インド洋におけるオランダのモデルに触発されて、現地の薬物類を商品化するために、それらの知識を手に入れることであった。いずれにせよ、フランスの王立研究機関のネットワークのなかにいる高級官僚兼学識専門家として、決定権を持っていたのはジュシューだった。こうして彼は『オリシャの庭園』の弔いの鐘を鳴らした。それは認証された知の世界から放り出されて、王立植物園の彼の個人蔵書のなかに埋もれ、一九世紀の間に博物館の図書館で無名のエキゾティックな珍奇の品に成り果ててしまったのである。

まとめ

ランプルールの大全は、アジアにおける他のヨーロッパ人による著作と同様に、ヨーロッパ人一般、自分たちと関わった現地の人々、机上の大都市の同僚たちからなる三角関係に対して、まったく無視できない光を投げかけている。これらは、知識の実践とより広い経済的・政治的背景との関係をも浮き彫りにしており、本書の主要なテーマのいくつかを説明するのに役立つ。

近世の南アジアとインド洋は、知的にも社会的にも、ヨーロッパ人が接触する前から知識が形成されていた空間であった。そこで行き渡っていた知識は、何らかの形の生活の知恵などではなく、個別の明確に定義された「専門家」諸集団だけに許された特権であった。このことはヨーロッパの内外にいるヨーロッパ人たちにはっきりと認識されていた。ランプルールの計画は本質的に、ファン・レーデやダ・オルタの場合と同様に、未分化の土着の集団によって守られていた情報を集めることではなく、知識や技能や専門化された実践方法を——その地域とヨーロッパの双方の知識の市場に向けて——再構成して組み立てることにあったのである。

ここで市場という隠喩を使うのは場違いではない。それは当事者たち自身によって使われている言葉だからである——ランプルール自身が(例えば「書物の取引」と記した)ジュシューと同じく、取引と利益に言及している。そのことから、知識の形成と流通の物理的・経済的側面が浮き彫りにされる。従来、科学は人々の交流の他の諸側面とは異なる、特別の「象徴的な」経済として提示されてきたが、ヨーロッパにおける科学は、牧歌的で継ぎ目のない文芸共和国(republic of letters)で自由に行き渡っていたのではない。インド洋という見晴台から眺めれば、ヨーロッパにおける科学は、諸国家の政治的・経済的な利害によって制約を受けてばらばらに区切られた空間のなかで伝えられていくものであった。しかも、その空間は「個別の科学の」有為性について、異なる認識をもつ複数の政体——知識の意義がその領域内でのみ決められてしまう——によって形作られていたのである。[64] ランプルールの例やその他のここで引き合いに出した事例は、急速に発展しつつあった国民国家のより大きな政治経済や、近世的商業主義、そして萌芽期にあったヨーロッパ植民地主義と不可分の市場経済の一部として、近世科学を理解する論拠となる。[65] 科学をこのように捉えることによって初めて、知と権力の間の複雑な結びつきを明らかにするという作業に着手することができるのである。

加えて、ダ・オルタやダ・コスタ、ファン・レーデ、ヘルマン、そしてルンフィウスの経験は、ランプルールの経験よりもなおいっそう、アジアの文脈のなかでの知識形成を、ヨーロッパ内での知識形成の延長としてではなく、それ自身ひとつの現象として研究することの重要性を示す証左となる。このような人々の経験からは、彼らがヨーロッパの肘掛け椅子にいる学識者たちに知識を供給することにおいてではなく、現地アジアの人間集団との交渉を通して知識を形成し行き渡らせることによって、信頼を得ていたという事実が明らかとなる。彼らはそれぞれ、ダ・オルタの場合のようにアジアでの成果を出版したり、あるいはファン・レーデやヘルマン、ルンフィウスの場合のように、ヨーロッパの大都市の権威に訴えるのではなく、主にバタフィアを通してインド洋世界内部で手稿の形で流通させることによって名を成したりした。実際、ルンフィウスの場合、その最も主要な著書である『アンボイナ植物標本集（*Herbarium Amboinense*）』（一六六三年から九七年にかけて作成）の前文で自ら記したように、彼は「東インドに住む人々にとっての利用と便宜」のためにそれに取り組んだのであり、それゆえに彼の著作は一八世紀半ばまでヨーロッパで印刷されることはなかった。[66]

歴史叙述の面において本章で試みた修正を経て、このように知を生み出す現場に目を向け、知識形成のダイナミクスが何を始動させるのかを問うことができるようになる。すでに見たように、南アジアの地方語からヨーロッパのある言語への翻訳は、ランプルールの事業に必要とされた多くの翻訳作業のうちのたったひとつの工程にすぎなかった。実際のところランプルールが行ったのは、一連の複雑で予測不能な交渉を通して、薬学、宗教、経済、社会、文化に関する技能や実践の寄せ集めを翻訳し、既成の熟語では呼びようがなかったひとつの作品に仕上げるという作業だった。[67] そして、たとえ鎖の向こう側の端——すなわちフランス——でその作品を作り上げるのに失敗したとしても、ランプルールは南アジアにあったこちら側の端で、学識者や商人、伝道者、職人の複雑なネットワークをまとめあげ、維持することに成功したのである。実際、彼の事業は、他のヨーロッパ人のものと同様に、交流をもった現地の共同体に対して長期に及ぶ影響を与えることになった。現地の画家たちは、一八世紀を通して、博物学関係の絵を描くことがヨーロッパ市場向けのますます儲かるビジネスになることを知り、このような芸術形式に特化し始めるに至った。当初、彼らは個々にこの仕事をしていたが、数十年後ベンガルとコロマンデル海岸のイギリスによる植民地化が進むにつれて、植物園の創設やさまざまな博物学的・地理的調査に伴って、組織化された大きな活動の場が開かれることになった。インドの画家や素描画家たちは、今度は地図や地形図、一八世紀末から一九世紀初頭のいくつかの優れた草本誌の制作のため、これらの植民地機関で大規模に雇用された[68]。同様に、ヨーロッパの博物学者たちは南アジアの藩王の宮廷に植物園や薬草園をつくる職を見つけ始めた[69]。結局のところ、この異文化間交流は確かに、その地域内での薬学や植物学の実践のダイナミクスに対して長期に及ぶ影響を与えたのである。評価は困難だが、これらは確かに労力に報いて、インドの薬学の歴史に対する貴重な貢献となったはずである。

第2章　循環と近代的地図作成法の出現

――イギリスと初期植民地インド、一七六四〜一八二〇年

はじめに

近代的な地図作成法やその基礎にある測量活動は純粋に西洋の発明であり、ヨーロッパの植民地拡張の過程で世界の他の部分へと導入されたと一般には信じられている。例えば、一八〜一九世紀の南アジアにおけるイギリスの地理的測量に関する著作のなかで、マシュー・エドニーは、彼の言う「非インド的な数学と構造のなかに根付いている空間建築学」を、イギリス人エリートがヨーロッパからインドへ移植したものが、「地図作成文化（carto-graphic culture)」だと述べている。エドニーによれば、

> インドのイギリス人にとって、測量活動にともなう計測と観察が科学を代表する。土地を計測し、インドの景観にヨーロッパの科学と合理性を持ち込むことで、イギリス人は自らとインド人を区別する。彼らは科学を実践するが、インド人は限定された方法で、イギリス人官僚が要求した時しか科学を実践しない。〔……〕地図作成法の実践――すなわち、測量と地図編纂――は、科学とイギリス人の活動の真髄である。

「神秘的で宗教的な、ヒンドゥー教の空間であるインドを、合理的で科学的で帝国的な空間構造」へと変形させる測量は、インドの景観に対するイギリスの支配を示しているとされる。インドにおける測量事業は、植民者に広範囲に及ぶ監視のネットワークを提供し、インドの地方と住民を支配するためにデザインされた科学的な「パノプティコン（panopticon）」[1]を構築することと見なされる。植民地化されたインド人は、従属的・機械的にイギリス人に奉仕する人々としてか、あるいは測量活動を妨害することで帝国的秩序に反抗する農民として描かれている(1)。

非西洋世界に押しつけられた合理性として測量、より一般化すれば近代科学を捉える考え方は、多くのポストコロニアルな歴史叙述、とりわけインド亜大陸に関する叙述に影響を与え続けている(2)。こうした見解によれば、西洋科学の拡大はしばしば暴力的に「他の科学的」文化に対して「合理的」な実践を押しつけることによって成し遂げられたのである(3)。しかし、想定されているような「他の」科学的実践のあり方、それらが埋め込まれている社会構造・権力構造との相互の連関、それらの歴史や、ヨーロッパの科学的実践との遭遇といった問題は、こうした叙述においてはめったに扱われない(4)。そしてそれらの叙述は、科学と権力との結びつきに焦点を合わせることによって、近代科学が純粋にその主張の合理性から発展したとする広く保持されている見解への有益な解毒剤を提供してはいるけれども、これらの研究は大部分がその歴史的主張やテーゼの実証を通じてよりもむしろ、提案、仮説、主張、そしてしばしば「政治的な公正さ」の要求によって、解釈的な議論を形成している(5)。

専門知識とその実践の拡大は、科学史と科学社会学における最近の研究に照らして、いっそう重要な問題だと見なされている。科学の成果を、それが生み出された場所を超えて外へと輸出するということは、しばしば器具や物質的・知的スキルの複製を伴う。さらに重要なことは、当該の科学的専門性と関連する振る舞い、取り決め、社会規範、慣習、洗練性《シビリティ》の一定の型と、受け入れる側の共同体《コミュニティ》におけるそれらとの間で交渉が必要だということである。さらに、この交渉と適応の過程というのも、新しい環境に適応させる際には、それらの再構成を伴うからである。

は一方向に作用するものではなく、循環とフィードバックの過程を通じて、その生成の地における科学的生産の本質に対しても影響を与えうるのである。

例えば地理学的な測量、徴税のための測量だけでなく、植物学、林業、農業、人類学のような「屋外《オープンエア》」科学の形成と普及を調べるには、一八世紀後半から一九世紀前半におけるイギリスの植民地拡張という文脈において考えるとよい(6)。実際この時期にはイギリスとその植民地双方において、植民地秩序を下支えし強化した一連の屋外科学の勃興が見られたのである(7)。この時期はまた、ブリテン人（Britons）が自身のナショナル・アイデンティティを創り出す過程の最中でもあった(8)。そしてインドの植民地機構は、もともと存在した現地の体制下の行政機関から生まれ、その労働力の多くを引き継いだものの、適応と交渉のメカニズムを通じて新たな状況による変容を被ったのである。それは、過去の諸々の実践や伝統の単なる直線的発展ではない、新しい知の形態を生み出した。それゆえ、植民地の科学技術機関についての研究は、この時期における知識形成の複雑な性格を説明するようなアプローチを必要とするのである。

本章は、植民地期初期のインドとイギリスにおける地理学的測量と地図製作の諸実践を検討する試みである。その目的は、技能と対象物の循環と、その循環をコントロールしようとする試みが、いかに今日の地図リテラシーと地図文化の出現に貢献したのかに光をあてることにある。そして、史料に基づいて、地理学的知識と諸実践の構築に関する文化史、政治史のオルタナティブな説明を提示することで、植民地化の時期におけるヨーロッパとインドの科学的実践は根本的に相異なるものであり、「西洋」科学が「文明化の使命」の一端としてイギリス人によってインド人に押しつけられたとする近年の社会史的学説は支持しえないことを表明したい。

実際、一八世紀後半と一九世紀前半の英領インドにおける地理学的探検の事例は、イギリスとインドの実務家と技術が特定のプロジェクトの周辺で出会い、いかにして新しい形を採り入れ、植民地的遭遇《コロニアル・エンカウンター》の過程を通じてどのようにインドとイギリスで近代的地図とその利用法が現れたかを示す格好の実例となる。南アジアでの大規模な陸地測量事業は、一八世紀半ばのイギリスによるベンガル攻略に引き続いて開始され、以前から存在していた地元の測量機関とその労働力を基にしていた。以下で検討するように、イギリス人は現地の仲介者や南アジアの人々の役割に決定的に依存していた。そして、ローカルな技術文化は、この歴史において無視できないものだった。インド測量局は、一八七八年になってようやく名付けられたのだが、世界で最も古い近代科学技術事業を代表するもので、その起源は一八世紀半ばにまで遡り、間違いなくインドにおけるイギリス行政機構の技術的支柱であった。測量局は、その地図によって有名であるが、社会統計の発明と成果においてもまた先駆であり、測地学へ大きな貢献をなし、精巧な測量器具の考案、製造、維持管理も引き受けていた。ヴィクトリア朝の科学を研究する歴史家スーザン・フェイ・キャノンによれば、「インド大三角測量は、マコーリーの教育に関する覚書[2]のさらなる研究よりも、イギリスの政策の働きをよく示している」(9)という。

最後にこの章は、一般に受け入れられている次のような前提に異論を唱える試みでもある。その前提とは、科学史、あるいはより穏便に言うならば近代的な測量・地図作成の歴史が、ヨーロッパの外で同時期に生じた発展や、科学史の形成過程へのその影響に言及することなく、自己完結的な西ヨーロッパの物語として語られうるというものである(10)。この前提はかなりの部分うぬぼれに基づくものである。というのも、国際的な学術雑誌に掲載された多くの論考や信頼できる学術研究が、ヨーロッパの拡張が始まった時点から、現地住民がヨーロッパ式の陸地測量や地図作成に決定的な貢献をなしていたことを記載してきたからである(11)。さらに重要なことには、近年ますます多くの歴史家が次のようなテーゼを確信的に展開してきている。それはすなわち、イギリスとその帝国が共同的に構成されたというものである(12)。私が示したいのは、近代の地図の歴史がこの全体的な物語の一部であり、接続された循環する物語――本国の大都市と植民地の両方をともに包摂し構成する物語――こそが意味をもって叙述されうるということである[13]。

そこでまずは、一八世紀中頃のイギリスと南アジアにおける地理学的実践の状況を概観するところから始めたい。次に、インド亜大陸で拡大していくイギリスの領土征服の観点から、地理学的実践がどのように再配置され、循環していったのかを跡づける。最後に、今日の我々が知っているように、地図を統治や動員にとって欠かせない道具にするために、地図の循環をコントロールしようとするイギリス東インド会社の取り組みに焦点をしぼる。

近世イギリス・インドの地理学的実践

イングランドとインドの間の直接の接触は、一六〇〇年の東インド会社の設立から始まる。儲かる香辛料や贅沢品の貿易に参加し始めた頃のイングランド人は、当初、わずか数百人の民間人と二～三千人の兵士にすぎなかった。二〇世紀の帝国絶頂の時代にあってさえ、インド在留のイギリス人の民間人人口が数千を超えることは一度もなかった。その数はあまりに少なく、商業・行政・技術上の仕事を遂行するためには、地元の仲介者に多くを頼らずにはいられないほどであった。一九世紀前半にマドラス管区に出されたある概算では、会社の民政業務のみに直接就いているブリテン人と南アジアの人々との比率は一対一八〇となっている[14]。前章で触れたように、インド洋ではヨーロッパ人がこの地域に参入する以前からずっと稠密な交易ネットワークが交差していた。それゆえ後者「ヨーロッパ人」は、西アジアや東アフリカから東南アジアや中国へと広がるこのネットワークに参入する方法について交渉せねばならなかった。というのも、インド亜大陸は地理的にも経済的にもどうしても通過しなければならないポイントだったからである。実際のところ、インド亜大陸への到着以後ずっと、ヨーロッパ人と地域住民の特定集団との協力が確立されてきた。すなわち、バニヤー（banians）〔銀行家〕、ムンシー（munshis）〔通訳、秘書〕、ハルカーラー（harkaras）〔諜報員〕、熟練工としての織工・宝石職人・大工・船大工、水夫など、そしてなによりも、多くのヨーロッパ人が結婚したり共に暮らしたりした地元女性との協力である。[15] 一八世紀後半におけるヨーロッパ諸国――とりわけフランス――との競合関係に直面して、この協力は陸軍の設立につながった。この陸軍には地元兵士、技術兵、鉄砲工も含まれていた。

一七世紀から一八世紀の間に、東洋と交易をする他のヨーロッパ人と同じく、イギリス人は西ヨーロッパからアジアまでの海と海岸からなる海図を作成していた。海図と帆走航路、つまり航海案内書（rutters）は航海に必須のツールであり、少なくとも一三世紀以降、海員にとって不可欠のものだった。[16] しかし、ヨーロッパ人は一般にアジアの内陸地域の地図作成には投資しなかった。それは、一部には彼らの居留地が海岸やベンガルのような河口に位置していたからであるが、それだけでなく、地図は一九世紀にいたるまで文化的にヨーロッパ人旅行家のガイドブックとならなかったからである。亜大陸に関しては、ヨーロッパ人は旅行家や伝道者たちから収集した情報を頼りにしていた。こうした人々は、継続的に調査をしたり、より広範には地元ガイドを雇ったりしながら、自らの道を開拓していたからである。一七五二年に出版されたジャン＝バプティスト・ブルギニョン・ダンヴィルの『インド地図（*Carte de l'Inde*）』のような補足的なものは、旅行者の記述によって修整された古代の地誌に基づいていた。ヨーロッパの地図製作者はほとんど自分の工房を出ることがなかったからである。[17]

南アジアにおける領土の獲得は、ニーズに変化をもたらした。一七五七年のプラッシーの戦いに続いて、新しく獲得した領域の測量が、境界線防衛、内陸と河川の交易ルートの図示、耕作地の区域とその財源としての潜在力の確定、そして安定した通信手段の確保のために命じられたのである。[18]

しかしながら、イギリス人は測量を実施するには人手が不足していただけでなく、その数少ない人々も陸地測量に関してほとんどあるいはまったく経験がなかった。例えば、プラッシーの戦いの後にベンガル参事会が測量官の派遣を海軍に要請したとき、在カルカッタ艦隊司令官チャールズ・ワトソン提督は次のように返答した。

本日受領した貴殿の手紙は、在地有力者によって会社に認められた土地計画が正確な測量のもとで行われる必要性を知らせ、このような業務を請負う正式な資格のある人物を艦隊から出し、私が貴殿を助けるよう願うものでした。

本任務は相当の配慮と正確さが要求されるように見え、この艦隊では誰もそのような任務を担えるものはいないと認識しております。もしおりましたとしても、そのような活動には私がここに在留するよりもかなり長い時間を要するでしょう。しかし、艦隊への調査の結果、貴殿が適任者を認められ、本人が貴殿の目的に適いインドに残る意思があるようでしたら、私は彼を解任する指令を出すことにいたします。(19)

実際、一八世紀に何らかのかたちで陸地測量に関与した東インド会社の一八四人のイギリス人商館員――レジナルド・ヘンリー・フィリモアによるインド測量局の記録に関する包括的な研究のなかに一覧がある――のうち、陸地測量技術の正式な訓練を受けた者は一人もいなかった。とはいえ、多くの者が会社陸軍に籍をおいていたので、そのキャリアのなかで道路多角点を設置する方法を覚え、道路地図を描くことはできた。(20)

インドで最初の大規模測量事業が実施された一七六〇年代には、スコットランドの地図という特筆すべき例外――一七四五年の反乱［ジャコバイトの反乱］の結果としてウィリアム・ロイの指導の下でスコットランド人によって作られた――を除いて、ブリテン諸島の統一された詳細な地図は存在しなかった点に触れておくことは重要である。しかし、兵器廠（Board of Ordnance）のために作られた沿岸・港湾・要塞の地図や民間での道路・土地・各州の地図が不足することはなかった。課税根拠としての土地、天然資源、国土に対する、政府の強引な統制のための強力な道具となるような種類の地図は、地所測量官による測量に基づいていた。彼らのスキルと器具（通常、測鎖《チェーン》とクロスヘッド）は、南アジアでは手に入らないことに加えて、広範囲の測量には適していなかった。(21) 英国陸地測量部（The Ordnance Survey of Great Britain and Ireland）はようやく一七九一年に設立され、最初の測量地図が現れたのは一八〇一年になってからだったのである。(22)

イングランドのケースと同様、南アジア全体の詳細な地図もなかった。ただしある調査によれば、一九世紀以前に主にインド亜大陸の北西部・中部・西部について二〇〇枚を超える地図が存在していた。(23) この他に、詳細な土地台帳の作成とルート測量が亜大陸全土で広く着手されていた。タンジャーヴールのラージャラージャ一世（在位九八五〜一〇一二年）は「耕作地の緻密な測量を行い、これを査定した」。(24) 実際、近世までは耕作地の区画と所有者を記録する制度があり、所有権と封建税を確立するためにインド亜大陸全土に土地測量の伝統があった――これは同時代のヨーロッパで実施されていたものと原理的に大きく異なるものではなかった。モラヴィアの博物学者で東インド会社の測量官だったベンジャミン・ヘインによって翻訳された、土地測量についての一八世紀初頭のインド半島由来のサンスクリット語文書には、有形無形の技術の使用に基づく測量方法について次のように書かれている。


基本単位はインチで、これは三つの異なる方法で測られる。

第一に、米三粒を縦に一列に並べた長さ――米粒が占めている場所をインチと呼ぶ。

第二に、親指の第二関節の外周を測り、その長さの半分がインチである。

第三に、中指の第二関節の外周を測り、その長さの半分をインチと呼ぶ。

一二インチは一ジャナ（Jana そのまま一スパンとおきかえられる）[3]、三二ジャナは一ガーダ（Ghada すなわち一バンブー Bamboo）、四ガーダ（または一平方バンブー）は一クンタ（Kunta）。

これらの単位は〔……〕どこでも通用する。[25]

ムガル帝国では、収集されたデータはパトワーリー（patwari）、つまり村落の帳簿係の記録として保管され、他の帝国の役人によって定期的にチェックを受けた。ルート測量においては、アクバルの宮廷に長年仕えたイエズス会士アントニオ・モンセラーテ（一五三六〜一六〇〇年）が、アクバルが次のことに留意していたと記している。一五八一年のカブール遠征の際、行軍を測定させた件である。

毎日の行軍の距離は一〇フィートの標尺（ロッド）を用いて専門の役人によって計測される。彼らはアクバル王にぴったりと付き、王がテントを出た瞬間から距離を計測するように指示されている。これらの計測は、使節を送ったり、布告を発令したりする時、また緊急時などに、各地の面積や遠隔地間の距離を計算するのに大変役立つのである。一〇フィート・ロッドの二〇〇倍の長さは、ペルシアで呼ばれるところの一「コルー（coroo）」に相当するが、インドの言葉では一「コス（kos）」にあたる。これは二マイルに等しく、距離の一般的な度量単位である。[26]

同様に、もう一人のイエズス会士ヨゼフ・ティーフェンターラー（一七一〇〜八五年）は、四〇年にわたりインド亜大陸に居住し同地を広く旅したが、北部インドのさまざまな地域で距離の計測に使われるいくつかの度量単位に言及している。

この地では、距離の単位は五〇ロイヤルヤード（ガズ Gaze）の長さの縄で測られる。この縄の七倍の長さが一インドリーグになる。距離の単位を決めるもうひとつの方法は、長い竹を使って、それぞれ十二・五ヤードずつ四〇〇回分取っていくことである。この二つの方法は同じ結果となる。つまり、それぞれ五〇〇〇ヤード、つまり一リーグになる。[4] デリーのアフガン王シェール・シャーは、そのリーグをそれぞれ六〇のシカンデリ・ヤードをもつ六〇ジュゲラ（Jugeras）に分けた。〔……〕それはロイヤルヤードよりも短く、デリー地方で使われている。(27)

これらの度量の仕組みに関して報告したのは異国の観察者だけではない。ムガル帝国の皇帝シャー・アラム一世（在位一七〇七～一二年）に仕えた年代記作者ムハマンド・ハジ・カムワル・カーンは、治世初期の数ある戦役のひとつの間に測量官（*Khush-manzil*）が任命されたこと、そして彼らの測量活動（*mushakhkhas*）について記している。(28)

計測された距離は算出表の形態で表され――地図（*naqsha*）の形で記され、ムガル帝国の官僚たちの地図リテラシーの度合いを示す場合もある――、そしてモンセラーテが言及したように、地名辞典（gazetteers）やマニュアルに掲載されて、行政、歳入徴収、その他の目的に使われた。(29) これらの地名辞典は、おおまかな位置と区域を記載し、今日私たちが想像する全国地図の機能を――それだけに限らないが――広く満たしながら、地方とその郊外の体系的な叙述をもたらした（この問題については本章後半で再度議論する）。(30) 最も著名なものは、『アーイーニ・アクバリー（*A'in-i Akbari*）』で、広報官アブル・ファズル・イブン・ムバラク（一五五一～一六〇二年）によって一六世紀末に編纂された。(31)

ロッド、ロープ、穀粒と人体に加えて、南アジアでムスリムの道具職人によって製作されたアストロラーベに目を向ける必要がある。この器具は、少なくとも一四世紀初頭から天体と地球の座標を計測するためにヒンドゥーやムスリムの天文学者たちに広まり、やがて一四世紀末には使い方を記したテキストがアラビア語とペルシア語から翻訳され広く出回った。(32) 最後に、ジャイプール、デリー、ウジャインで重厚な石工の器具[5]が発見されており、これらは南アジアと中央アジアの接触を証言すると言えるかもしれない。(33) 実際、いわゆる「サマルカンド学派」と呼ばれる天文学がムガルの保護の下、亜大陸で花開いた。一七世紀までにはイスラームの計量と測量技術が、広く使われている既存のものと混ぜ合わさっていた明らかな証拠がある。

いずれにせよ、地理学的な白紙状態からは程遠く、陸地測量、計測、図示は南アジアでは一般的なものであり、植民地化以前の体制の文化・経済と密接に関わるなかで、循環のプロセスを通して、また具体的な技術と道具の交渉・適応を通して、常に発展していた。この観点から見ると、南アジアにおける陸地測量の発展と実践は、同時代のイギリスのそれと大差なかったのである[34]。

それゆえ、他の植民地の活動についてと同様に、インドでの測量事業のために、イギリス人は現地の人材と、彼らのもつスキルと算出法に依存するようになったのである。

インドとイギリスにおける大規模測量の出現

南アジア人とヨーロッパ人の遭遇が起こった場である諸機関（主に陸軍、裁判所、および歳入事業）内の利用可能な資源を活用し、また個人的な関係性を介して、インドにおけるヨーロッパ式の測量は開始された。それゆえに、ティーフェンターラーは「コンパスを用いた地理学に精通した」ある地元の男を信用し、「距離を計測し位置を特定するために彼をクマオンの山地とガーグラの滝々〔……〕パトナ、デウカラへ向かわせた」。ティーフェンターラーはまた「この国の人々」が作った、ガンジス川とガーグラ川の流域が記載された巨大な三つの地図も持っていた[35]。フランス人学識者の旅行家アブラム・ヤサント・アンクティル゠デュペロン（一七三一～一八〇五年）が、次のように初期のヨーロッパ人による軍の路線測量に関する興味深い記述を残している。

私はインド内陸を単独で、集団で、そして陸軍と旅した。指揮官は一日の大部分を輿の中で眠って過ごしていた。夕食時に彼は自分の通訳（*Dubash*）に〔……〕どのくらいの距離を旅してきたか、どんな場所を通過したのかを尋ねた。通訳は次にポーターに尋ねるか、自ら返事をした。誰かが必ず答えることになっていたからだ。そして、距離と地名が旅程と地図に書き込まれる。〔……〕これはある意味ではよくできた方法だった。(36)

図 8　ジェイムズ・レネル少佐

「紛れもない最初の偉大なイギリス人地理学者」ジェイムズ・レネル（一七四二〜一八三〇年、図8）は、これらの本質的に異なる伝統をヨーロッパの陸地・沿岸測量の伝統と結びつけて利用することを体系化した最初のイングランド人だった。(37)

デヴォン州生まれで幼少期に孤児となったレネルは、近隣のチャドリの教区司祭ギルバート・バリントンに引き取られた。これにより少年は地元で初等教育を受け、一四歳だった七年戦争（一七五六〜六三年）の開始時に、ある英国海軍船で少尉として職を得ることができた。ブルターニュ半島沿岸での作戦行動中に、若きジェイムズは沿岸と港湾の測量技術を習得した。より実入りのよいキャリアの機会を見据えて、レネルはコードラント〔象限儀〕と製図道具をいくつか携えて東インドでの任務に志願した。続く数年間、彼はコロマンデル海岸で港湾測量官としての能力を如何なく発揮し、一七六二年にアレクサンダー・ダルリンプルのもとで製図工として雇用され、スールー諸島と中国遠征時には測量士を務めた。この航海でレネルは水深を測るだけでなく、豪奢な沿岸貿易を調査し、中国との通商でアヘンの重要性が増していることを認識することができた。

これらのスキル、接触、現地の社会や経済についての知識こそが、レネルが一七六四年から七七年にかけて東インド会社の任務（最初は工丘隊の見習い士官、後にベンガル測量局長）でインドでの地位を確立しようとしている間、有利に使えたものであった。与えられた最初の重要任務はガンジス河口デルタの測量で、その目的は「大河からチャネル・クリークまたはランガフラへつながる最短で最も安全な可航水路の発見」であった[38]。実際、イギリス人は航海可能な河川の測量調査を最重要と見なしていた。ガンジス―ブラマプトラ・デルタはこの地域の大部分を占めていたので、レネルは、海岸部の測量と同じ方法で航行可能な分流を使ってデルタを構成する無数の島々の輪郭をトレースした。そのために、レネルは海軍の任務で習得した沿岸測量官の伝統的な方法を用いるとともに、地元の人々から彼が測量した小川や水路の航行可能性についての情報を得ていった[39]。

一七七七年にイギリスへ帰国するや否や、レネルはベンガル、ビハール、オリッサの港地測量地図を、そして後にはインド亜大陸全土の地図を公刊することを決意したのだが、その際、彼は上記の河川測量調査から得られた多くの資料を用いた。その他の点については、レネルは陸地測量（主にデルタ周囲）のいくつかに関して個人的に指揮したことはあったが、イギリス人とインド人の兵士・測量技師の行軍にかなりを頼っていた。彼らの日誌や旅行記、その他のアジア人・ヨーロッパ人旅行者や宣教師の記述から、レネルはベンガル地図とインド亜大陸地図をまとめはじめた。興味深いことに、インド亜大陸の最初の地図（図9）に続いて一七八三年に出版された『覚書（*Memoir*）』の序文ですべての情報源に感謝の意を示している。測量の旅をした人々のリストの先頭には、「ベンガルとデカン高原の間の道と地域」に対して「スィーパーヒー将校（Sepoy Officer）」のグラム・ムハンマド、北西イ

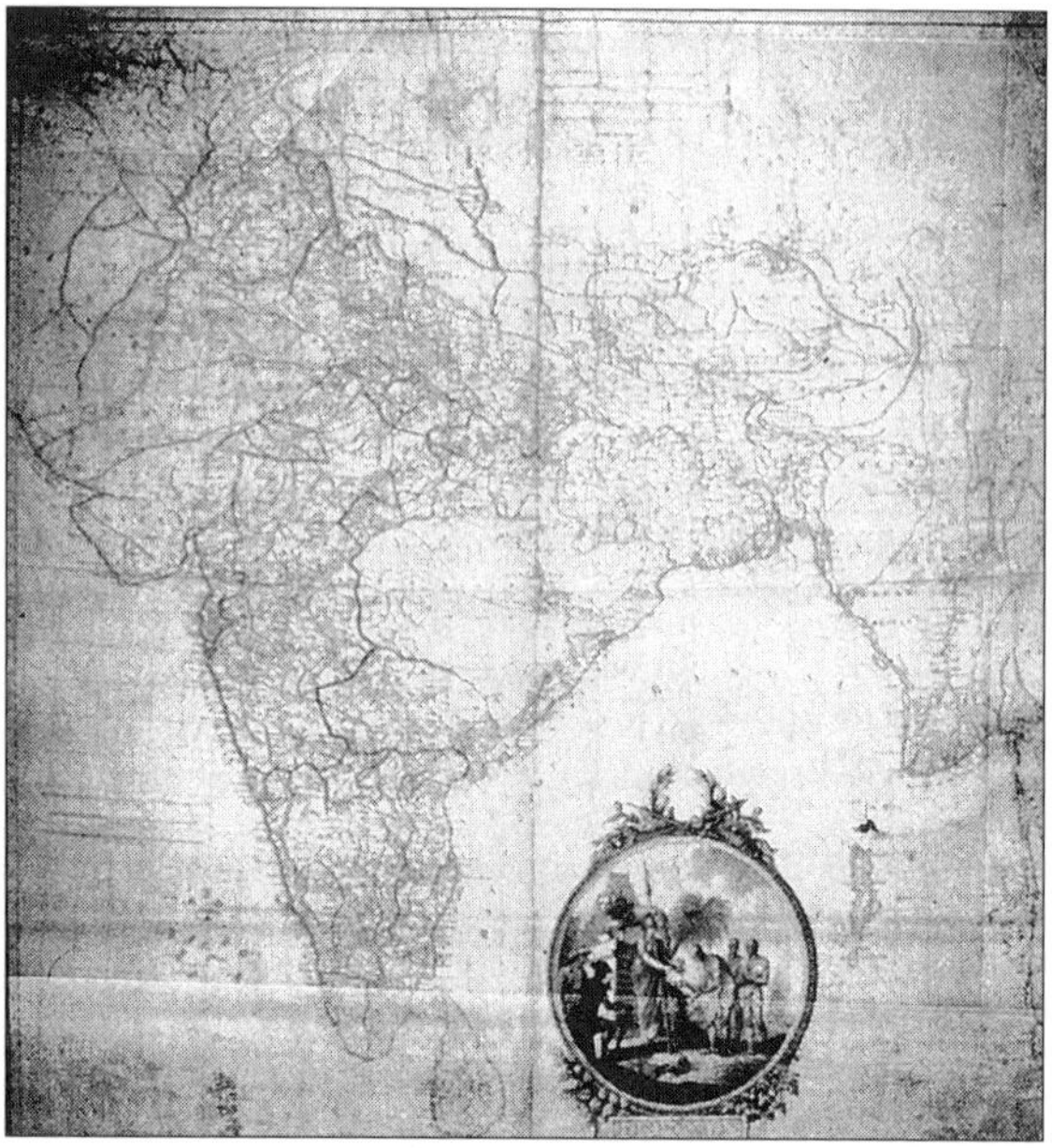

図 9　ジェイムズ・レネルの『ヒンドゥスターン地図』(1782年)

ンドに対してミルザ・ムガル・ベグ、そしてグジャラートに対しては、サダナンド——レネルの言葉によれば、「人知れぬ天賦の才と知識をもつバラモン」——が挙げられている[40]。レネルのヨーロッパ人の資料提供者は、イエズス会士のモンセラーテとティーフェンターラーやビュシー侯、ジャン・ロー・ド・ローリストン、アントワーヌ・ポリエ、クロード・マルタンのようなインド在留フランス人で、彼らも地元の測量技術に多くを依拠していた[41]。そしてもちろん、レネルは『アーイーニ・アクバリー』の図表を広範囲に利用している。『覚書』の初版の序文によれば、「ヒンドゥスターンを州(Soubahs)などに分割するにあたり、私はアクバル帝によって適用された方式に準じた。なぜならそれが最も恒久的なものに思われたからである。境界線の考えは、伝統によって地元の人々の心に印象付けられているだけでなく、『アーイーニ・アクバリー』でも確定されている。つまり最高権威の記録である[42]」。

さらに、初版の半島地図の右下にある象徴的な装飾枠(図10)には、南アジアとイギリスのエリートとの間の協働に対する公の謝辞を見出すことができる。そこでは一人のバラモンが神聖な文書であるシャーストラ(Shasters)

をブリタニアに捧げ、他のバラモンが封筒に入った別の文書を持って忍耐強く自分の番を待っている[43]。装飾枠の頂上の花輪はケシでできており、中国貿易で主要な位置を占めるようになったアヘンへの賛辞となっていることを注記しておこう。

レネルの地図はイギリスやその海外領土のこれまでの地図よりもはるかに緻密な情報を有し、将来のイギリスの地図作成にとって詳細さと正確さのモデルとなっていった。その功績が認められたレネルは、一七九一年に王立協会からコプリ・メダルを授与された。これに際し、同協会会長のサー・ジョゼフ・バンクスは次のように述べている。

> イングランドは周辺諸国から科学的進歩の女王として賞賛されていることを誇りに思うべきではないか。地図、およびベンガルとビハールというグレート・ブリテンとアイルランド全体よりも広い領域に関するレネル氏による描写は、我々の誇りだといえよう。〔……〕氏の測量の正確さは、わが国がこれまで生み出した地図のなかで最も労多いものとして他に類をみない[44]。

図 10　ジェイムズ・レネル『ヒンドゥスターン地図』（1782 年）の装飾枠

実際、レネルと、スコットランドの地図で名をなした友人ウィリアム・ロイは、ブリテンと自国海域の地図の現状を嘲笑することで政府に統一的なブリテン諸島の測量を行わせようと圧力をかけるべく、数年来世論をあおっていた[45]。今やバンクスが加わって、二人の大げさな請願は英国陸地測量部の設立でまさにその年に実を結んだ。

しかし、イギリスで使われた測量技術と測量器具はインドで発達したものとはかなり異なっていた。一八世紀半ばに主にフランスで広域測量法として完成された三角測量の技術が、イギリス全土の測量事業に唯一の技術として採用されたが、実際の測量では、フランスの反復円儀（repeating circle）ではなく、イングランドで考案された三フィート経緯儀《セオドライト》が使用された[46]。イギリス、フランス、インドで測量に関わる地元の各共同体の構成や伝統――特に器具、器具製作者、パトロネジのネットワークとの関係性――がそれぞれ異なることを考えれば、この変更は驚くべきことではない[47]。

インドでは、さまざまな流儀が入り混じったデータ収集の方法が、レネルの後継者らによって改良・発展させられた。トマス・コール（ベンガル管区測量局長、一七七七～八八年）は、彼の『インド地図（*Atlas of India*）』の作成に必要な情報を収集するために、少なくとも四〇人のインド人を雇用した。コールは一七八三年に次のように記している。「私は過去一年半で、六人のムンシーと三〇人のハルカーラーを自費で雇用し、情報収集のためにインド各地の調査をさせました。〔……〕本件は、総督閣下の裁可を受けて行ったものです」。一年後、コールはまたこう述べた。「総督閣下の命令により、地図に明記されている各地点を結ぶ道路を調査するためにムンシーを雇いました。その結果、きわめて有益な情報を入手しました[48]」。

こうしたことは、とりたてて珍しくもなければ、ごく少数の測量官のみが用いた方法でもなかった。現地の測量技術に大きく依存するのは、むしろ広範にみられた現象であった。かつてグリニッジ王立天文台長ネヴィル・マスケリンの助手を務めた数学者・天文学者のルーベン・バロー（一七四七～九二年）も、現地の人々の力を借りて道路についての情報を集めた[49]。のちに東インド会社の取締役に就任しベリック選出の下院議員（一八一四～一九年）としても活動したアレクサンダー・アラン（一七六四～一八二〇年）も、一七八〇年にマドラス管区で設立された五〇人強の現地の人々からなる案内人部隊の隊長をしばらく務めた。彼によると、案内人たちは、

カーナティックとマイソールで総距離五〇〇〇マイルにも及ぶ道々を調査し、あらゆる必要な所見を記し、それらを道路帳のかたちに編纂しました。〔……〕私は、案内人部隊に対する自らの責務として、〔……〕私が英語に翻訳したこれらの地図、測量ノート、道路帳を取締役会に送付していただくよう閣下［マドラス知事］に懇請する次第であります[50]。

言うまでもないことだが、案内人部隊を率いた前任者たちと同様、アランは、案内人（主としてかつてのハルカーラー）たちを測量技師に育て上げる能力も備えていなければ、（インド南部での戦争という事情から）そのために必要な予算や時間も持ち合わせていなかった[51]。さらに、彼らの多くは、天体観測においてもインドの天文学者に依存していたのである。

現地の人々と彼らが有する測量および天文学の能力を大規模に運用する一方で、多くのヨーロッパ人が測量や天文学に関する現地語のテクストを英語に翻訳し、現地の測量技術や緯度測定法について詳細な注釈を付したことは特筆に値する[52]。こうした翻訳の作業は、一九世紀においても続けられた。三角測量がインドに持ち込まれてからも、歩測や時間との相関で距離を見積もる（一日の歩行を基礎単位とする）方法などがその後も長きにわたって使われ続けた。三角測量は重要だとはいえ、そうしたさまざまな方法のひとつにすぎなかったのである[53]。翻訳や地図作成の作業は、容易なものではなかった。というのも、そのためには、特別な手順や規則を定め、それを体系化する必要があったからである。インドを隅々まで調査するために南アジアの人々のみからなる測量隊を組織したチャール

ズ・レノルズ（ボンベイ管区測量局長、一七九六～一八〇七年）は、その予算規模に懸念を示した上役たちに向けて次のように書いた。「これらの部隊を廃止し、代わって、なんら専門知識を持たない者たちを用いるようなことをすれば、これまでの測量の成果は水泡に帰すことになってしまいます」(54)。

続く数十年の間に、既存の測量器具を応用したり、保全したり、修繕したりするなかで、しばしばそれらの器具の構造や使用方法が変わり、その結果、再び較正《キャリブレーション》「目盛り合わせ」がなされることになった。イングランドの車輪付距離測定器《パランピュレイター》は、「壊れやすく、基本的に品質が悪く、平坦な道かローン・ボーリング用の平らな芝生の上以外では役に立たない。地方に行けば、一マイルか二マイル進んだだけでバラバラに壊れてしまう」ことがわかった(55)。一七八〇年代には、マドラス歩兵連隊のジョン・プリングル大尉が、現地のラスカル（インド人砲兵）の背丈と歩き方により適した弾力性の高い器具を開発した。一九世紀中葉になってもこの器具は使用され続けたが、それまでに度重なる改良を加えられた結果、原型であるイングランドの器具とは見かけのうえでも使い方のうえでも大きく異なるものになってしまった(56)。従来の標準的な方法が適用不可能な状況や地形に直面したときには、新たな測量方法を開発しなければならなかった。一八六〇年代にインド人測量技師が厳密に較正された歩測に基づいて行った中央アジアの地図作成は、その好例である(57)。

インド測量局で用いられた手法は、イギリスで普及していた手法とは大きく異なるものだった。そのため、一八五一年に測量技師養成を目的としてルールキーにトマソン工科学校（Thomason Engineering College）が設立された際には、まったく新しい便覧が作成されなければならなかった。というのも、「測地学に関する既存の英語書籍のなかで、この国で実践されている独特の測量方法に言及したり、それについての実用的な知見を提供したりするものはほとんどなかった」からである(58)。インド測量局で主任計算者を務めたラーダーナート・スィクダルが、この便覧の半分以上の章を執筆した。ここで指摘しておくべきは、インドで測量を実施する際には常に現地の人々の協力に依存していたのだが、ルールキーに工科学校が設立されるまで、それを手伝った人々や測量で用いられた手順、方法、器具などは、三つの管区でそれぞれ異なっていたということである。『便覧（*Manual*）』をより細かく検討することで、「ローカルな」測量のやり方を網羅したこの書籍が、集権化が進む領土の全域で測量の実施過程や方法を標準化し普及させる試みの一環として機能したことがわかる。

「客観的な」地理的表象としての地図の出現

人、技術、器具、手順などの循環はやがて組織的な相互交流へと発展していくが、その過程で登場した地図作成という営為を、まさに雑種的《ハイブリッド》という言葉で形容できるとするならば、近代の地図は何を表象しているといえるのだろうか。地図は、我々が理解しているように、ヨーロッパ特有の認識構造から生まれてきた表象ではないのだろうか。地図が他の文化にも存在していたとするならば、地図はそれらの文化において何を表象しえたのだろうか。また、最後に、地図とはヨーロッパに特有な陸地の表現方法の一部であり、陸地を視覚化し支配するための必要不可欠な道具であったといえるのだろうか。たしかに、地形の客観的な表象として、今日の世界において地図は広く普及しており、日常生活で方向を認識したりコミュニケーションをとったりする際の欠くことのできない手段となっているが、そうした考え方それ自体は、長期にわたる過程を経て形成されてきたものである。しばしば見落としてしまいがちな事実だが、地図それ自体が長い歴史を有しているのである。地図の歴史においては、「正確な」文書としての地図の機能に関する認識論的な論争や、地図制作者・パトロン・使用者が織り成す社会ネットワークの進化が起こった(59)。そして、より重要なことに、この歴史プロセスにおいて、東インド会社が重要な役割を担ったということも無視されがちである。こうした東インド会社の貢献を概観するために、植民地支配の初期において、地図が何を表象していたのか、また、南アジアの人々とイギリス人のそれぞれによって地図がどのように使われていたのか、そして、植民地的遭遇によってその使用法がどのように変わったのかという点に話を転じてみよう。

すでに述べたように、植民地化以前のインドには大量の地図が存在していたことがわかっている。これらの地図にみられる様式の多様性は、南アジアがヨーロッパと同じく広大かつ多様であり、あらゆる主要な旧世界の文化と古くから接触してきたという事実を示している。興味深いことに、これらの地図のなかには、色が独自の意味をなしているものがある。薄茶色が陸地における未分化の地域、焦げ茶色が山脈、青色が河川、象牙色が海洋を表す、などというように[60]。

さて、これらの地図が実際にどのように使われていたのかを正確に特定するのはきわめて困難だが、少なくともそのうちのいくつかは、明らかに軍事的・財政的・宗教的目的を有していた。巡礼地図や、宇宙観を反映した地球儀、海図などがそれである。ある有名な世界地図は、三四枚の地図からなり、ペルシアの円形投影技法に基づいて作成されている。これは、ジャウンプルのムハンマド・サーディク・イブン・ムハンマド・サーリフ(サーディク・イスファハーニーの名でも知られる)が著した一七世紀(一六四七年)の百科事典的著作である『シャーヒーディ・サーディク(*Shahid-i Sadiq*)』に収められている。この点については、南アジアはその頃までにすでに一〇〇〇年近くにわたってイスラーム世界と継続的な交流を重ねてきており、実際のところその重要な一部であったということを思い起こすべきだろう[61]。また、主としてプラーナ(Puranas)の宇宙観を反映した地球儀が少なくとも六個ほど存在していたことがわかっており、それらはイギリスとインドのさまざまなコレクションに収められている。このうち最古のもので、おそらく最も興味をそそるのは、クシューマ・カルナーのブーゴーラーだろう。それは、地球の形状をした真鍮製の容器で、複雑なエッチングが施されている。これらのエッチングは地球を構成する諸要素を表しており、プラーナを基本としつつもポスト天動説時代のサンスクリット天文学者の知見にあわせて修正された世界観を反映していた。この容器が香辛料入れとして作られたことはほぼ間違いない[62]。また、美術史家は、一部のジャイナ教の絵画が巡礼順路図であったことも指摘している[63]。さらに、最近発見された一七世紀中葉以降の海図付き船乗り手引き書も、航海の際に地図が使用されたことを証明している。加えて、司法における地図の使用については、アクバル（在位一五五六～一六〇五年）からシャー・ジャハーン（在位一六二八～五八年）期のムガル宮廷で下級役人を務めたアサド・ベグ・カズウィーニーが語ってくれている。回想録である『ターリーヒ・アサド・ベグ・カズウィーニー（*Tarikh-I Asad Beg Qazwini*）』のなかで、アサド・ベグは、反抗的なラージプートの王子が包囲されていた砦から逃亡した事件の責任者を突き止めるよう、アクバルに命じられた時のことを詳述している。

数ヤードの長さの布きれ〔……〕が持ち込まれ、その上にイーラジ砦のスケッチが描かれた。一辺は川、他の三辺は砦の壁と扉を示していた。両軍の野営地が記され、〔……〕バクシーはそれぞれの場所に指揮官の名前を書き込むようにいわれた。出席者はそれぞれ自らの印章を押し、この図と記述に間違いがないことを証明することになっていた。ビール・シンが逃亡した場所と、渡河した場所も示された。すべての貴族が図に印章を押したのを受けて、アサド・ベグは、この報告書を皇帝に送付する旨を彼らに伝えた[64]。

インドの地図には縮尺や方位の点で統一的な規則はなかったが、レネルの地図以前にヨーロッパ人の手で作成された最も詳細な南アジアの地図にも決まった縮尺や方位はなかった。例えば、ダンヴィルの『インド地図』は正確さという点でまぎれもなく同時代の傑作であるが、そこでは六つの異なる縮尺が使われている。実際のところ、インドにおけるレネルの後継者たちも、多様かつ標準化されていない縮尺で地図の編纂を続けた。それゆえ、一七九〇年代初頭に、インド半島部におけるイギリス軍の行軍を図解するためにアラン大尉とビートスン大尉がそれぞれ個別に作成した地図を出版した際に、レネルは次のような遺憾の言葉を述べている。「双方の地理認識を一体化し、全体および細部における空間の尺度を統合しなければ、ひとつの国の異なる地域で二つの別々の〔軍事〕遠征が行われ、異なる経路で同一の目的地を目指していたことがきちんと認識できなかっただろう(65)」。

ヨーロッパの地形的な表象――すなわち地図――を検討するとき、私たちは通常、それらを「現実」世界を表象する疑う余地のないほど科学的なもので、見知らぬ土地でヨーロッパ人が移動する際の必携品と考える。しかしながら、一九世紀への転換期までに、インドでヨーロッパ人のために、ないしはヨーロッパ人によって作成された地図がどのように用いられたかを検討することは、地図の複合的な性質について重要な光を照射することになるだろう。

まず、一七七〇年に、ジャン・バティスト・ジョゼフ・ジャンティ（一七二六～九九年）がフランス使節としてアワド宮廷に滞在したときに、自身のために作成したインド地図を見てみよう。二一葉の用紙からなるこの地図は、ジャンティが翻訳した『アーイーニ・アクバリー』で挿絵として用いるために作成されたものである。それは、ヨーロッパ人にはほとんど未知の（数十年先まで立ち入りを許されなかった）地域を網羅しており、その意味で、同時代のヨーロッパ人による南アジアの地図のどれよりも情報の密度が濃いものであった。にもかかわらず、現存する二部の地図は、基本的に装飾を目的としたものである(66)。

次にレネルについてだが、彼がそもそも地図を編纂するためにインドに滞在したわけではなかったことは、留意しておくべきだろう。当初、彼は、ベンガル知事ヘンリー・ヴァンシタートから、「貴君の旅路に関する詳細な日記をつけ、貴君が通過した国々のありようや産品、村々の名前、そして、特筆すべきあらゆるものについて記述し、日記の複写を河川や入江の下絵とともに私に提出して欲しい」と頼まれたにすぎない(67)。一年後、ヴァンシタートの後任としてインドに戻ったロバート・クライヴの要請により、レネルは初めてベンガル地図の作成に着手したのであった。だが、それも、行政的あるいは軍事的手段としてではなく、ロバート・オーム著『一七四五年以降のインドスタンにおけるイギリス国民の軍事行動の歴史（*History of the Military Transactions of the British Nation in Indostan from the Year 1745*）』第二巻の挿絵として作成されたものであった。また、非常に有力な知事の恩顧を得るべく、レネルはクライヴの私的なコレクションのために地図を描いたのである。[68] さらに、ダンヴィルの『インド地図』でさえ、より地図の扱いに習熟したフランス人のために編纂されたにもかかわらず、パリにあるインド会社担当王室監査官（*Messieurs les Commissaires du Roi à la Compagnie des Indes*）の執務室に飾られることを第一の目的に作成されたのであった。[69]

同様のことは、地位や金銭的利得を求める東インド会社の測量官たちが作成した同時代の多くの地図についてもあてはまる。実際のところ、これらの地図は手書きの一品ものであり、その美しさゆえに大いに賞賛された。そして、その多くは、下院議員や学術協会会員、東インド会社の取締役や有力な上級職員の私的コレクションに収められた。これらの地図は、ムガルの細密画や、「カンパニー・アート」として知られることになる当世風の混合様式でインド人画家によって制作された芸術品と並置され、壁面に美観を添えたのである。その結果、インドの支配地域に関するあらゆる情報を収集しようとしていた東インド会社は、地図の「流出」を警戒するようになった。すでに一七六六年には、ロンドンの取締役会がベンガル知事に次のような伝達を行っている。

　これまでに作成された、および、これから作成されるすべての地図の複写を送付すべしとの命令を繰り返し出してきたが、ほとんど遵守されてこなかった。〔……〕しかし、それらの地図は、どうやらこの地［ロンドン］で個人が私的に所持しているようであり、特にカルカッタの測量図についてはそうである。したがって、我々の工事、耕作地、その他のことに関して作成されたあらゆる下図、地図、測量図の複写を我々に提出し、かくも重要な事柄に適切な配慮を払わなければ、重大な過失と認定されるだろう。

二年後、再び次のようなことがいわれた。「我々は、レネル大尉が作成した図を喜んで収受するものであるが、同時に、当該の図はまずもって我々に送付されるべきであり、我々の許可なく複写が作成されるべきではないと考える。レネル大尉が作成した別の地方の測量図をクライヴ卿とヴァンシタート氏が所持しているように、この規則はこれまで等閑視されてきた」。

時を経ずして、取締役会は、より強い言葉でこの件について通告している。

測量図の作成にあたっては、何人たりともそれを複写してはならない。このことにつき、我々は、我らの測量官たちの不実な行跡にあらためて驚愕するものである。彼らは会社に多額の経費を負担させたにもかかわらず、その労働の成果を何一つ送ってこないという点で不実である。〔……〕そして、クライヴ卿とヴァンシタート氏がすべての地方の地図を保有していることを知るにつけ、この怠慢の罪は一層重くなるのである。もし測量図が来年中に完成し送付される旨を約束する知らせが最近到着した船によってもたらされていなかったならば、我々は両名を罷免することでその憤りを表明するところであった[70]。

このような苦情とおおっぴらな脅迫は、一九世紀への転換期まで続いた。しかし、地図の漏洩は続き、それらは、フランスのような敵国というよりも、東インド会社取締役会の有力メンバーの手に渡った。彼らはそれらを買うか、過去あるいは将来の恩顧に対する返礼として受け取ったのであった。レネルの「測量図の原作も〔……〕インドにおける最高位の役職者らによって国内に持ち込まれ、私有物として扱われてきたのだが、相応の地位にある淑女の所有物のなかから偶然にも発見され〔……〕取締役会が一〇〇ポンドで購入したのであった[71]」。

しかし、それでは、印刷されたインドの地図はどうなのか。これらの地図は、より広範な、地図の扱いに習熟した人々と現場の官吏らのために大量生産されたのではなかったのか。驚くべきことに、イギリスでは一九世紀に至るまで、印刷された地図を恒常的に購入してくれるような大衆層もいなければ、確立された地図の使い方も存在しなかった。例えば、レネルが自らの『ヒンドゥスターン地図（*Map of Hindoostan*）』を出版したのは、イギリスの読書大衆のなかでインドへの関心が高まりつつあった——イギリスのインド征服にともない、南アジアに関する情報が富を生み出す可能性を秘めた市場となった——という事情があった。最初の二版の序文で、彼は次のように書いている。

ヒンドゥスターンにおけるイギリスの戦争が特定の地方でのみ起こっている間は、国全体の地理に対する関心はわずかなものであった。しかし、今や我々は、［ムガル］帝国のあらゆる主要な勢力と戦争、同盟、ないしは交渉関係にあり、硬軟織り交ぜてことにあたっている。よって、現地における我々の政治状況や、我が軍の行軍状況を教えてくれるヒンドゥスターンの地図は、この地における我々の勝利の栄光に想像力をめぐらせる人々や、目下進行中である諸問題の状況に関心をもつあらゆる人々にとって、たいへん興味をそそるものであるに違いない。(72)

地図それ自体について、レネルは、「二枚の巨大な印刷物からなり、購入者の好みと都合に合わせて、二枚をつなげて全体を見てもよいし、地図帳に別々にくくってもよい」と述べている。しかし、華麗な装飾枠と彫版印刷を考慮すれば、彼が前者の使い方を意図していたことは間違いない。そのうえ、地図が印刷された厚手の簀の目紙は、書物に挿入するのには適していない。レネルの［地図の］フランス語版の翻訳者で出版業者でもあるヨハン・ベルヌーイ三世は、序文で次のように書いている。

すでに述べたとおり、レネル氏の地図は二葉の用紙からなっている。私の版では装丁された本に挿入することが意図されているが、これらの巨大な用紙は〔……〕かなりおさまりが悪かったかもしれない。経験によれば、このような巨大な用紙に使われる厚くてもろい紙は、折り目に沿ってすぐに破れてしまう。よって、当初、私は、元の地図を四枚の用紙に印刷しようと考えた。そして、レネル氏の地図の北〔方部〕を二枚の用紙に印刷した。〔……〕しかし、考え直し、半島の地図ないしは南方部を二つに分けるのは実用的ではないという結論に至った。というのも、そのようにすると、それぞれの部分は各用紙の六分の一のみを網羅するにすぎず、読者はそれらを何度も持ち替えなくてはならなくなってしまうからだ。したがって、私はレネル氏の地図の南方部のすべてを一枚の用紙に印刷し、地図の寸法、紙質、使いやすさの統一性を維持するために、レネル氏が地図の東方部の空白部分に書き入れた付属物、すなわち、イギリス人にしか理解できない巨大な寓話的装飾枠を便宜上取り除こうと考えたのである。(73)

ベルヌーイは、実際、イギリスよりも地図が日常的に使用され、地図を読む能力に長けた大陸ヨーロッパという文脈のなかで、『ヒンドゥスターン地図』を出版しているのである。彼は、地図から装飾と不必要な要素を取り除き、切り取った部分を布入りの薄手の簀の目紙に印刷した。それは、折り込まれた地図の扱いに慣れた読書大衆が使用するうえで、摩耗しにくい紙だった。地図を壁に掛けて飾りたいと考えている顧客を想定して、彼は地図を構成する三つの部分に同一の縮尺を用いて、それぞれの部分がぴったりと一致するように印刷したのである。

これらの地図が最終的に地理を表象する一義的な手段となり、イギリスとその帝国を移動する際の必需品となっていく過程は、長く複雑なものである。その詳細な説明は本章の範疇を超えるが、是非とも指摘しておきたいのは、ブリテン諸島の内部のみを見ていたのではこの歴史は十分に語りえないということである。実際、地理学に関するさまざまな営為、それらを行う人々、道具、地図などの循環と、そうした循環を規制しようという動きが、歴史的に重要な役割を果たしたのであった。例えば、東インド会社は、一八〇九年に地図の流失に歯止めをかけるべく、次のように命じた。

会社の経費で測量が行われたインドの地図の出版は、いかなる事由においても許可できない。〔……〕インドの地理や地形についての情報が〔……〕会社とイギリス国民の排他的利益のために保守されることはきわめて重要であり、また、〔……〕多くの貴重な測量図、図面などが望ましからぬ人々の手に渡ったことを懸念するに相当な理由があるので、これ以降、以下の規則を遵守することを命じる。〔……〕測量局長は〔……〕総督からの指示がある場合を除いて、自らの部局内で文書の複写物を作成してはならない。現在、各部局および部局長が保有しているすべての測量図、地図などは、これ以降は回収され、測量局で保管されなくてはならない。また〔……〕、いかなる事由であれ〔……〕複写物を保持してはならない〔……〕[74]。

これらの規則を周知する際に、測量局長は、「内務規定として、すべての測量官は、地図、図面、測量ノートのみならず、自らの測量に関する文書の複写物を保有、もしくは譲渡していないことを宣誓するよう」申し添えたのであった[75]。

地図、特に税収に関わる測量図の出版・流通の禁止、および予算の制約により、インド測量局はやがてほぼ完全にその活動を停止することになった。加えて、ヨーロッパへの航海の最中に起こるインクの色合いの変化や地図原本の腐食により、イングランドで印刷された地図は「丘陵や山岳の高度・規模についての情報がでたらめで、結果的に、最も重要な点で判断の間違いを誘発した[76]」。一八二二年にカルカッタに到着したリトグラフ印刷機が、思わぬ幸運をもたらした。印刷された紙を歪ませるウェット印刷の方法を採るリトグラフ印刷は、当時、地図の複製に適した手法とは見なされていなかった。地図の複製で特権的な地位にあったのは、銅板印刷業者たちであった。したがって、現地の官吏らは、日々の地図作成のためにこの粗雑だが迅速な方法［リトグラフ印刷］を用いる許可を、ロンドンの上役たちから難なく得ることができた。しかし、リトグラフ印刷の精度はたちまち向上し、インドでは、急激にその数を増やしたリトグラフ印刷機が驚くほど正確な地図を量産するようになった。それにより、地図の複製に対する禁則は実質的にその効力を失ったのである。(77)

この頃までに、東インド会社は、アディスコーム士官学校（一八〇九年創設）において、二年間の教育課程の間に地図の作成や使用に関する訓練を生徒に課すことで、地図を読むことのできる陸軍士官を養成していた。かくして、地図は「有益な」ものとなり、徐々に現地案内人に取って代わるようになっていった。このことにより、インドで東インド会社のさまざまな業務を担う人々は、地形を表現するための標準的規則の確立を求めるようになった。リトグラフ印刷のような大規模生産技術は、地図をより単純なものとし、そこから古典的な美としての魅力を取り去り、結果として、美術品市場における地図への需要を低下させた。こうして地図は大衆の手に届きやすいものとなったが、それが持つ情報を保全するための別の手段が必要となった。換言すれば、私たちが今日知るような地図の文化は、主として地図の循環に対する統制を通して押しつけられたのであり、この過程で東インド会社は主要な役割を果たしたのである。

以上の簡潔な議論からわかるように、近世においては、ヨーロッパの地形や宇宙観の表象の仕方と南アジアのそれとの間には、いずれの点においても明確な違いは存在していなかった。双方にとって地図は、その使用方法に応じて、本質的に異なる多様な対象物を表象するものであった。しかし、だからといって、両者が同じやり方で紙や布のような二次元の媒体に空間の描写や整理を行っていたわけではない。この最後の問題については、詳細な研究を要するであろう。

まとめ

イギリス植民地支配下で開始された大規模な陸地調査について概観してきたが、ここで、植民地期インドでの測量に関するこれまでの記述を再検討しておこう。まず最も重要なことだが、南アジアは、明らかに、「神秘的で宗教的な、ヒンドゥー教の空間」であるとか、人跡未踏の地（*terra incognita*）などではなかった。また、土地調査に固有の測量や観察といった行為が、「科学とイギリス人の活動の真髄」であったわけでも、ヨーロッパ人と現地の人々を区別するものであったわけでもない。イギリスの場合と同様、定量的な陸地調査は植民地化以前の南アジアでも普通に行われていた。そして、双方の場合において、こうした調査は、それぞれの統治体制における財政、行政、王権、宗教、軍事上の必要と関係する一方で、それらを形作ってもいたのである。インドにおいて、陸地調査に関わる方法や手順は多様であった。何世紀にもわたり、特に長期に及ぶイスラーム世界との相互交渉を通じて、それらは形を変え再編成されてきたのである。さらに、イギリスはこれらの技法を強く意識しており、それらを率直に認め、急速に発展する軍事＝財政国家のなかで転用しようと試みた。こうして、イギリスは、パトワーリーやその他の徴税役人への依存を続け、インド人の測量技師を任用し、測量と天文学の分野の専門文書を翻訳させたのであった。

測量を行う組織の内部に南アジアの人々を配置することは、ひるがえって、イギリスが主導する土地調査の一翼を担った専門家集団の大規模な再編を招いた。この再編は、ヨーロッパ人測量技師や南アジアの人々からなる歩兵、ハルカーラーといった新たな構成員の登場、および、距離測定器、六分儀、経緯儀などの新器具の導入を含むものであった。と同時に、インド測量局として知られることとなる新規共同事業の内部において、諸要素の再配置をめぐる交渉を伴った。

定量的な知識の集積体としての科学から、その形成における物質・文化・循環の過程であるところの科学へと研究の視点を移すことで、科学の普及がいかに複雑なものであったかを明らかにすることができる。すでに見たように、中央アジアと南アジアの間でのムスリム機器製造者の往来は、そうした技術が、ある地域から別の地域へ移転することを可能にした。また、レネルのような人々が各地を巡ることで、沿岸部を測量する技術などが内陸部に伝播し、それらはその他のさまざまな技術と結びついていった。ベンガルからロンドンへ地図が伝わることで、イギリス各地で地図が作成されるようになったが、そこで用いられた方法や手順は、フランスやベンガルといった地域でのそれとはかなり異なるものだった。科学の伝播は、「より優れた」あるいは「より正確な」技術・理論・技能の勝利という観点から考えることはできない。より一般的には、科学の諸実践、実践者、器具などの軌跡を追うことで明らかになるのはむしろ、それらが、植民地という「周縁」だけでなく本国の大都市においても知識や社会を再編したということである。少なくともイギリス帝国の場合には、こうした説明が当てはまる。

また、このような研究の視点の移動により、科学に関わる手順を統一するため、あるいは、異なる文脈における科学的実践の意味づけを変えるためには、その循環を統制することが重要であったと気づくことができる。恣意的な操作によって地理的・政治的・社会的に区切られた空間の内部で、ある種の科学が歴史的に形成された過程を理解しようとするアプローチは、どのようなものであれ不十分である。そのかわりにここで示したいのは、歴史家が自らの研究対象である歴史アクターを追跡し、そうしたアクターの軌跡や移動の空間に沿うかたちで自らの視点を修正することがきわめて重要だということなのである。

さらに、この研究方法は、歴史のアクターが自らの世界を再構築すること、つまり、その組成に変化を加え、新たな目標を導入し、自分自身と社会構造との関係の再編を引き起こすことで、世界の中に自分の居場所を作り出そうとする企てや戦略に焦点を当てるものでもある。関係するアクターの運命をたどり、どのくらいの変化や再編を起こせたのかに注目することで、歴史分析の尺度を、個人から国家的・国際的レベルへと広げることが可能となる[78]。これにより、科学や技術を実践した人々やその対象となった物事が、近代世界の展開に実際的に介入する能力をどのように獲得したのかをよりよく理解できる。そしてなによりも、科学的な目的、技法、国家、帝国、国民意識が相互に影響を及ぼしあいながらどのように形成されていったのかを把握することができるのである。

最後に、これまで述べてきたような視点の移動により、植民地的遭遇をある種の知識が出現する場と見なし、そうした知識が偶発的な状況で生まれたことを理解することができる。しかし、これは、ユージン・イーシックが言うように、植民地での知識の形成においては、現地の人々が「イギリス人よりも主導権を握っていた」と主張するものではない[79]。こうした知識は、「支配される側」に対して優位な立場にある「支配する側」の強い意志によって構築された、という主張は認めなければならない。実際、ここで取り上げてきた類いの知識は、共同作業の規範と階層的な分業体制が浸透した公的制度の強固な枠組みの内部でのみ構築され、持続することができた[80]。しかし、植民地支配を「する側」と「される側」の非対称な関係にもかかわらず、道具、手順、特定のしぐさ、技能、知識(形式知と暗黙知を含む)、社会的実践、学びの過程など――つまり、科学的な営為を構成するあらゆるもの――は、現場における両者の交渉により決定されたのであった。必然的に、その結果として現れてきたのは、イギリスおよび――こう付け足してもいいだろうか――世界のあらゆる場所で出現した文化と同様、雑種的《ハイブリッド》な文化であった。実際のところ、近代科学の歴史とその動態についてのより明確な見取り図は、大きなイデオロギーの観点から導き出されるのではなく、特定の文脈における科学的な実践とそれらの循環についての研究を蓄積することで得られるのである。

第3章　洗練性《シビリティ》の再創造、信用の構築

――ウィリアム・ジョーンズ、インド人仲介者、そして一八世紀後半のベンガルにおける信頼度の高い法知識の創出

カルカッタ判事のとある一日

一七八六年二月二日の朝、カルカッタ最高法院下級判事サー・ウィリアム・ジョーンズは鶏の声で目を覚ました。わずか二年半前に彼がインドに着任して以来、毎朝繰り返されてきたことである(1)。妻のアンナ・マリアを起こさぬように、ジョーンズは静かにベッドを出て、ガーデン・リーチの高級郊外住宅地にある豪華な庭付き屋敷を抜け出した。北西へ三マイルのところにあるフォート・ウィリアムへと続く道まで歩く頃には、まだ夜が明けきっていなかった。そこから輿で裁判所まで移動して、次の一時間で水風呂、着替え、朝食を済ませた。七時にジョーンズはラームローチャンと会った。彼はナディア出身の六六歳のサンスクリット語の家庭教師で、八時まで彼と『ヒトーパデーシャ（*Hitopadesa*）』を読み、『アマラコーシャ（*Amarakosa*）』から数十の語彙を、そしてドゥルガーダーサーの『ムグダボーダティーカー（*Mugdhabodhatika*）』から文法を学んだ。かつてジョーンズはパーニニの原典が難解すぎると感じていたが、ラームローチャンによるパーニニ文法書の入念な説明は議論の余地がないほどに独創的で刺激的なものであった。部分形態素（segmental morphemes）の概念を数週間で学ぶと、ジョーンズはそれを他の古

典言語に応用するようになった。その結果は驚くべきもので、まさにこの日の夕刻、彼は世界にその成果を公表しようとしていたのである。

八時、彼のムンシー［通訳・語学教師］であるバフマンとのペルシア語の時間である。ジョーンズはヨーロッパではペルシア語の天才と見なされていたが、アクセントの矯正が切実に必要であった。南アジアの人々は、ジョーンズがペルシア語で話しかけてくる際にそのことばを理解できず、英語を話していると思い込んだ(2)（彼らはジョーンズが非礼であるとして、少なくとも一つの事例で実際に抗議していた）。九時には、ジョーンズは身支度をして裁判の準備をし、判事席でのつらい五時間の職務の開始にあたって、二〇組の現地およびヨーロッパ人の弁護士たちを出迎えた。裁判所の公認のパンディット［学識者］であるゴーヴァルダン・カウルとラームチャランが、その日の裁判に関する専門家の助言を携えて待っていた。彼らは伝統的なヒンドゥー法に関する自分たちの知識に基づいて、助言を準備していた。ジョーンズは、それによって当地で訴訟当事者たちの証言を信頼しうる確実な仕組みを見出さねばならなかった。その日は特に忙しい日になりそうだったが、ジョーンズはヒンドゥー法における宣誓という厄介な問題をゴーヴァルダンと議論する時間をつくらねばならなかった——ジョーンズはこの問題に関するラームチャランの助言にいくらかの疑いをもっていたのである。また、チェンバーズ判事とハイド判事という二人の上役に会う時間も確保せねばならなかった。総督のジョン・マクファーソン卿が判事たちに対して一方的に課した給与削減に反対するために、自分が起草した抗議文について議論するためである。というのも、最高参事会からのわずか利子八％の社債——しかもロンドンへの帰還後にしか現金化できない——という補償の申し出は、まったく道理に合わないものだったからだ。ジョーンズは三万ポンドをかせぐためにインドにやってきたが、この調子では少なくとも当初計画していた五年間の二倍の滞在期間が必要になるかもしれなかった。ハイドとチェンバーズは、もしジョーンズが彼らにサインをさせたいのであれば書簡の語調を和らげるべきだと考えていた。ジョーンズは彼自身の懸念を伝えるために総督宛に別の覚書を書くことを決心し、これにおとなしく従った。

その日の仕事が終わると、正装してアンナ・マリアと夕食をとるために三時に家に戻った。他の日であれば、ジョーンズ一家は日没後に川を渡って植物園へ馬車を走らせていたことだろう。だがその日は違った。ウィリアム・ジョーンズ卿のための輿が裁判所へ彼を連れ帰るために待っていた。しかし、今回は裁判業務のためではなかった。アジア協会（the Asiatick Society）の創設者にして会長として、彼は三度目の年次講演を行うことになっていたのだ。続く数時間を原稿に最後の筆を入れるのに使い、七時に大陪審室に入った。

図 11　サー・ウィリアム・ジョーンズの肖像画（アーサー・ウィリアム・デイヴィス作，1793 年頃）

記録によれば三五人の聴衆がジョーンズのヒンドゥー教に関する講演を聞こうと、首を長くして待っていた。その講演のなかで、世界――あるいはむしろ学問の世界――が記憶に留めることとなるのは、言語学者の一節としてよく知られる次のような文章だけであった。

サンスクリットは、その古さはどうあろうとも、驚くべき構造をもっている。それはギリシア語よりも完全であり、ラテン語よりも豊富であり、しかもそのいずれにもまして精巧である。しかもこの二つの言語とは、動詞の語根においても文法の形式においても、偶然つくりだされたとは思えないほど顕著な類似をもっている。それがあまりに顕著であるので、どんな言語学者でもこれら三つの言語を調べたら、それらは、おそらくはもはや存在していない、ある共通の源から発したものと信じずにはいられないであろう。これはそれほどたしかではないが、同じような理由から、ゴート語とケルト語も、非常に違った言語と混じり合ってはいるが、ともにサンスクリットと同じ起源をもっていると考えられる。またもしこの場でペルシアの古代に関する問題を論議してもよいならば、古代ペルシア語も同じ語族に加えられよう。(3)

ウィリアム・ジョーンズは、自分の作品を世に知らしめることに特別な才能をもった多作な作家であった。一七八四年にジョーンズによって設立され、イギリス東インド会社による大規模な出資を得たアジア協会は、インドやヨーロッパで、そして北アメリカでも彼の発見を公にする上で、強力かつ非常に効率的な機関となっていく。一八三〇年代には協会の成果物は、ベンガルのヒンドゥー・エリートに対してのみならず、イギリスとドイツのロマン主義運動へも明白な影響力をもつこととなった。ジョーンズ自身も、ジェイムズ・カウルス・プリチャード――一九世紀初頭のイギリスにおける単一起源的な民族学（monogenetic ethnology）の先駆者の一人――の成長に影響を与えた。それゆえ、ジョーンズが一八世紀後期の最も有名な知識人の一人であり、彼の傑出した友人であるサー・ジョゼフ・バンクスよりも、その人生、貢献、影響に関してはるかに多くの研究がなされてきたことについて不思議に思う者はほとんどいない。(4)

実際、この二〇〇年の間に、「ジョーンジアナ（Jonesiana）」は真の産業といえるまでに発展したが、それは第一にジョーンズを、フランス啓蒙思想家たちによる正典の内でのみ思考するような、孤高で無私の現実離れした博識家として描くことに努めるものだった。彼の見識は一九世紀のさまざまな学問の創立への重要な貢献となったとされるのである。(5)主に上述の言語学者の一節の影響力によって――確かに彼のすべての著作のなかで最も有名なものなのだが――ジョーンズは「科学的言語学と比較言語学の父」の称号を与えられた。そして、ジョーンズは同じ講演のなかで、諸民族間での類似性と多様性を、それらの「言語と文字〔……〕哲学と宗教〔……〕古代の彫刻と建築の遺物・遺跡、そして〔……〕それらの科学や芸術の記録」に基づいて判断する原則について説明している。(6)インド人へのそのことでジョーンズは、固有の学問領域としての東洋学《オリエンタリズム》とインド学を創始したとも言われている。インド人への彼の態度は啓蒙的人文主義の象徴として説得力をもち、たとえあいまいであっても、功利主義的な彼の後継者たちの文化的な傲慢さよりは、比べようもないほどずっと共感的な様相を呈している。つまり、ウィリアム・ジョーンズは「反征服」と呼ばれてきたものの鑑として描写されるのである。(7)イギリス東インド会社が彼の計画に与えた財政的支援は、もし容認されるならば、学術のパトロンとしての正当な役割である啓蒙の義務の観点から釈明される。

しかしながら、ジョーンズがいかなる学問的見解のなかで意識的にこれらの貢献をなしたか、また、対象への彼の学問的アプローチが彼やその同時代人に対して何らかの意味をもっていたかどうかは、はっきりしているとは言いがたい。(8)これから検討していくように、ジョーンズは言語学や文献学それ自体を目的と見なすことをはっきり否定していた。東インド会社の多方向にわたる貪欲さを考えれば（民間の貿易会社であることを忘れてはならない）、特に一八世紀末の数十年間の厳しい財政危機の間に、ジョーンズの東洋学の事業のようなかなり秘儀的な事柄に対して同社が気前よく出資に応じたとは思えない。

より最近では、フーコーの影響のもとでオリエンタリズムをヨーロッパ植民地主義と同等と見なすような非難の結果として、ジョーンズについてのこうした理想主義的な描写は深刻な疑問を投げかけられるようになった。(9)ジョーンズの業績は、今やオリエンタリズムの礎石と見なされている。つまり、それを通じてヨーロッパ人である知る側の者（knower）が、「東洋」を不活性な知の対象物へと矮小化してしまうような、ヘゲモニックな言説によって構成されたものと見なされてしまうのである。[10]

特定の歴史的な権力関係のなかにおいてのみ、さまざまな知の体系が認識できるものとなり権威を獲得するという考えは正当だが——帝国的文脈においてアクターと知識形成との間の複雑な関係を十分に解明できる限り——、これは決して非ヨーロッパ人の明白な「他者化」を意味するものではない。[11] それどころか、言語学者の一節のなかで仮定されたサンスクリット語、ペルシア語、ギリシア語、ラテン語、ケルト語、ゴート語の間の驚くべき言語学上の血縁関係は、まったく反対のことを提起していた。さらに重要なことには、カルカッタでのジョーンズの生活のある典型的な一日の再現で垣間見られたように、彼が生産した知識はそれ自体が対話の過程を通じて形成されたものであった。そしてその対話の過程には、不平等で非対称的——この点は強調されねばならない——ではあったけれども、個人的なものであれ制度的なものであれ、ジョーンズと彼の現地の同僚との間の相互作用が関わっていたのである。

端的に言えば、ウィリアム・ジョーンズに関する研究の大半は、他のいかなる経験に基づく研究よりも、実証主義者ないしフーコー主義者のイデオロギーによって導かれてきた。このことは、二世紀にわたって彼の著作が今でも流通しているという事実にもかかわらず、そうなのである。[12] 本章で私は、ジョーンズの物質的・社会的・知的生活を彼の時代および当時の先入観のなかで再考してみたい。その際、知識生産の領域における信用《トラスト》と洗練性《シビリティ》という一組の問題をめぐって私の叙述は形作られるだろう。

知識生産における信用と洗練性

スティーヴン・シェイピンは、真実に関する社会史を扱う近年の著作のなかで、次のような議論を説得的に展開している。すなわち、真実が受け入れられるか、疑われるかを決めるような証言や手段は科学的知識の中核に存在しており、科学共同体《コミュニティ》のモラル・エコノミーは必然的に信用の諸関係に依存するものだということである。個人ではなくモラルを共有する共同体こそが科学の基本単位を構成しているのである。そして認知秩序の諸問題は、少なくとも社会秩序の諸問題と同じ広がりを——たとえ同一のものでなくとも——もっている。一七世紀イングランドの王立協会における新しい経験科学の歴史に焦点を当てて、シェイピンは、その経験科学がいかにジェントルマン文化の洗練性の上に広がっていたかを描いている。すなわち、ジェントルマンの本質的な特性はその独立であり、その独立によってジェントルマンは何者にも恩義を感じることがなく、また、ジェントルマンの発言が誠実であると受け取られるために、その独立が決定的な役割を果たしたのである。科学的作法とジェントルマン的作法とのこのような一致は、王立協会の初期のフェローが圧倒的に生まれのよい（genteel）者たちだったという事実によって裏付けられる。それゆえ、実験に臨席することは厳密に保護されたジェントルマンの特権であった。そして実際に、この時代における最も傑出した実験哲学者の一人であるロバート・ボイルは、自分の著作の大半を「経験主義的な生き方」の作法やその道徳上の要件に関する理論化に捧げたのである。(13)

シェイピンが著作のエピローグで示唆しているように、科学は人と人の間の信用に影響を与え続けているけれども、信用を正当なものとする洗練性や社会規範は、ここ三世紀の間における科学的実践の国際化によって——控え目に言っても——変化し、さらには多様化した。すでに一八世紀には、パトロネジや名誉職などによる社会的上昇、海軍や主要な大陸間貿易会社への就職といったさまざまな戦略を使って、多様な社会的出自をもつ多くのイギリス人と他のヨーロッパ人が学識者の共同体に参加するに至っていた。実際、後者の二つの方法は（イギリス国内および急速に拡大する帝国内での）旅の機会をもたらすとともに、成長しつつある自然史、自然哲学、古物研究のネットワークに参加する機会も提供した。こうしたネットワークは高尚な学識文化の世界へ参加するための入口だったのである。[14] またこれらの方法は、ジェントルマンの称号を受けるに値するために不可欠な約四万ポンドの資産を得る機会も、同時に提供していた。

ボイルのような定評ある科学者（第1章で言及したとおり）も、新しい哲学の力を賞賛することに加えて、旅行家や収集家に世界の見方を教えるための詳細な手引書を執筆した。[15] すでに述べたように、こうした手引書にざっと目を通せば、ヨーロッパの大都市の実験室という特定の区域の外側で生み出されたほとんどすべての知識が、現地の協力者の積極的な参加を示唆していることがわかる。そして、社会的上昇の手引書や秘訣《レシピ》に従うことで、こうした新しい知識を生み出すイギリス人がジェントルマン的洗練性を獲得するのと同時に、権威の要求を解決することを可能にする一方、現地の対話者の「別の」洗練性という厄介な問題——したがって信頼性の問題——も残っていた。多くの新しい知識やそれに関連する具体的な実践は、現地の対話者の言語力や証言に依存していたのである。旅行者への手引きのなかには、きわめてはっきりとその土地固有の協力者の支援を取り付けることを要する項目があった。例えばペルシアに関して、ボイルは旅行者に次の点を調査することを強く勧めている。

彼らの学問〔……〕そしてどのような分野で彼らの知識が現在抜きん出ているかについて。絹やタペストリーの製法のほかに、彼らがいま熟練している他の職業や技巧について。四〇尖塔《チエヘル・ミナール》のペルセポリスについての素晴らしい絵画や浅浮彫りレリーフに関する文章による優れた説明はあるが、たとえ特別な、充分に熟練したものとは見えなくても、その土地の見取り図をつくるのに役立つかもしれないし、描かれたり削りだされた物語と結びつけられるかもしれない。(16)

しかしながら、多くのヨーロッパ人の手による旅行記は、きわめて巧妙に、「私は見た」という言説の仮面の下に現地の人々から得られた情報を隠している。とはいえ、こうした言説を維持するのは常に簡単だったわけではない。というのも、多くの著述家が、さまざまな理由で、ヨーロッパの大都市のものではない知識（non-metropolitan knowledges）の生産において、現地の協力者の役割を宣伝することを強いられたり、現地の知識とその知識を生産する社会秩序を正当なものとしたりするような手段を工夫することを迫られた。これには特に、著述家たち自身のライバルの知識の信頼性を傷つけるために、しばしばライバルの現地協力者の信頼性を傷つけることも含まれた。一八世紀フランス・イエズス会の捏造として有名な『エズルヴェーダム（*Ezourvedam*）』はそうしたケースである。ピエール・ソネラは、一七八二年にそのでっち上げを発見した最初の人物であるが、その際に「学識はあるが狂信的なバラモンで、私に〔彼の宗教の〕神秘を明かさなければならないと感じた」者の証言を利用した。(17) 当時の最も有名な成金の一人であったクック船長は、エンデバー号による太平洋への第一回航海（一七六八～七一年）の間に生み出された知識を信頼できるものにしようと、一番の協力者オマイをイングランドに同行させ、生まれの良さ《ジェンティリティ》を証明するために彼を公開展示した。これは彼の「高度な知的能力」を示すためであった。その際、ある王立協会のフェローとチェスをさせさえしたが、その対戦相手は誰であろうウィリアム・ジョーンズだった！(18)

多くの理由から、ウィリアム・ジョーンズは信用と「複合」的な洗練性（'poly'-civility）の問題を考える上で理想的な入口になる。まず、ジョーンズ自身が、つましい出自から這い上がり、ジェントルマンの地位を獲得しようという確固たる野心をもった成り上がり者であった。(19) さらに法律家として、彼は偽証と契約の本質に関して広く著述をなしていた。それゆえに、彼は信頼にたる証言を生み出す条件にしっかりと気づいていた[20]。イギリス啓蒙主義における成り上がり者が利用できるパトロネジの可能性――およびその「自己成型」――について魅力的な像を示すのに加えて、ジョーンズの通った道筋は、複合的文化のなかで生産された知識を正当なものとするうえで重要な役割を果たした人物のそれでもあった。よく知られているように、ジョーンズは個人的に、そして制度的に、多くの非ヨーロッパ人と共に仕事をしており、彼自身の著作のなかでほとんどすべての協力者の名前に言及している[21]。ジョーンズが個人的に編集に関わっていた『アジア研究（*Asiatick Researches*）』の最初の四巻に、インド人によるほぼ一ダース分の論文が含まれていることも注目に値する。

信用と洗練性のプリズムを通してジョーンズに接近することは、彼と彼の作品を科学史の本流へ引き入れるのを促す。私が議論するように、科学史の本流は、最近までヨーロッパの大都市の外側における知識の生産には十分な注意を払ってこなかった。しかしながら、彼が王立協会に選ばれたことが証明しているように、ジョーンズの知的方向性は一八世紀科学の本流の関心事そのものであった。ジョーンズの時代のアジア研究が取り扱うべき分野は、東方の遺跡、言語、文学、慣習、宗教だけでなく、数学、天文学、地質学、経済学、地理学、植物学にまで広がっていた。一七八八年から一八三九年までの『アジア研究』の最初の二〇巻に収められた合計三六七本の論文のうち、二二二本（つまり六〇％を超える）は、今挙げた後者の諸知識と関連したものである[22]。ジョーンズ自身は言語植物学と自然史に関して多くを寄稿した。さらに、設立後最初の二〇年で、アジア協会は会員あるいは寄稿者として、ヨーロッパの一流の自然哲学者たちを惹きつけ、そのなかにはキュヴィエ、ドランブル、ラマルクがいた。

最後に、信用と洗練性についてのより広い問題は、帝国史家と植民地史家たちに対しても同様の問いを発している。というのも、その問題が支配者と被支配者との間の持続的な関係の確立を下支えしているからである。そして、その問題なくしては植民地支配が制度化されることはなかったであろうし、それ以上にほぼ二〇〇年間も維持されることもなかったであろう。持続的な植民地支配の確立を論じるなかで、あらゆる分野の歴史家たちは、イギリスの経済的、政治的、社会的な優越性に関する固有の理論を見出そうとする一方で、信用の問題をほとんど取り上げてこなかった。もっとも、クリストファー・ベイリーは、イギリス人が南アジアに確立した情報と監視のネットワークに関する著作で、この問題に言及している。しかし、両陣営の間に広く存在し一八五七年の反乱で頂点に達した互いの用心深さに光があてられたのみである。(23) にもかかわらず、東インド会社が解散したのち、イギリスの支配は、同社が前世紀に設立した多くの情報収集機構をそのまま残し、その後ほぼ一〇〇年にわたって継続したということは指摘しておかねばならない。

ジョーンズは法的な知識の創出における異文化間信用を制度化した先駆者の一人であり、それは行政情報機関にとって決定的に重要な要素となり、また植民地の「情報秩序」に関するその他の部門の制度化のためのモデルとなった——これが私の論点である。この観点からこそ、私は言語学者の一節の重要性を再考してみたい。先に述べたように、彼の著作からの重要な引用は、歴史の「トンネル」的な叙述においては、学問としての言語学とインド学の起源と見なされてきた。そのかわりに私は、ジョーンズと彼の同時代の人間や東インド会社が、インドにおけるイギリス行政の内部構造という文脈のなかで彼らが実践したことをどのように認識していたのかに焦点を当てたい。結局のところ、ジョーンズがインドにおける東インド会社の領土獲得という枠組みのなかで自分のキャリアと思考を形成していたことが重要である。さらに、ジョーンズは、この地位にもかかわらず——というよりこの地位ゆえに——アジアの知識を獲得することに専念していた。つまり、彼の公的な肩書きの内でそれは行われ、そして彼の上役がすべてを知った上でこれに賛同していたということである。

特に、ジョーンズと彼の同時代人の生み出した新しい種類の知識が権威を主張したこと、そしてそれが現地の仲介者と行政上必要な関係を築くのを正当化する役割を担ったことに関する問いを、より広い印英関係史のなかに位置づけてみたい。我々は、この知的生産のかなりの部分が東インド会社の権力構造に絡め取られていく様子について考察するため、東インド会社が専門知識の生産と実践に果たした役割について読者に思い起こさせるのは適切なことであろう。

科学と東インド会社

序章で述べ、前章までで示してきたように、イギリスの海外貿易が存続・拡張し続けるためには、数学者、実地天文学者、水路学者、外科医、看護人などの幅広い専門スキルが必要だった。さらに、多くの著名な科学者が東インド会社の取締役や主要な株主として名を連ねていた。さらに、一八世紀を通じて増え続けた、職を求めるヨーロッパの大学の卒業生たちを、東インド会社の拡張し続ける植民地業務が吸収した。上級技術職についた彼らはそこで、技師、軍の指揮官、獣医、外交官、医者、博物学者、地理学者として、かなりの古書のコレクションや植物標本を得ることができた。こうして本国に戻り、ジェントルマン学者になるために十分な信望《クレジット》を獲得し、さらに会社と帝都の諸学会との間の結びつきを強化したのである。

しかし、東インド会社は、向上心に満ちたブリテン人が自身の野心を実現することができるだけの単なる公共空間ではなかった。今日広くオリエンタリズムとして言及される知識の諸形態を発展させる（いささか混乱した過程を通じてであったが）ことによって東インド会社は公共空間を行政管理したが、こうした野心はその空間を作りなおしたのである。これまでの章で見てきたように、彼らの数はあまりにも少なく、適切な専門スキルが欠如していたため、在外のヨーロッパ人は現地の仲介者に大きく依存せざるを得なかった。

世紀中葉のベンガル征服で、イギリス人はインドにおける領域統治権力への道をしっかりと固めた。しかしながら、この新しい役割が意識されるまでには時間を要した。というのも、ベンガル征服後の数年間、東インド会社当局は土地を容赦なく略奪し破壊することに総力を挙げていたからである。[24]三年間の間に一〇〇〇万人の生命、つまりベンガルの総人口の三分の一（ほとんどすべてが農民と職人）が失われたのち――大部分が東インド会社の従業員による容赦のない政策の結果、飢饉の犠牲となった――、その注意は地域内部の秩序を安定させることに向けられた。[25]一七七三年の規制法（Regulating Act）で頂点に達するイギリス議会からの圧力にさらされて、東インド会社とその職員は利益を生む略奪から、より整然として永続的な搾取と統治の形態へと転換するために重い腰を上げたのである。

そこでベンガル総督ウォーレン・ヘイスティングズ（在任一七七二～八五年）は、ロンドンの東インド会社取締役会から、ベンガルの民政全体を掌握し、直接統制せよという命令を受けた。そして、この時期に台頭しつつあったグレート・ブリテンでは、民事司法、治安、運輸、通信が、租税と緊密に結びついていると考えられていたので、ヘイスティングズはそれを、東インド会社の雇用者（約二〇〇人の文官および一〇〇〇人程度の武官）の仲介を通して、「歳入を完全に管理」せよという命令として受け取った。[26]ヘイスティングズは、管理の成功には、東インド会社領域内のある種のドゥームズデイ・ブック［中世イングランドの土地台帳］を作成することが必要だと考えていた。「あらゆる知識の蓄積、特に征服の権利に基づく主権の行使のもとにある人々との社会的なコミュニケーションによって得られるような知識の蓄積は、国家に有益なものである」と彼は述べた。[27]租税と法――地元の商人および銀行家との間で法的に有効な商業契約を締結・維持するのとは別に、東インド会社は今や新たに獲得した領域で民法と刑法を管理しなければならなくなった――に加えて、この知識は地形、自然史、遺構、ローカルな慣習、食物、基本的な生活条件を含むものであった。つまりそれらはすべて、その後の数十年で統計の名で呼ばれることになるものである。[28]

ヘイスティングズは、地域の言語の知識を最優先して、南アジア社会の言語や他の側面を研究する意思のある職員に豊富な報奨金を与える政策をひねり出した。この政策は、異国の諸民族の研究を、個々――主にヨーロッパの宣教師たち――の活動から、亜大陸の新興の支配者にとってきわめて重要な大規模で制度化された活動へと変える第一段階となった。これは武力によって維持される帝国から、少なくとも理論上は、情報によって維持される帝国へと、台頭しつつあるイギリス帝国を変容させる第一歩でもあった。イギリス人と南アジアの人々との間の協働は、次第に徴税、司法行政、そして最後に教育へと広がっていった。こうしてイギリス人は、さまざまな新しい媒介関係を地元の南アジアの人々と構築したものの、彼らは多くの既存のローカルな行政構造と大勢の「下級公務員」を維持していかなければならなかった。そのため、ムガルとその他の藩王国の行政から引き継がれたさまざまな税務と司法の役人、例えばタフスィールダール（*tehsildars*）［収税吏］、カーズィー（*qazis*）［判事］、パルガナ・サルリシュタダール（*pargana sarrishtadars*）［郡登記官］あるいはカーヌンゴー（*qanungos*）［郡書記］、パトワーリー（*patwaris*）［村書記］、アーミル（*amils*）［徴税官］、カーティブ（*katibs*）［書記官］などが、イギリス人と地元住民との間の仲介者として公務員の職務を果たし続けた。

しかしながら、すべての東インド会社の職員がヘイスティングズの報奨金に対してやる気を見せたわけではなかった。というのも、東インド会社の新人の大半が、一四歳から一八歳の年齢で手っ取り早く一旗あげようと思ってインドへやってきた者だったからである。[29] 東インド会社勤務の伝統を踏まえて、イングランド出身の彼らは、大抵、商人・地主・専門職（主にロンドンに基盤のある銀行業）の家庭の次男以下の者たちであった。こうした家庭は、自分たちの子孫のためにベンガルでかなり実入りのよいキャリアを手に入れようと互いに競い合っていた。現存している志願者の教育証明書が示すところによると、東インド会社への採用に必要だったのは、「三数法と商業簿記」

だけだった。[30] 大学で学んだことのある者はほとんどいなかった。大学は費用がかかるため、通常、長男か、学者あるいは牧師のキャリアを求める者のためのものだったからである。大半の者は蓄財の方に夢中で、南アジアの住民にはほとんど関心がなく、実際に学問を身につけるための教養もなかった。

東インド会社は、その専門職の従業員を募集するために主としてスコットランドに注意を向けねばならなかった。実際、スコットランドのより平等主義的な長老派の伝統においては、イングランドよりも若い年齢で、より多くの者が大学に行っていた。さらに学校や大学においても、スコットランドの教育はイングランドよりも幅広いものだった。そこでは（ラテン語とギリシア語に加えて）歴史、航海学、地理学、測量、自然哲学、道徳哲学が講じられていた。しかしながら、スコットランドはその有能な労働力を吸収しきれず、その結果、彼らはイングランドへ、そしてその先へと移住していったのである。彼らの多くが東インド会社の拡張し続ける海外業務に吸収され、技師、兵士、獣医、外交官、医者、博物学者としての職を得た。実際、インドにおける軍事的・科学的・技術的な諸業務で成功を収めた者の多くは、スコットランド人であった。

たとえば、インドにおける気象記録を初めて系統的に残したのは、東インド会社のスコットランド人医官だった。また別のスコットランド人ロバート・キッドはカルカッタ植物園を設立し、ウィリアム・ハンター、ジェイムズ・アンダーソン、フランシス・ブキャナンの助けを借りてウィリアム・ロクスバラがそれを統合した。ジョン・マクリーランドは最初の鉱物資源探査委員会の委員長を務めた。ブキャナンとコリン・マッケンジーはインド亜大陸における大規模な地形調査の先駆者たちのなかにいた。そして第5章で検討するように、ヒンドゥー・カレッジが一八一七年にカルカッタに設立されたとき、自然哲学と経験哲学を講じるためにデイヴィッド・ロスが招聘された。また、スコットランド人は軍医として南アジアの多くの地方語を学ぶようになっていた。多くの者がムガル朝の宮廷言語であるペルシア語とアラビア語を修得し、ペルシア語通訳に助けられて二言語辞書を編纂し、テクストを翻訳した。それゆえ、しばしば外交使節の任務は彼らに任せられた。例えばアレクサンダー・ハネイはムガル宮廷に、ジョージ・ボグル、アレクサンダー・ハミルトン、サミュエル・ターナーはチベットに派遣された[31]。

富を築くための活動の余暇を使って知的な探究に励んだ少数派のイングランド人の大半は、古典思想と聖書に取り憑かれていた。これは、ヘイスティングズ自身と同様に、彼らが一般に属していた「グレート・スクール」やオックスフォードのハイチャーチ派のエリートにならったものだった。実際、彼らの教育はギリシア語とラテン語の学問に占められていた[32]。一八世紀を通じて、ジェントルマン教育の定番であるグランド・ツアーによってこれは補われ続け、古典期の遺跡のあるイタリアは最も人気があった[33]。この伝統のなかで育ち、「旅行中に目撃した古代世界の遺跡に感動し、若きジェントルマンは〔……〕容易に自分たち自身をローマ人の目を通して眺めることになった。そして彼らの政治や政府・品行・礼儀・生活様式に対する態度は、ホラティウスとウェルギリウスの世界のそれらを反映し、彼らが訓練されてきた古典教育の影響を証明している[34]」。

南アジアとその住民についての彼らの理解が、彼らの受けた教育と訓練によって形成されたものであったことは驚くに値しない。彼らの目には、インドの諸言語にとってサンスクリット語は、同時代のヨーロッパ諸言語にとってのギリシア語とラテン語にあたるものと映っていた。古代ギリシアとローマの著作を復元するのに大きく貢献したイギリスと大陸ヨーロッパの偉大な同時代人のように、彼らはインド研究において、古代の文学、哲学、科学の著作——主にサンスクリット語で著されていた——に専念した。ウィリアム・ジョーンズは一七八三年のカルカッタ着任後すぐに、次のように書いている。「私にインドの各地の詩的な地名をいくつか教えていただけますか。それらはカムデオ（Camdeo）が現れる場所かもしれないからです。ギリシア・ローマの神々のキプロスとパフォスのように[35]」。

写本や石碑文、その他の考古学的人工物の収集は、こうした学識者たちの間では人気の娯楽となった。彼らは、

図 12　ヨーロッパのジェントルマンとムンシー（現地の語学教師）

情報提供者・特権的な対話者として彼らとよく似た南アジア人の相手役を探した。つまり、具体的にはサンスクリット語を習得した識字カーストの者たち、およびアラビア語とペルシア語に熟達したアシャリフ（*ashrif*）［高貴な生まれ］であるマウラヴィー（maulavis）［知識人］とムンシーである。こうした信頼関係は、古典への嗜好をいっそう強めることになった。そして彼らは、自分の同国人の多数派や、遭遇していたであろう同時代のギリシア人やイタリア人のことをほとんど気にかけていなかったのと同じように、同時代のインド人社会にも価値を置いていなかったのである。アレクサンダー・ダウは次のように書いている。「ヒンドゥーの信仰と哲学の真の状況について、読み書きできないカーストをあてにするのは馬鹿げている。これは、ロンドンのイスラーム教徒がキリスト教信仰の最も難解な点について教区の典礼係の意見を頼りに考えること、もしくは、荷馬車の御者との会話からニュートン哲学の原理に対する意見を形成するようなものなのだ」(36)。統治対象である同時代の社会に関する彼らの理解は、古典的なサンスクリット語、アラビア語、ペルシア語のテクストや、現地協力者たちへ特別に依頼して書かれた上記言語のテクストを精査することによって形成された。

これらのテクストが特に決定的であるようにみえる領域は民法の運用であった。それは一方で、新しい土地の征服以降、南アジアの人々とヨーロッパ人の間で訴訟が増え続けたからであり、また他方で、現地の訴訟当事者にとって新しい法的な可能性をイギリスの裁判所が提供したからである[37]。インド法制史の権威であるジョン・デレットは、イギリス人のために生み出された法律書の数を約五〇と見積もっている。これらのうちで最も有名なものが『ヴィヴァーダールナヴァバニャーナ(*Vivadarnavabhanjana*)』(「訴訟の洪水に対する防波堤」)で、『ヴィヴァーダールナヴァセートゥ(*Vivadarnavasetu*)』(「訴訟の洪水への注釈」)としても知られる。一一人のパンディットによって一七七三年から七五年の間に編纂され、ザイン・アッディーン・アリー・ラサイによってペルシア語に、そしてその後、一七七六年にナサニエル・ホールヘッドによって英語の『ヒンドゥー法典、またはパンディットの法令集(*The Code of Gentoo Laws, or, Ordinations of the Pundits ...*)』として翻訳された[38]。

オリエンタリストの誕生

一七八三年のカルカッタへのウィリアム・ジョーンズの到着は、ヘイスティングズの努力を結実させることになる。ジョーンズは一七四六年にロンドンの平民の家に生まれた。彼の父であるもう一人のウィリアムは、ウェールズ生まれのヨーマンから会計事務所の補佐役に転じ、さらに船員となった後、最後にロンドンに定住して数学を教えることで生計を立て、航海術と砲術理論に関する本を書いている[39]。これらの活動を通じて彼はアイザック・ニュートンやエドマンド・ハリーと知り合いとなった。ニュートンの著作を普及させ、ライプニッツとの論争でニュートンをタイミングよく支持したことで、一七一二年には父ウィリアムに王立協会のフェローシップがもたらされた。一七四九年の死後、彼はわずかな資産と蔵書、希少な貝殻と化石のコレクションを、未亡人メアリ(旧姓ニックス)、一人の娘、一人の息子（ウィリアム）、ハードウィックとマクルズフィールドの両伯爵を含む影響力のある友人たちに遺した。

横柄な母の厳重な監督の下で厳しく育てられたウィリアムは、ニュートン、ロック、ミルトンの影が大きな位置を占める環境のなかで成長した。彼の好奇心は、母のメアリ・ニックス・ジョーンズの万能の金言「読めばわかる！」を常に満たすものだった。[40] 彼が四歳の時にはすでにメアリがシェイクスピアからスピーチを学ばせ、「ジョン・」ゲイの寓話を暗記させていた。まもなく彼は『テンペスト』をそらで書くことができるようになった。ウィリアムは七歳でハーロー校に入学し、すぐにラテン語とギリシア語で頭角を現し、ウェルギリウスやソフォクレスを真似て詩文を書くようになった。実際のところ、模倣の技術はのちの彼のすべての著作の特徴となった。ハーロー校で彼は、傑出したホイッグとしてのちに彼のために役立ってくれることになる多くの少年と友人となった。例えば、クロインの主教となるウィリアム・ベネット、セント・ポール寺院の主教座聖堂名誉参事会員でハットンの叙任牧師サミュエル・パー、アイルランド財務府長官ジョン・パーネル、王立協会会長ジョゼフ・バンクス、そして後にインドで同僚となるナサニエル・ホールヘッドとジョン・ショアである。ショアはジョーンズの最初の伝記作家となる。

文学的キャリアを期待されたジョーンズは、一七六四年にオックスフォードのユニバーシティ・カレッジに古典研究のための自費生として入学を認められた。彼は当初フェローからアラビア語を学ぶことを勧められていたが、ウォダム・カレッジのジョゼフ・ホワイト教授から学ぶ代わりに、アレッポ出身のシリア人のミルザーから学ぶことを選んだ。彼はミルザーとロンドンで出会い、共に住むためにオックスフォードに連れてきたのである。母語話者の教師は、実際のところジョーンズが外国語を習得するために決定的に重要だった。後で見るように、彼はすぐに信頼のおける対話者を選ぶことの重要性を意識するようになった。彼は毎朝決まった時間に、ミルザーとともに、アントワーヌ・ガランの一二巻からなる『千夜一夜物語（*Les mille et une nuits*）』をアラビア語に再翻訳することにしていた。[41] 近代アラビア語とペルシア語がとてもよく似ていることにたまたま気づいたジョーンズは、ペルシア語に専念するようになった。加えて、ペルシア語がムガル朝インドの共通語《リンガ・フランカ》だったので、東インド会社は当然ジョーンズのスキルに関心を寄せ、役職や配属の面での可能性は大きくなった。

しかしながら、東洋の学術や言語への彼の情熱にもかかわらず、ジョーンズは学者としてのキャリアが実入りもなく、実用的でもないということを知っていた。自分のステータスを上昇させるために独自の方法を考え出さなければいけないことを認識していたので、彼は一七六五年に七歳のオルソープ子爵ジョージ・ジョン・スペンサー（後のナポレオン戦争時の海軍大臣）の家庭教師を引き受けた。スペンサー家とのつながりは、ジョーンズの出世に大いに役に立った。つまり、彼の教育における欠落部分を埋め、ジェントルマンの社会的なたしなみを修得するチャンスを与えたのである。ダンス、乗馬、フェンシング、（グランド・ツアーの代わりとしての）ヨーロッパ大陸での休暇である。スペンサー家のおかげで、ジョーンズは傑出した芸術家や文学者、ハンガリー人の学者であるチャールズ・レヴィツキ伯爵のような人々とのつながりをもつことができた。レヴィツキ伯の東洋関係の蔵書をスペンサー伯が購入していたのである。加えてジョシュア・レノルズもそのなかにいた。レノルズが一七六九年に描いた一枚の肖像画（その支払いは母親が三七ポンドで済ませた）は、さらに必要なものを揃えるのに役に立ち、影響力ある［レノルズという］画家のパトロネジをもたらした。

スペンサー家を通じて、彼は一七七六年、将来の妻アンナ・マリア・シプリーとも出会った。シプリー家もまた彼にアメリカ革命の急進派や支持者とのコネクションをもたらし、特にベンジャミン・フランクリンは彼の親友、チェス友達、そして熱心な崇拝者の一人となった。[42] 一七六八年にデンマーク王が『ターリーヒ・ナーディリー（*Ta'rikh-i-Nadiri*）』［『ナーディル史』］というペルシア語写本をフランス語に翻訳して欲しいと依頼してきたのも、ほかならぬスペンサー家を通じてであった。この写本はデンマーク王が最近手に入れたという、成金王ナーディル・シャー（一六八八～一七四七年）の公式の歴史であった。ジョーンズは、「これを承諾することが、彼の人生の入口において小さくないメリットがあること、魅力的なある種の名誉を彼に与えること、そしてなによりも、もし王がその写本をフランスに持ち込まざるを得なくなったなら、そのことがこの国の不名誉の種になるに違いなかったので」、この仕事を受けたのである。(43)

フランス語の翻訳は一七七〇年にロンドンで出版され、これによってジョーンズはヨーロッパにおける東洋言語についての専門家としての地位を確立し、名声への道、念願の栄光への道を確固たるものとした。(44) 一七七三年、二六歳の時、ジョーンズは王立協会のフェローに選ばれた。その翌年、彼はサミュエル・ジョンソンの文学クラブに入会を認められ、一七八〇年にはその会長となる。これらの地位のおかげで、彼はより著名になり、特にホイッグ政治家の間での人脈を広げることができた。(45)

一七七〇年に、彼が後見人をしているジョージ・ジョンが今や一二歳に達するまでになっており、もはや家庭教師がいらなくなることがわかったので、ジョーンズは母親と親友たちの助言に従って、法と政治の世界に身を転じた。こうして、彼はスペンサー家を去り、ミドルテンプル法学院に入り、法と歴史の研究に数年を費やした。「君が私の職業について知りたいのであれば、ミドルトンの『キケロ』の冒頭部一三ページから一八ページまでを読んでほしい。そうすれば、君は私のモデルをそこに見出せるだろう(46)」。実際、彼は心の底から法に没入しており、オランダのペルシア学者ヘンドリック・アルベルト・シュルテンスに宛てて次のように書くほどだった。「賽は投げられました。印刷されたものであれ手稿であれ、私のすべての本は、法律あるいは雄弁術の実践に関係するものを除いて、オックスフォードで眠っております。私は法学と政治学の研究にのみ少なくとも二〇年間励むことに決めました(47)」。彼はついに一七七四年にロンドンでバリスター［法廷弁護士］として身を立てた。この間に、彼は動産寄託の法律に関する小論と、ギリシアの相続法に関するイサイオスの演説の翻訳を出版している。

しかしながら、弁護士としての生活は困難で、ジョーンズは十分な稼ぎを得ることができなかった。「法の職業は、何らかの他の援助なくしては、二〇年たってようやく実をつける木のようなものです」と、彼はかつての教え子の母であるジョージアナ・スペンサー伯爵夫人に打ち明けている。そして数年後に再び、次のように述べた。

伯爵夫人におかれましては、おそらくインドでの判事の仕事に私が考慮されている大きな可能性があることについてお聞き及びのことと存じます。東洋に私が並々ならぬ関心をもっていることと、ペルシア語と法律を結びつけたいということ、この二つの理由から私はどうしてもこの職を強く望んでおります。しかし私は次のことを告白せねばなりません。乗船初日から始まる年間六〇〇〇ポンドの給与、このうち私は二〇〇〇以上を費やす必要がないということを最良の権威から聞き知っているのですが、この給与が私の熱望の大きな一因となってきました。というのも、私の職業上の利益は十分にあり、継続的に増えているのですが、私が十分に貯えるまでにはイングランドに二〇年以上いなければならないのに、インドでは五年か六年で容易に貯えられるからです。そして帰国に際しては（もし神がお許しになるならですが）私はまだ若く、それでいて三万ポンドを持っているでしょう〔……〕[48]。

実際、アジア文学への関心から、彼の目はすでに東インド会社へと向いていた。ペルシア語の類義語辞典《シソーラス》と辞書を東インド会社に売ろうとする努力が無駄に終わったのちに、一七七一年に彼は（リチャード・ジョンソンの甥たちの助力を得て）同社の従業員用に短縮版『ペルシア語文法（*A Grammar of the Persian Language*）』を出版した。「母語話者たちを通訳として雇用することは大変危険であることが判明した。彼らは自らの誠実さに依拠できないのである」と、彼は序文に書いている。一七八二年に彼は、これも東インド会社での利用のために、シャーフィイー

(Shafi'i) 派のイブン・アル・ムラッキンの『無遺言財産の相続に関するイスラーム法（*Bhughyat al-bahith 'an jumal al-mawarith*）』〔*The Mohammedan Law of Succession to the Property of Intestates*〕に依拠して、相続法の要約を韻律まで正確に翻訳して、出版した。(49)〔ロバート・〕オームの『一七四五年以降のインドスタンにおけるイギリス国民の軍事行動の歴史』（一七六三年）を入手すると、ジョーンズはすぐにラテン語でそれに対する賛辞を書き、この東インド会社の公認の歴史家に取り入ろうとした。(50) 彼はインド総督に宛てて書簡を書くことも忘れなかった。絶望した時には、彼は「アジアに対するあらゆる思考を「どんな重しよりも深く沈めて」、ペルシア語の図書を溺れさせてやるのだ」と考えた。(51)

議会によるインドへの任命の可能性を彼は無視していたわけでもなかった。ウォーレン・ヘイスティングズのベンガル総督への任命をもたらしたのと同じ規制法によって、カルカッタに最高法院、つまり国王の裁判所が設立された。最高法院は都市住民、とりわけその地域の東インド会社従業員やヨーロッパ人に対するイングランド法による司法行政を担った。都市に住むインド人の管轄権は都市裁判所（Mayor's Court）が有することになった。しかしながら、この区分はしっかり維持できないことが判明し、最高法院の管轄権は一七八一年に議会制定法で修正されなければならなかった。この法律は、「地代や物品の相続や継承、当事者間の契約や取引のあらゆる問題」に関するヒンドゥーとイスラームの慣習・慣例を認めるものであった。(52) ジョーンズは慎重にその問題に関する議論を検討した。そしてインド法の研究を開始し、この新しい法を起草する際に専門的助言をすることに成功した。

インドのジョーンズ

ホイッグ（党）の有力な知人たちのおかげで、忍耐の年月が最後に実を結んだ。一七八三年初頭に、ウィリアム・ジョーンズは、六〇〇〇ポンドの基本給を得て、ナイトを受爵して、カルカッタの最高法院における陪席裁判官に指名されたのである。ジョーンズはアンナ・マリア・シプリーと結婚し、夫婦は同年九月二三日にカルカッタに到着した。この当時の彼の壮大な学習計画は以下のとおりである。

1 ヒンドゥー教とイスラーム教の法律
2 古代世界の歴史
3 聖書の解釈根拠と例証
4 ノアの洪水に関わる諸伝承
5 ヒンドゥスターンにおける近代政治と地理
6 ベンガル統治の最良のあり方
7 算術と幾何学、そして様々なアジア諸科学
8 インド人の薬学、化学、外科学、解剖学
9 インドにおける天然の生産物
10 アジアの詩、修辞法、道徳観
11 東方諸国の音楽

12 詩経、あるいは三〇〇の中国詩編
13 チベットとカシュミールについての最良の記述
14 インドにおける貿易、手工業、農業、商業
15 ダフタリ・アーラムギーリーとアーイーニ・アクバリーとに見られるムガル帝国の国制
16 マーラータ王国の国制
アラビア語版のルカ福音書の印刷・公刊
ペルシアとアラビアの法典の公刊
ペルシア詩におけるダビデの詩篇の印刷・公刊
もし神が許されるなら、以下の創作
1 イングランド法の原理――モデルはアリストテレスの寄託についての小論
2 アメリカ独立戦争史――モデルはトゥキディデスとポリュビオス
3 ブリタニアの発見と、イングランドの国制、超自然、ヒンドゥーの神々を題材とする英雄詩――モデルはホメロス
4 政治的、弁論的な演説――モデルはデモステネス
5 哲学的、歴史的な対話――モデルはプラトン
6 書簡――モデルはデモステネスとプラトン[53]

ベンガルで、ジョーンズはほどなく、ウォーレン・ヘイスティングズによる報奨金に応えて、その惜しみない金銭への見返りとして、南アジアの諸言語と知識を習得しようとしている少数の男たちを発見した。しかし、彼らは個

別に活動しており、その努力は分散し、広範囲に及び、ほとんど知られてさえいなかった。ジョーンズは「このような探究と上達は、多数の努力が結集されることでのみ可能となる」と気づき、ロンドンの諸学会での経験を用いて、これらの努力を素早くまとめて、数カ月後の一七八四年一月にはベンガル・アジア協会を設立した——ジョーンズ自らが会長の座に就き、総督と最高参事会が後援者となった[54]。設立当初から、ジョーンズは王立協会を想起させる厳格な規律と定例の週報作成を課した。オリジナルの寄稿だけが検討されることになり、東洋のテクストや文書の単なる翻訳は却下され、「現地の著者によって我々に伝えられうるような未刊行の評論や論文が」受け入れられた。もっとも、メンバーとして「学識のある現地の人々をどれだけの数」入会させるかという問題は残されていた。協会の視野は「アジア全土」に及び、その目標は「人間と自然の研究、つまり、人が実現させたり生み出したりしたもののすべて」であった。

ベーコンにならって、ジョーンズは学問の三つの分野を認識していた。

歴史、科学、芸術。歴史は自然の産出物の記述、あるいは帝国や国家の真の記録を含むものである。二つ目の科学は、純粋数学と応用数学を含み、論証の力に依拠する限りで、倫理学と法をも包摂する。三つ目の芸術は、詠唱された言語で表されるかまたは色や形や音で表現されるような、修辞的な表現におけるすべての美と創造の魅力を包摂する。

実践的なレベルでは、彼は「好奇心と学識ある人間」に向けて次のことを強く勧めていた。

新しい観察と発見によってアジアの地誌を修正すること。〔……〕時にその土地を繁栄させたり、あるいは荒廃させたりしてきた諸民族の記録や伝統についても遡って調べること。世俗と宗教の両方の諸制度とともに統治のさまざまな形態に光をあてること。〔……〕算術と幾何学における彼らの進歩と方法を三角法、測量法、力学、光学、天文学、一般物理学のなかで確かめること。彼らの道徳、文法、レトリック、論理学の体系、外科学や医学における彼らの技術、そしてどのようなものであれ、解剖学や化学における彼らの進歩、これらを調査することである。こうすることで、彼らの農業、手工業、貿易にさらなる調査を加えられるだろう。そして楽しみをもって彼らの音楽、建築、絵画、詩を調査しているうちに、より劣った芸術をも無視せぬようになるだろう。それらによって社会生活の快適さと優雅さが満たされ、高められるのである[55]。

しかし言語はジョーンズの最大の関心事に含まれてはいなかった。「読者のなかには、私が彼らの言語を省略しているのではないかと思っている人もいるかもしれない。言語の多様性と複雑さは、悲しいかな、利用できる知識を発達させるには障害となってしまうのである。しかし、私は言語を真の学習の単なる道具であるとずっと考えてきたし、言語は学習それ自体と誤って混同されているものと考えている」[56]。

彼の友人で東インド会社の上級商館員であるチャールズ・ウィルキンズに宛てた一七八四年四月二四日付の書簡のなかで、彼はこの見解を確認している。「ワーラーナシーにあなたは十分に長くおられ、間違いなくヒンディー語の人跡未踏の学習において日々かなり進歩しておられるでしょう。私もあなたと同じ道をたどれれば幸せなのですが、人生は短く、私に課せられた仕事はあまりに長大なので、私の年齢では新しい言語を習得するなど考えることもできません。今、私にとっては、すでに学んだ言語が興味深く好ましい情報の宝庫なのです」[57]。しかしながら、一年半のうちに、ジョーンズはサンスクリット語の学習に目鼻をつけ、そのさらに数カ月後にはサンスクリット語とラテン語、ギリシア語の間の驚くべき類似性に関するあの有名な講演を行ったのである。ジョーンズが単に言語学習についての心境を変えただけでなく、インド文明を古代ギリシアとローマの文明と同じ地位にまで高めてしまうような心変わりを起こしたこの時期に、何が起こっていたのだろうか。

この時期にジョーンズは、イギリス系インド人（British Indian）の現実と向き合っていた。つまり、インド亜大陸における彼の（そしてすべてのイギリス人の）日常生活が、その土地に固有の仲介者たちへの根本的な信頼に依存していることを見出していたのである。こうした依存は特に司法行政に顕著だった。彼の有名な講演「インド人について」は、後に見るとおり、媒介された知識の問題を解明する方法をきわめて直接的に扱わなくてはならなかった。

先に述べたように、ジョーンズはすでに外国語を習得する上での母語話者の教授者の役割に気づいていた。ミルザーを通じてこそ彼はアラビア語を習得できたからである。ジョーンズは一七六七年にスペンサー家での休暇の間にドイツ語を学習しようとした際、スパで母語話者を探したが、コストが高すぎると判明した時にその考えをあきらめ、文法書と辞書で満足せざるを得なかった[58]。そして『ペルシア語文法』のなかで、ジョーンズは母語話者に手伝ってもらえることを前提として言語学習法を基礎づけた。

> この序文を締めくくるにあたり、ペルシア語の学習方法とそこから学習者が期待しうる利点について若干付言しておいてもよいだろう。学習者が文字を流暢に読め、そして個々の文字の本当の発音を母語話者の口から学ぶことができた場合には、学習者に注意深く文法書を熟読させなさい。そして、名詞と動詞の規則的な語形変化を記憶させなさい。〔……〕この時までに学習者は辞書の必要性を認識するだろう。〔……〕学習者は「メニンスキのペルシア語辞書」の助けを借りて文法書に引用されている文章の分析や、その文章が規則を例証しているあり方の研究へと進むことができるだろう。他方、学習者は生身の教授者と交流すること、そして教授者から「日常会話の表現や」目に見えるものの名前を学ぶことをおろそかにしてはならない。もし辞書のなかに探すのが難しくても、そうすることで学習者はそれをすぐに記憶できるだろう。そしてここで私が学習者に注

意を促したいのは、学習者が辞書のなかに彼が聞いたすべての語を見つけられないという理由で、ある著作に欠陥があると不満を述べることに対してである。一般に音声は耳では完全にはとらえられないし、多くの語彙は綴りと発音がかなり異なっているからである。〔……〕学習者がペルシア語でかなり容易に自分の考えを表現できる時には、私は学習者には知的な母語話者と格調ある歴史や詩文を読むことを勧めたい。知的な母語話者は、平易な言葉で読書中に出てくる洗練された表現を学習者に説明してくれるだろうし、知的引喩やローカルなイメージの美しさについて指摘してくれるだろう。[59]

実際、ジョーンズ自身はペルシア語文法の基本規則を翻訳する際に、ムガル皇帝シャー・アラムによるジョージ三世への外交使節であったミルザー・シャイフ・イ・ティッサムディンから貴重な助力を得た。彼は「『ファルハンギ・ジャハーンギーリー（*Fehrung Jehangaree*）』からペルシア語文法書全体を構成する一二の規則を提示している」部分を翻訳した。シャイフは、「ジョーンズ氏は〔……〕それを使って彼のペルシア語文法書をまとめたが、それは彼に名声と富をもたらした」と書いている。[60]

しかしながら、この知識（そして富）を獲得する手段は、教授者を大変注意深く選ばなければならないということを意味していた。ジョーンズはこの選択が決定的に重要であるとすぐに認識した。実際、地元の教授者の信頼性の問題は、フランス人アブラム・ヤサント・アンクティル＝デュペロンに対する同年の彼の激しい攻撃の核心部分であった。デュペロンはまさに『ゼンド・アヴェスタ（*Zend-Avesta*）』の翻訳を出版したところであった。[61] ここでのジョーンズの主な論点は、母語話者からの情報によって導かれる必要性の有無にあった。こうして生み出された知識は、母語話者である対話者の信頼性によって確固たるものにもなるし、根拠を失うことにもなる。この点は、ジョーンズの文献学的議論が見当外れであること、および彼が冷静さを失っていることに困惑した学者たちによって完全に無視されてきた。『ア＊＊＊・デュ・ペ＊＊＊氏への書簡』のなかで、ジョーンズは書いている。

　加えて古代ペルシア語のあなたの力は本当に確実なものでしょうか。あなたは、ひとつの言語を一冊の著作のなかで理解しえないということを無視なさるのでしょうか。ユダヤ人の助力があってはじめてモーゼの書をヘブライ語で十分に流暢に読むような人は、その助けなしに『雅歌（le Cantique des Cantiques）』について何も理解できないでしょう。そして、たとえそれを理解していたとしても、同じ言語で書かれたサンダバールの寓話の理解については、彼はまたそれ以前と同じようなものなのです。人がひとつの言語に精通できるのは、その言語で書かれた大量の書物を読んだときだけです。それゆえに、我々はアラビア語なしにヘブライ語を学ぶことは決してできません。そこにはほとんどすべての根源が保存されているのです。失礼ながら同じ理由で、我々が無駄な反復に満ち満ちている、いわゆるゾロアスターの本のなかでだけペルシアの言葉を見出している間は、ペルシアの古代の言葉を決して理解できないのです。

　しかし、私が公衆を騙そうとするなど、人々は疑いをかけるでしょうか。いいえ。誰もそのようなことは言いません。あなたはあなた自身を欺いていらっしゃったのです。ヨーロッパを出ることなくゼンド語の文字を理解することは可能でした。また、尊敬すべきダラブ博士がおそらく博士自身それほど理解しないまま、あなたに近代ペルシア語で書き取らせたことをフランス語に翻訳することは簡単なことでした。

今では誤った文献学的議論と見なされている一連の事柄について議論を組み立てつつ、ジョーンズは次のように結論する。

　あなたが翻訳した語彙について話すと、ダラブ博士が彼の民族の神聖な言葉を知っていたに違いない、ということは認めねばなりません。ですが、ゼンド語、パフラヴィー語の単語、さらに悪いことには、パールスィー語の単語であるかのように訳されている間違いの多いアラビア語の単語をみると、我々は大胆に次のように言わねばなりません。それは、その大ほら吹きがあなたを欺いたということ、そして彼のせいであなたが自身の読者を騙そうとしていたということです。

ここで私たちは、真実がおぼろげながら見えてきたと思います。あなたは近代ペルシア語を少ししか学んでいません。古代ペルシア語に関してはもっと学んでいません。あなたはこのゾロアスター教徒の助けを借りて、これらのゼンドの気の毒な本の翻訳をしました。彼もまたそれらをまったく不完全にしか理解していませんでした。あなたは最も難しいアラビア語の詩をアレッポのある現地人の前で翻訳した、我々の知っている男とまったく同じことをしたのです。この男は彼の助けがなければコーランの第一章すら読めなかったのに。あなたは膀胱風船で遊び、魚のように泳げると思い込んでいる子どものようです。(62)

司法行政の問題に関して、ジョーンズは、彼の同時代人と同じくインドの領域をイスラームとヒンドゥーの二つの司法体系のもとにあると認識していた。そして、イスラーム法がアラビア語とペルシア語のテクストでは多かれ少なかれしっかり定められている一方で、ヒンドゥー法は地域、身分、カーストの境界によって多様で、彼らの法学は書かれたテクストよりもしばしばバラモンの法律家（つまりインド英語の単語である「パンディット（pundit）」［賢者］の二つの意味のうちの一つであった）による口頭での専門的意見に依拠していた。『ダルマ・シャーストラ（*Dharmasastra*）』は多くの地域で高い名声を博していたが、習慣やその使い方が年月を経て変化するにつれて、シャーストラの地元の教授たちがしばしば司法顧問として意見を求められていた。かつてこうした学者たちは、ワーラーナシーやその他の場所では慈善寄付を通して、また藩王の家政で役職を与えられることによって支援されていた。ところが、亜大陸におけるイギリスの領域的権力が強まるにつれて、多くの者が東インド会社の行政機構や裁判所に正式に組み込まれていったのである。

そうした状況の下、司法を管理するために、イギリス人は行政や法体系を著作の形で固定させる必要性を認識していた。例えば、ヘイスティングズは『ヴィヴァーダールナヴァセートゥ』をすでに注文しており、これはその後ホールヘッドの『ヒンドゥー法典（*The Code of Gentoo Laws*）』となった。しかし、このテクストはパンディットたちを彼らの通常の情報源から転向させることはできず、単に彼らの多くのレファレンスにひとつが付け加わったにすぎなかった。ジョーンズには次のことがわかっていた。

原本の真の価値がどのようなものであれ、その翻訳にはなんの権威もなく、我々がそこに見出す、多くの意味不明なくだりへの調査を促すこと以外にそれは役に立たない。適切に言えば、実際、我々はそれを翻訳と呼ぶことはできない。というのも、ホールヘッド氏は誠実に自分の役割を果たしたが、ペルシア人通訳は彼に原典のサンスクリット語の不正確で見当違いの梗概だけを提供していたのである。その梗概では多くの欠くべからざる文が省略されている。一方、テクストを明瞭にしたりあるいはより良いものにしたりするなどという無駄な考えから、いくつかのとるにたりない注釈が挿入されているのである。[63]

仲介者の信頼性というヒドラまがいの怪物が再び出現したのだ！　ジョーンズにとって、司法を安定化させるためには、信頼できる証言をする母語話者の専門家集団を、イギリス人こそが安定的に調達せねばならなかったのである。[64]

しかし異なった［種類の］洗練性をもつ人々の証言を正当化する、ましてや征服された文化に属する人々の証言を正当化するとはいかなることだったのか。この問題は、すでに見たようにイギリス人科学者の大半がきわめて均質な環境出身であったような時代には、非常に重要であった。例えば女性、使用人、子ども、狂人は信頼できる目撃者の世界から厳しく除外されていた。その解決策がジョーンズに求められるようになってきたのである。

一七八五年三月にジョーンズは、個々のヨーロッパ人と地元の仲介者との間の私的な取りきめという伝統的な枠組みのなかだったとはいえ、この問題にすでに取り組んでいた。イギリス人の同僚宛の手紙からの以下の抜粋は、ジョーンズが地元の法律家を信用するために使っていたさまざまな基準に関して教えてくれる。この問題について、チャールズ・ウィルキンズ宛のジョーンズの記述を見てみたい。

パンディット・ゴーヴァルダン・カウルが能力証明書を持参してきました。そこにあなたのパンディットであるチャーシナートの立派な署名を見つけました。もし私がゴーヴァルダンについて好意的な意見をもつとすれば、この善良なる人物の証言のおかげでしょう。彼はワーラーナシーで私に三本のヒナギクを贈ってくださいました。ましてあなたが彼を雇っているのですから、その学識について私は疑いをもっていません。我々は、幾人かの学識あるパンディットによる候補者の調査を提案しました。チャーシナートはそのうちの一人となってくれるでしょうか。そして彼の見解を、彼の善良さによって曲げることなく公平に与えてくれるでしょうか。もしあなたが彼に問い合わせ、この人物についての彼の本当の見解を聞き出してくださるならば、私はあなたにこの上なく感謝するでしょう。ヒンドゥー法の流れは純粋であるべきだということは極度に重要なことです。というのも、我々はサンスクリット語に無知なために完全に現地の法律家の献身に依っているからです。(65)

そして数日後にさらに次のように言う。「パンディット・マヘーシャ［チャールズ・チャップマンのパンディット］にティルフート大学がまだ存続しているか、そしてヒンドゥー法の学位を授与しているかどうかを尋ねていただけませんか。私たちのパンディットの一人が亡くなり、ヒンドゥスターンの諸大学のなかでもとりわけワーラーナシーと、もしあるならティルフートから推薦してもらおうと考えております。新しいパンディットが広く認められ、私たちが手に入れられる最良の情報から彼らの法律に関する決定を下していることを、ヒンドゥー教徒が納得できるようにです[66]」。また、一七八五年のベンガル総督代理ジョン・マクファーソン卿への書簡では、「マドラサに関してあなたが実施された規制はきわめて有益で、それが挫折したということが残念でなりません。〔……〕あなたの規制に対して良き市民として賛成することに加えて、私はマジド・アッディーンの品行に特に興味をもっております。彼は裁判所のマウラヴィー〔知識人〕であり、それ自体は異議のないところであるべきなのです。私が彼との会話から信じますのは、彼は深い学識のある人間ではないが、彼の振る舞いは不愉快なものではないということであります[67]」。

以降、インドへ着任して二年間のうちに、ジョーンズは偽証の問題に直面した。それまでは、イギリスの裁判では、ヒンドゥー教徒はガンジス川の上で宣誓をしなければならなかったが、そうした宣誓は決して拘束力のあるものではなさそうだった[68]。ある法廷パンディットは、ガンジス川の水上での宣誓が禁止されていることを示す書物をまとめていた。司法を監督する根拠として文書を用いるという政策は、イギリス人にとっては決定的にやぶへびになり始めたのだ！　大規模な拒否――そして偽証――に直面したジョーンズは、「宣誓がかなり厳粛に保たれていて、意図的な違反は贖罪や赦罪も贖えない」事例を見出そうと努めていた[69]。「最も知的なパンディットたち」は彼に『マヌ法典（*Manavadharmashastra*）』の第八章に注意を向けさせた。一七八五年六月一〇日に、マヌの著作から抜粋した関連文章のパンディットによる翻訳を示しながら、彼は「厳粛な宣誓の意図的な侵害」の被疑者を引き受けた大陪審への二回目の説示を行った[70]。

ジョーンズは、ヒンドゥー教徒の間での宣誓の問題にかなり悩まされており、「ヨーロッパ人は如才なく仕事をする上では〔サンスクリット語あるいはアラビア語〕双方が何のメリットもないことを知っているために、誰もそれらを学ばないだろうこと」を知っていた。そのため彼は「医学カーストの気のいい老人〔ラームローチャン〕を通じて」、「神の言語」を学習することを引き受けた。「その老人は文法について自分が知っていることをすべて私に教えてくれます。そして私は『ヒトーパデーシャ』やその他の物語本を彼と読むことを望んでいます。私の大きな目標はダルマ・シャーストラです。徐々に私はそれに近づいています」[71]。一七八六年一〇月のロバート・オーム宛の書簡のなかでジョーンズは書いている。「あなたの好きなウェルギリウスは〔サンスクリット語あるいはアラビア語への〕逐語訳では平凡なものになってしまうでしょう。彼の詩の構成は、あなたのように彼の元々の詩形の魅力を感じる人にとってしか理解されないものなのです。しかし、話がサンスクリットとアラビアの法から少し離れてしまったようです。私はそれを学ぶ必要があるのです。文学はただの楽しみでよいのですが」[72]。

「インド人について」という講演は、彼がサンスクリット語を学び始めたわずか四カ月後に、こういう文脈のなかでなされたので、特別に重要な意味をもっている。この論説のなかでジョーンズが一石二鳥を狙っていたことは確かである。特に、彼は一方では言語の類縁性を通じて民族の類似性を確定して、聖書民族学の存在を立証することを狙い、他方ではヴォルテールやバイイのようなフランス急進派の主張に対抗して聖書の年代学を確立することを目論んでいた。またジョーンズは、インド古代文明を確定することも意図しており、これらすべての事業を通じてアジア協会の彼のきわめて独創的なプログラムに実体を与えようとしていた。

しかし、いったんヨーロッパに伝わるや否や言語研究に対する新しい比較研究のアプローチを生み出すこととなったという事実にもかかわらず、その主な影響について私は次のように述べたい。すなわち、サンスクリット語を話す南アジアの人々をギリシア人とローマ人(両者はイギリス人の祖先だ!)にたとえながらも、ジョーンズ自身が、個別に仲介者を手配するという伝統的なやり方とは対照的に、インド人の仲介者との協力に民族学的な正当性を与えようとしていたのである。トマス・トラウトマンが確信をもって論じているように、ジョーンズの計画は、言語学の用語に隠されてはいるが、言語学的というよりもむしろ何よりもまず民族学的であった。[73] 実際、ジョーンズは最後の最後まで言語を道具としてみる見方に忠実であった。しかし、人種理論の勃興と展開へのジョーンズ民族学の影響を調べているトラウトマンとは対照的に、ここで私は、この民族学的な考え方が多様な洗練性の階層に基づいて、ジョーンズと彼の同時代人がより信頼できる行政機構を構築するのを助けたその方法に焦点を合わせたい。

次に、手短に三周年記念講演を見てみよう。それは、「〔アジアの主要な民族は〕共通の起源をもつのか、そしてその起源は我々が一般にそれに属するものと見なしているのと同じものであるのか、という大きな問題を解決」しようとする講演である。[74] ここでのジョーンズの議論は、ノアの息子たちであるハム、セム、ヤペテが世界各地に離散したことを基礎とする、聖書民族学のより広い問題のなかに埋め込まれている。ジョーンズは、一七七四年から七六年に出版されたジェイコブ・ブライアントの『古代神話学の分析（*Analysis of Ancient Mythology*）』を直接の出発点として取り上げている。そこでブライアントは、一連のあいまいな語源学的議論によるニュートンの初期の年代記[1]をもとに構成しながら、ギリシア人、ローマ人、エジプト人、インド人をハムの子孫として同一視したのである。[75] ジョーンズは、理由こそ間違っているが、ブライアンは正しいのだと考え、そこで語源の訂正に取り掛かった。彼がインドを選んだ理由は次のとおりである。「数多の革命と征服を経験した後でさえ、富の源が依然として豊富で、綿の手工業では、彼らは依然として世界を凌駕している。〔……〕しかし、かつて芸術や武芸に優れ、統治にも満足し、立法において賢明で、さまざまな知識において傑出していたような優れたヒンドゥー教徒が、堕落し失墜してしまったということについては、疑いようがない」。[76]

彼がサンスクリット語、ギリシア語、ラテン語、ゴート語、ケルト語、古代ペルシア語の間の深い構造的な類似性に関する驚くべき一節を提起したのは、まさにこの文脈においてなのである。言語学的・文学的証拠を調べたのち、次にジョーンズはひとつの民族であることを特徴づける三つの基準によってインドの分析に取り掛かった。三つの基準とは哲学・宗教、彫刻・建築、科学・技芸である。この最後の基準に関して彼は言う。ヒンドゥー教徒は古くから商業的な人々であったということ、我々はそう信じるに足る理由を多くもっている。何百万年も前の黙示録によって啓示されていたことを想定した彼らの最初の神聖な法体系のなかに、興味深い一節を見出せる。法定金利とさまざまなケースにおけるその利率制限に関して、海上の商売に関する例外とともに記されているのだ。この例外は誰もが認め、商業が絶対的に必要としているものである。だが、我々自身の法が海事契約に関してそれを完全に認めたのは、チャールズ一世の治世になってからだったのである。[77]

今や同族関係は明らかに証明された。ヒンドゥー教徒とイングランド人は共通の祖先をもつだけでなく、両者とも類似した法をもつ商業的民族でもある。すでに、一七八一年の寄託に関する論文でジョーンズは書いていた。「財産の相続、犯罪への刑罰、宗教の式典に関するパンディットの規定は我々のものとはかなり異なっているが、契約の体系や人と人との間の一般的な取引にあっては、インド人の法規要覧(POOTEE)とローマ人の法規類纂(DIGEST)は決して異なるものではない[78]」。今や共通の民族的起源が示されたので、司法行政における両者の間の大規模な制度化された協力は正当な形で構築されうるのである。

もちろん、このことはすべてのインド人を信頼できたということを意味しない。とはいえ、ジョーンズは多くのイングランド人も信頼していなかった。そして、確かにどちらの社会についても、低位階層の出身者をだれ一人として信頼しなかったのである。[79]しかし、それは次のことを意味してもいた。すなわち、二つの社会の上位階層が構造的に類似している――その起源と商業的特徴の両方の観点から――ため、共通に作り上げられた一連の約束事に従うよう厳密に規律化された、それぞれの共同体の構成員間の協力が制度化されうるということである。ジョーンズは、双方ともに安全を保障する法的枠組みがあれば、不服を唱える者にも同意させることができるだろうと考えていた。インドに到着してすぐ、ジョーンズはエドマンド・バークに「インド裁判権の最も実行可能な体系」のためのプランを送っていた。そこで彼が提案したのは、「現地の人々がイングランド人から保護されるために効果的な裁判所をもたなければ、その国はイギリスにとって役に立たないどころか有害だとすぐに見なされるようになるだろう」ということ、また、「〔イギリス人〕判事が両方の裁判所において、威厳の不足や腐敗の危険から、多額ではあるが法外ではない給与によって守られうる」ことである。現地の仲介者たちもまた、「彼らを重んじ、誘惑を超えてやる気を起こさせるくらいの俸給で選ばれ、任命されなければ」ならなかった[80]。

ジョーンズは今や、さらに野心的な計画を提起できた。一七八八年三月、彼はその事業計画をベンガル総督コーンウォリス卿に説明している。その事業は、「これらインド地方に住んでいる住民に対し、彼らの間の適正な司法行政を永続的に安定させるもので、それはちょうどユスティニアヌスが彼のギリシア人とローマ人の臣民に与えたのと同様のものです」。法典は、「ユスティニアヌスの貴重な法典のモデルに倣い〔イングランド法自体もその基礎の上にある〕、地元の法律家のうちで最高の学識者によって編纂され、正確な英訳を付したものとなります」。契約と相続の諸法については、

〔この〕法典のための仕事は〔……〕サンスクリット語とアラビア語ですでになされている二つの編纂物があるのでかなり減じられるでしょう。これらはユスティニアヌスの『学説彙纂（*the Digest*）』と、功績においても方法においてもかなり似通っております。サンスクリット語によるものは数世紀前にこの地のバラモンによって編纂され、『ラグナンデン（*Raghunanden*）』と名付けられ、ヒンドゥー法の各分野に関する少なくとも二七巻からなっています。アラブ人が『インド人の決定』と呼ぶアラビア語によるものは、ここでは『ファターワーイ・アーラムギーリー（*Fetaweh Aalemgiri*）』というタイトルで知られ、アウラングゼーブの命令で浩瀚な五

巻にまとめられています。私は、完全なとても状態の良い写本を所有しております。[81]

しかし、このそれでもなお大きな仕事には二つの困難が伴った。一つ目は金銭上の問題、つまり「学説彙纂の編纂に必須である〔二名の〕パンディットと〔二名の〕マウラヴィー、そしてそれを書写するのに雇わねばならない母語話者の書記の雇用費」である。最高の学識を有するパンディットとマウラヴィーにフルタイムでこの事業のために働いてもらうため、「両者に共通の根本的な原則についてともに自由に協議しつつ、お互いに助け合い、指示し合い、チェックし合うこと」としながら、ジョーンズは彼らに給与として二〇〇ルピー、六人の書記に一〇〇ルピーずつ支払うことを提案した。

彼ら書記は少なくとも二種類の言語に長けているので、法律家が書いたものを筆写する際に大きな間違いを避けられるでしょう。〔……〕それゆえ全体の支出は月に一〇〇〇シッカルピーになります。〔……〕しかし、雇われている人々が長期間継続して給与を受け取ることを望んで自分たちの仕事を引き延ばそうとしないように、彼らには評価がなされるべきでしょう。また、すべての編纂業務は三年以内に複製まで完成させねばなりません。三年で彼らの給与もストップすることになります。〔……〕もしその業務が適切なものであると考えられるなら、その費用は政府によって負担されるべきで、またその給与は役人によって支払われるべきでしょう。[82]

個々のイギリス人によるムンシーとパンディットの伝統的な雇用から、関係の公式化に向けて明らかな転換が起こったのだ。

二つ目の難題は、「業務の監督者および翻訳者を探すことです。サンスクリット語とアラビア語に通じ、主要な法学についての一般的知識を有し、法の精神を十分に持ち合わせ、法規類纂の計画をつくり、その編纂を統括し、全体を明晰な英語へと翻訳できる者を見つけねばなりません。翻訳であっても、その正確さに対する世間の評判に応じて権威を得られるものでなければならないのです」。ジョーンズ自身の他に誰がこの業務を実行できただろうか。「求められている諸資格は、私が備えているうちの程度の低いものですら、同一人物のなかにそれらが統合されているのを見出すことが難しいと確信せずにはいられません」[83]。

最高参事会では、その同じ日に計画が承認され、「公的な予算から彼が要求した適度な額の月給を拠出すること」が同意された[84]。直ちにジョーンズは、「一部は自分の知己から〔……〕一部は自分が信頼できる人の情報から」主要な著者と協力者の選抜にかかっただけでなく、ベンガルのヒンドゥー教徒に博識と美徳をもって崇敬されているという理由で、ラダカント・シャルマ（ラーダーカーンタ・シャルマー）、サブール・ティーワーリー、ムハンマド・カースィム、シラジュル・ホック、マフタブ・ライ、ハーッジー・アブド・アッラーを、そして、二、三カ月後に尊敬すべきジョゴンナト・トルコポノチャン（ジャガンナータ・タルカパンチャーナナ）を選んだ[85]。互いの不信感を和らげることができず、選択は難航したようである。インド人がイギリス人に与えた信用について率直に語られる機会は少ないが、そのうちのひとつでジョン・ショアは次のように述べている。「バラモン信仰の学識者たちが遠慮と不信感を捨てて、ヨーロッパ人の指示に従って自分たちの法の要覧の編集に取り組んでくれたら、神の摂理において、非日常的な出来事が発生したと言わなければならないであろう」[86]。

事業の監督とは別に、ジョーンズは、一七九二年に出版される『アッスィラージーヤ、または相続に関するムスリムの法（*Al Sirajiyyah, or the Mohammedan Law of Inheritance*）』と、一七九三年に『ヒンドゥー法の諸原則あるいはマヌの法典（*The Institutes of Hindu Laws or the Ordinances of Manu*）』のタイトルで完成された『マヌ法典』の翻訳に乗り出した。しかしながら、要覧の執筆はジョーンズが想像したよりはるかに大掛かりな仕事で、彼はその完成を生きているうちに見ることはなかった——ジョーンズは一七九四年四月にカルカッタで肝炎のため死去し、アンナ・

マリア・ジョーンズに五万ポンドを超える相当な富と、ジェントルマン社会に不朽の——死後ではあるが——投錨地を残したのだ。(87) ジョゴンナトの『ヴィヴァーダバンガールナヴァ(*Vivadabhangarnava*)』(「係争の終了に関する論文」)は、ジョーンズの死の直後、一七九四年に完成され、その翻訳はヘンリー・トマス・コールブルックに委ねられた。『契約と相続に関するヒンドゥー法梗概(*The Digest of Hindu Law on Contracts and Successions*)』はフォリオ版の四巻本で、一七九七年と九八年に刊行された。

ジョーンズの遺産再考

ヘイスティングズによって開始され、ジョーンズの民族・司法混合主義を通して発展した過程の結末は、東インド会社のインド行政がその後いかに機能したかという観点から考えた時に、興味深い物語となる。従来それは単に「インド式の知識をヨーロッパの物事に転換させるという〔……〕言説〔オリエンタリズム〕」の創造として提示され、しばしばそう解釈されてきた。(88) しかし、物語はそう単純ではなく、明らかに本章の射程を超えている。にもかかわらず、この節では、私が理解するままにその主要な特徴を概説してみたい。そのために、ジョゴンナトの『ヴィヴァーダバンガールナヴァ』に手短に話を転じてみよう。

このテクストは新しいタイプの協働の特徴的な結果となっている。二つの異なる文化に属する法律の専門家の間の交渉を通じて作られた混成的《ハイブリッド》なテクストで、先行するヒンドゥー法のマニュアルの射程をはるかに超えているからである。デレットは、見下しながらではあるが、おそらく『ヴィヴァーダバンガールナヴァ』の特質に着目した最初の人物である。

ジョゴンナトは、いささか変わった観点と、他に類をみない特殊な意見をもっている。彼の習慣や慣習に対する態度は奇妙なものである。彼は司法の実践を法として受け入れており、まるで「共通の失敗が法を作る（*Communis error facit ius*）」かのごとくである。どこからこのような考えが得られたのだろうか。明らかにイギリス人のある法律家が彼と相談し、彼に質問を投げかけ、ともかくヒンドゥーの学識が提供されなければならないようなところに彼を導いている。同様に、幅広いトピックに関する彼のコメントを見れば、西洋精神との交わりは明らかである。〔……〕彼は以下の議論において自分への影響を示している。負債の割り当て、「王たち」のステータス、不正な訴訟、不正な行為、後見人指名の司法権力、土地収入の裁定、負債の度合いに応じた土地・動産の差し押さえと競売、「マークスマン（marksmen）」〔非識字者〕、詐欺と賠償、相対する不正と過失譲渡、相続人曠欸財産（*bona vacantia*）、無効の権限、違法の契約と返還、分割委託業務における詐欺の発見のための法的手続きなど。彼はおそらく遺言を聞いていたのかもしれず、それならこのような事柄を合理化できる可能性がある。(89)

その混成的《ハイブリッド》な構成と、同僚、弟子、ベンガルの公衆からその著者が得た莫大な賞賛と権威のために、ジョゴンナトの著作は、法廷パンディットやイギリス人判事らによって広く認められて利用された。しかし、『ヴィヴァーダバンガールナヴァ』は法の万能薬ではなかった。その理由のひとつは、その著者がベンガル人であり、彼の宗教会議がベンガル人のものであったので、ミーマーンサー（*Mimamsa*）学派の哲学とニヤーヤ（Nyaya）学派の論理学に対する強いバイアスを抱えていたことである。これらの学は亜大陸では必ずしも法の実践の基礎となるものではなかった。もう一点は、あらゆる確立した法的テキストと同様に、変化する社会において必然的に生じる一連の未知の問題に対する解答を与えることができなかったことである。新たな要請に照らして、ジョゴンナトのテクストは、イギリス行政下の多様な法廷で雇われたパンディットによる大量の補足文書の手本として使われることとなった。[90]

これらの文書は集成され、サンスクリット・カレッジのシラバスに指定されるようになった。このカレッジは一七九四年に設立され、「大多数の人々に対して真正の〔ヒンドゥー法の〕文面・精神を正当に、規則正しく、一律に運営するにあたり、ヨーロッパ人の判事を補佐する」ために、「標準化された」新世代のパンディットを育成することを目的としていた。一八〇五年以降はパンディット判事（地方法廷における現地人の司法役人）を育て上げていくことになる。[91] ジョーンズ自身の手になる『マヌ法典』の翻訳は、フォート・ウィリアム・カレッジで、一八〇六年以降はヘイリーベリー［・カレッジ］で、これも東インド会社の将来の契約従業員を「標準化」するために使われた。かくして彼らは、パンディットたちの解釈の複雑さをよりよく理解するために、ヒンドゥー教の神話についてしっかりとした基礎知識をもつことが望まれたのである。

互いの信用という不断の問題は、今や標準化され共有された法全集と神話をもとに養成することによって、「標準化された」イギリス人とインド人の新世代を誕生させることで解決されるかもしれなかった。同様のことが、ジョーンズの大事業から出現したイスラーム教の法テキストについても言える。すなわち、それらはカルカッタ・マドラサのマウラヴィーを教育するために使われたのである。新しい知識の創出、循環、運用という大規模な活動は、中央集権化された制度の枠内でのみ実行され、そこでは協調性と職階についての強い感覚が必須とされた。その制度は、そのような統制を実行し、混成的《ハイブリッド》な洗練性を生み出し、それによって信用の問題を解決するために必要な権威と能力を備えていた。[92] それゆえに、新たな法大全は、それに付随する方法と諸制度とともに知識の新しい混成的《ハイブリッド》な体制を作りあげた。というのも、実践が広く共有され、安全・忠誠・階層の感覚とともに団結心を彼らに導入することで、統括機構の内部で信頼できる歯車の歯としてインド人とイギリス人の職員を組織し、規律化したからである。

ジョーンズが功利主義の批判の的になり、一八世紀後半の姿勢が一八三〇年代までにイギリスではもはや流行遅れになることが知られている一方で、現地の下役に対するイギリス役人の横暴な態度にもかかわらず、ジョーンズが形成した混成的《ハイブリッド》な洗練性は、英印行政に広がり続けた。実際、最高法院と首位民事裁判所（Sadr Diwani Adalat）が一八六二年に廃止されるまで、司法の分野における権威は享受され続けたが、「パンディット」、「ムンシー」、「マウラヴィー」といった用語は、新しい社会的・文学的・物質的な実践に次々と結びつけられていった。次章で見るように、一九世紀への世紀転換期にはパンディットとマウラヴィーは言語の個人教師や法律顧問から国家公務員へと形を変え、他の英印の行政、教育、技術の諸機関に雇用されるようになった。

イギリス人個人とその語学教師の間に緩やかに結ばれた個人的な関係は、今や給与を得て、標準化され、信頼に足りるインド人に道を譲った。彼らは職務に忠実で、信頼できる混成的《ハイブリッド》な知識の創出と普及に携わっており、植民地の諸機関でキャリアを築き上げたのである。第6章で取り上げるように、一九世紀を通じて「パンディット」、「ムンシー」、「マウラヴィー」と呼ばれた者たちは、かの名高いインド大三角測量局のような英印の「情報秩序」の他のナーブ・センター（nerve centres）に自分たちの道を見出した。

私的な親交から顔のない機関の無名性へという信頼性の付与の転換と近代性を同一視する、ルーマンやギデンズといった理論家によって説明される近代の条件との類似にもかかわらず、この新しい状況はそこには決して回収しえないものだった(93)。これらの機関はどんな人にも開かれていたわけではなかったことが指摘されねばならない。新たな参加者はそれぞれの社会における信頼に値する狭いグループから注意深く選ばれ、パトロネジは依然として決定的な役割を果たした。

ジョーンズの民族学が一九世紀後半にイギリスを離れて大陸の――とりわけドイツの――人種主義を助長した時でさえ、英印の行政機関は共通の民族的起源説を唱え続けた。その起源説は、多元的な洗練性に基づく統治の可能性に根拠を与えるものである。

現代の流行の図式はインド人を単なる「情報提供者（informants）」として描き、インド人の伝統をイギリスの征服者に示すよう促された存在と見なす。一方イギリス人は、「植民地的な知」と名付けられた受け身の対象にインド人を矮小化し、彼らの伝統的な信仰と社会的な実践にヨーロッパのカテゴリーを押しつけることに道を開いたとされる。(94) それに代わって本章は、新しい行政知識（新しい文脈がなければ存在していなかったであろう知識）が創造され、イギリスとインドの洗練性が均衡を保ちつつ成型されていくなかで、積極的な現地住民の参加――非対称ではあるものの――があったことを示した。こうした視点は、文化を有機的に統一され、あるいは伝統的に連続しているものと考えるような通念とはかなり異なる人類学のあり方を示唆している。かわりに、それは文化を、交渉の只中にあり、進行中で、相互に絡み合った過程として扱う。(95) そして、異文化間のコンテクストにおける知識創出のストーリーが、これまで一般に認められてきたものよりもはるかに複雑であることを示す。植民者と被植民者の多岐にわたる問題をはらんだ参加は、現代に深く影響を与えている歴史の一部となっている。ジョーンズの旅と事業はこれらの複雑性に光をあてるのである。

第4章　一九世紀初頭におけるイギリスの東洋学《オリエンタリズム》、もしくはグローバリズム対普遍主義《ユニバーサリズム》

はじめに

一八世紀末は、イギリス（のみならずヨーロッパ各地）の科学が、個人の独創性に依拠したジェントルマン・アマチュアの伝統から、組織化された公教育と研究に基づくものへと移行した時期として重要だと考えられている。ふつう、この物語は純粋にヨーロッパの枠組の内部でのみ語られる。そのうえで、新たに制度化された科学がヨーロッパの帝国とその覇権構想のためにしだいに利用されるようになると、それは世界の諸地域に影響を及ぼしていくとされる。しかし、本章で見ていくように、ナポレオン戦争期に創設されたカルカッタのフォート・ウィリアム・カレッジは、科学と統治の概念が決定的に変化する場となるのであり、それは、インドとイギリスにおける支配エリートの変質、および農業を中心とする社会から産業を中心とする社会への変容に付随するものだった。カレッジはこの変遷に関与し、そこでは、科学がますますグローバル化する産業社会の基本原理として、あるいは、そのイデオロギー、準則、そしてまさにその基礎的な形而上学としての役割を果たすべく組織化されていくのである。

私は本章で次のような主張をしたい。つまり、インドにおける東洋学《オリエンタリズム》の制度化は、フランス革命が掲げた自由、

平等、友愛の理念の拡大という脅威への対抗を目的とした、東インド会社がもつ（インドとイギリスにおける）ローカル・ネットワークと遠距離ネットワークの再編成の一環であったということである。したがって、私は科学と帝国についての研究に関わる重要な問題も論じることになる。それはすなわち、遠隔統治という問題である。

イギリスとフランス革命

フランス革命の余波は、ゆっくりと、しかし着実に一八世紀末のイギリス社会に不和を引き起こしていった。革命結社や改革クラブはともに、革命を一六八八年のイングランド名誉革命に相当するフランスの事件と見なしており、イギリスにおける名誉革命一〇〇周年に合わせるかたちでその前例に倣おうとしたという事実に誇りを抱いていた。多くの人々が、革命の平等思想を公然と支持すらしていた。トマス・ハーディ（一七五二〜一八三二年）が設立したロンドン通信協会は、一七九二年にフランス国民公会に向けて発した声明で次のように宣言している。「自由とは何か。我々の権利とは何か。――現在あらゆる人々がこの問題を論じていると、我々は確信をもって諸君に断言しよう。フランス人よ、諸君はすでに自由である。だが、イギリス人もそうなろうとしているのだ[1]」。立憲情報協会のような他の団体は、そのさらに先を行っていた。この協会は、「愛国的な寄付」によってフランスの「自由の兵士」のために購入した一〇〇〇足の靴をカレーに送ったが、それに加えて、「少なくとも向こう六週間にかけて、毎週一〇〇〇足を送り続ける」という約束までしていた[2]。内心ではフランスの革命家たちに好感を抱いていなかったとしても、ホイッグの内部でさえ多くの政治家が彼らに対して少なくとも中立的姿勢を保った。多くの者が革命を歓迎したが、それはつまるところ、この大変革がイギリスの旧敵を弱体化させるはずだからであった。

首相のウィリアム・ピット（一七五九～一八〇六年）とその内閣は、明らかにフランスとの平和的な関係を望んでいた。

エドマンド・バーク（一七二九～九七年）は、早くも一七九〇年にフランス革命を批判する声をあげた少数者のうちの一人であった。バークは、名誉革命とアメリカ独立革命の熱心な擁護者であった――というのも、それらは不実な統治者によって簒奪された人民の伝統的・世襲的権利を回復するものだったからである――が、フランス革命主義者が唱える平等と自由の主張、ならびに、イングランドの急進派と反体制派が求める国内の抜本的な社会・政治改革に対しては激しく反発した。一七九〇年に出版された『フランス革命の省察（*Reflections on the Revolution in France*）』において、彼は平等に基づく社会は事物の本質に反しており、したがって実現不可能であると主張した。平等思想の擁護者たちは、個人の間に現に存在している差異を単なる幻想だと述べ立てて、「孜々とした労働の中に人生の裏街道を歩むべく生来定められた人々に向かって誤った考えと無益な期待[3]」を吹き込むことで社会に巨大な害悪をなしている。さらに悪いことに、これらの人々は、平等の名のもとに財産なき人々が統治の責任を担うことを可能にしようとしている。

調髪師とか獣脂蠟燭工などといった職業は――それ以上に賤しい多くの他の仕事は言うに及ばず――誰にとっても名誉あるものたり得ません。そうした種類の人々が国家による抑圧を受けてもいけませんが、しかし、もしも彼らの如きが、個人的・集団的いずれを問わず統治を行っても然るべし、ということになれば、国家の方が抑圧を蒙ることになります。貴方がたはそうすることでもって、自分は偏見と闘っているのだとお思いでしょう。しかしその実は自然と闘っているのです。[4]

自由について、バークは、「あたかもすべての関係性を剝ぎ取られたかのように、まったく裸のまま形而上学的抽象の中に孤立」するものだとして異を唱えた。[5] マルティニクとサン・ドマング（ハイチ）での反乱を鎮圧するための派兵や、非白人から諸権利を剝奪する法令の発布は、理性に依拠した普遍的な人間の権利、ないしは、「人間の権利に由来する犯罪」の「真の」性質を暴露する機会をバークに与えた。あらゆる機会を捉えて彼は言う。「植民地人が貴方がたに対して立ち上がれば、今度はニグロが彼らに対して立ち上がります。またしても軍隊です。虐殺と、拷問と、絞首刑です！　これこそ、貴方がたが言う人間の権利なのです！　これこそ、図々しくも言い出され、如何わしくも引っ込められた形而上学的御託宣の果実なのです！〔……〕貴方がたはまず、普遍的な帰結を伴う形而上学的命題を設定して、その後で、専制によって論理を制限しようとしています[6]」。そして、実際のところ、一七九三年にフランスがイギリスに対して宣戦布告（この戦争はその後二五年間にわたって続くことになる）したことは、バークの最悪の懸念すら凌駕するものであった。戦うべきはもはや理性に根ざした「自由」や「平等」ではない。むしろ、武力によって押しつけられた「平等」と「普遍性」なのだ！

対仏戦争によって、かつてないほどの敵意がイギリス社会のなかに生まれた。急進派と改革派は、フランスに敵対的な姿勢をとり絶対君主らの連合と協調する政府への批判を続けた。すでに混乱状態にあり諸々の問題で分裂していたホイッグは、その求心力をさらに失うこととなった。

とめどないインフレ、法外な課税、貿易不振の余波のなかで、急進派のささやきが随所で聞かれるようになった。大通信協会は（公会と呼ばれる）影の内閣の準備を開始した。ますます多くの人々が戦争に反対するようになり、大規模なストライキ——一八世紀におけるストの三分の一は一七九〇年代に発生した——と海軍での反乱が続発した。報復として、政府は国制が定める自由を段階的に廃止していった。すなわち、一七九四年と一七九八年における人身保護法の適用停止、扇動集会法（一七九五年）、違法宣誓法（一七九七年）、通信協会法（一七九九年）の制定、そして、最後に、団結の禁止などである。しかし、戦争に関してイギリス社会がどれほど分裂しようとも、フランスが政治的に不安定な状態にあることを考慮すれば、いまこそが豊かなフランス植民地を奪取する絶好の機会であるということに異論を唱える者はなかったであろう。それゆえ、イギリスは、西インド諸島と並行して、インドにおけるフランスの拠点奪取にすぐさま乗り出したのであった[7]。

しかし、この目的を追求するうえでイギリスは自らの資源を有効に活用しなかったため、フランスはそれを持ち堪えるのみならず、戦局を好転させることにも成功し、一七九六年の冬には地中海の制海権を掌握した。一七九七年には、イギリスはヨーロッパで孤立していた。唯一の同盟国であるオーストリアは抵抗を放棄していた。地中海からの撤退を強いられたイギリスは、アイルランドでの蜂起と連動したフランス軍による侵攻をかろうじて阻止するありさまだった。海軍の海峡艦隊では反乱が発生し、すぐにオランダとスペインの沿岸部およびケープ植民地に飛び火した。孤立と憤怒のなかでバークは一七九七年に死んだ。しかし、彼の思想は、トーリとホイッグの双方における主流派の政治・社会思想にすでに浸透しはじめていた[8]。

一九世紀転換期におけるインド、イギリス、フランス

本名のリチャード・ウェルズリ（一七六〇〜一八四二年）という名で知られるモーニントン卿が、一七九七年に東インド会社が統治するインド領の総督に任命されたのは、まさしくこうした政治状況においてであった。筋金入りの自由貿易主義者であるこのアイルランド貴族は、弟のアーサー・ウェルズリ（のちのウェリントン公）と同様、フランス革命に断固反対していた[9]。この点については――その他の多くの点についてもそうであろうが――バークの思想の熱烈な信奉者であった彼は、「悪党ペインの」書き物は「イングランドの酒場で大いなる害をなすであ

ろうし、アイルランドの酒場ではさらに多大な害悪を及ぼすであろう」と懸念し、「かの者を捕らえたならば縛り首にすべし」と考えていた。(10)また、東インド会社の監督局委員を務めた彼は、インド亜大陸の全般的情勢とそこでのフランスの領土的野心をよく理解していた。

一七九八年にカルカッタに到着した新任の総督を待っていたのは、不穏な知らせであった。地元の新聞を読んで、彼はナポレオンがエジプトを足がかりにインドを攻撃する作戦を練っていることを知った。(11)さらに、インドにおけるフランスの最も重要な同盟相手であったティプ・スルターンが半島のイギリス拠点を攻撃するのを支援するために、フランスの兵士と軍事顧問団がマラバール海岸に上陸したとの知らせも届いた。カルカッタのある新聞は、イル・ド・フランス(今日のモーリシャス)総督のアンヌ・ジョゼフ・イポリット・マラルティックが発した布告を掲載したが、それはフランスとティプとの相互防衛同盟を宣言するものであり、フランスの士官たちにティプの軍に志願するよう促すものだった。(12)また、ハイダラーバードのニザームが擁する一万四〇〇〇の軍勢がフランス人に指揮されていることもわかった。(13)

一七九八年一一月二六日、東インド会社の秘密委員会は、ナポレオンのエジプト征服を知らせる書簡をウェルズリに送った。(14)さらに、一七九九年四月一九日付のもう一通の書簡では、ナイルの海戦でのネルソンの勝利という喜ばしいニュースにもかかわらず、「貴下のインド人一個大隊を用いて紅海の側からナポレオンを脅かす」べく、エジプトへの先制攻撃を真剣に検討するよう求めた。

ウェルズリはすぐさま行動を起こした。(15)陸上からインドへ侵攻せんとするフランスの計画を挫くために、彼は主にインド人兵士からなる三〇〇〇名の部隊をエジプトに派遣したのである。(16)さらに、(ペルシア湾の)ブーシェフルにいた東インド会社の駐在員マフディー・アリー・ハーンとジョン・マルコムをペルシアに派遣し、フランスが陸上から侵攻した際には「イギリス側を」支援してくれるようシャーに懇願した。ウェルズリはハイダラーバードに先制攻撃を仕掛け、完全にフランス軍指揮官の不意を突くことに成功し、彼らを捕虜にするとともにインド軍兵士たちを解放した。[17] さらに、当時ジョージ・ハリス将軍の麾下にあった実弟の第三三連隊指揮官サー・アーサー・ウェルズリ大佐に対しては、半島部において、革命が掲げる普遍性の拡大という使命を帯びたフランス軍の攻勢を封じる任務を与えた。ハイダラーバードのニザームの軍からも多くの加勢を得て、イギリス軍は一七九九年三月にマイソールを攻撃した。ティプは五月四日にシュリーランガパトナで戦死し、ウェルズリはインドにおけるフランスの企みを完全に粉砕した。ティプの領土の半分は東インド会社の直接支配のもとに置かれ、残りは傀儡――かつてのマイソールのラージャーの幼い跡継ぎ――のものとなった。

ウェルズリは、イデオロギーと政治の両面でフランスとの戦いを自ら指揮した。彼は、地元の新聞を対象とした厳しい検閲とインドに非公式に滞在するヨーロッパ人に査証を課すことを通じて、カルカッタにおける急進思想を封じ込めるための新たな法を布告した。[18] さらに、フランス革命が説く平等のメッセージが東インド会社の下級従業員の間に広まるのを阻止すべく、驚くべき計画を立案した。そして、会社が貿易会社から統治機関へと変質していくのを好機と捉え、それを実行しようとしたのである。

フランスに対抗するためのカレッジ

一八〇〇年七月一〇日付の覚書で、ウェルズリはロンドンの東インド会社取締役会に対して自らの計画を開陳した。[19] 一二年前にバークがヘイスティングズ弾劾を開始した時とよく似たやり方で、彼は論を説き起こすにあたってまず東インド会社の現状分析から始めた。[20] 一八世紀後半に東インド会社が東部および南部インドを征服したことで、今や広さという点ではほとんどのヨーロッパ諸国の領土を凌ぐ不朽の帝国が形成された。これにより、東インド会社の活動と責任の本質が大きく変化した。とりわけ、その従業員らは特有の責任を負うようになった。

さまざまな言語、風習、習俗、宗教をもつ何百万もの人々に正義をもたらすこと、ヨーロッパにおける主要な王国に匹敵する地域の全域で巨大かつ複雑な収税の仕組みを運用すること、世界で最も人口密度が高く訴訟の多い地域のひとつで社会秩序を維持すること、これらが現下において多くの会社従業員が果たすべき務めとなっています。治安判事管区や県裁判所（Zillah Courts）で雇用されている上級・下級の商人、ならびに、登記官や裁判所および治安判事の補佐役といった職務を担う書記や仲買人などは、程度はさまざまであれ、純粋に司法の、あるいは、公安の取り締まりおよび各管区における平和と良き秩序の維持に深く関わる性質の職務を執行しているのであります。

そのうえで、ウェルズリは、東インド会社領での法廷審理のありようを説明し、弁論がインドのさまざまな在地言語で行われていることを指摘した。東インド会社の従業員が執行すべきはイギリスの法ではなく、「かつての支配者のもとで現地民が長きにわたり慣れ親しんできたものに、イギリス国制の一般原理と参事会における総督が発布した膨大な諸規則が混ざり合い、その性格が穏やかになったもの」であった。同じことは、商契約のみならず、税の計算と徴収にも当てはまる。こうした事情で、ヨーロッパで行われているものとは大いに異なる行政、商売、金融取引上の慣習に関する理解と知識が必要とされたのである。[21] したがって、東インド会社のすべての従業員にとって、インドの言語、法、習俗、習慣について学ぶことは不可欠であった。

「書記、仲買人、商人といった類いの人々」は、今や「果たすべき責務や会社の従業員によって遂行される職務――現在、会社の従業員は商業活動に関わらないことを宣誓する必要があるのだからなおさらであるが――の性

郵 便 は が き

料金受取人払郵便

千種局承認

167

差出有効期間
平成30年3月
31日まで

464-8790

092

名古屋市千種区不老町名古屋大学構内

一般財団法人

名古屋大学出版会 行

ご注文書

書名	冊数

ご購入方法は下記の二つの方法からお選び下さい

A. 直　送	B. 書　店
「代金引換えの宅急便」でお届けいたします 代金＝定価（税込）＋手数料230円 ※手数料は何冊ご注文いただいても230円です	書店経由をご希望の場合は下記にご記入下さい ＿＿＿＿＿＿市区町村 ＿＿＿＿＿＿書店

読者カード

（本書をお買い上げいただきまして誠にありがとうございました。
このハガキをお返しいただいた方には図書目録をお送りします。）

本書のタイトル

ご住所　〒

TEL（　　）　—

お名前（フリガナ）　年齢

歳

勤務先または在学学校名

関心のある分野　所属学会など

Eメールアドレス　@

※Eメールアドレスをご記入いただいた方には、「新刊案内」をメールで配信いたします。

本書ご購入の契機（いくつでも○印をおつけ下さい）

A 店頭で　B 新聞・雑誌広告（　　　）　C 小会目録

D 書評（　　）　E 人にすすめられた　F テキスト・参考書

G 小会ホームページ　H メール配信　I その他（　　）

ご購入書店名　都道府県　市区町村　書店

本書並びに小会の刊行物に関するご意見・ご感想

質と程度に照らして著しく不適格であります」。他方で、そうした職務を実際に遂行するのは、その大部分が初歩的な会計知識しかもたずにインドに来た一四歳から一八歳の者たちからなる東インド会社の新人従業員たちであり、彼らにはこうした新たな役割を担う用意はまったくできていなかった[22]。加えて、伝統的な文化や倫理について学ぶ機会がなかったので、彼らの多くは、「怠惰、耽溺、無軌道な放蕩」に身を任せてしまっていた[23]。このような状況で、広範な職務を遂行するためには、アジアとヨーロッパの政策および統治の諸原則を組み合わせたまったく新しい教育制度が検討されるべきなのであった。

これらすべてのことが、ウェルズリの主要課題へとつながった。彼によれば、次のことは論争の余地がないほど明らかであった。

フランス革命の教義がヨーロッパ大陸を騒がせた動乱の間、同様に危険な傾向をもつ偽りの諸原則が、インドにおける会社の従業員および軍人の一部に影響を及ぼすこととなりました。宗教と政治についての言論状況も、幾分不安定でした。こうした害悪の拡大は、いかなる時でも、書記や士官の候補生に対する不完全で不規則な教育によって助長されるものです。健全で正確な宗教と統治の諸原則を人生の早い段階で彼らの精神に植え付け確立させるような機関は、インドにおけるイギリスの権益を安定させるための最良の保障となるでしょう[24]。

ウェルズリの計画では、これらの方針のうちインドに関わる部分については、現地の学識者によって教えられるべきとされた。ウォーレン・ヘイスティングズ弾劾裁判の冒頭演説でインド社会の厳格な階層性を分析したバークのひそみに倣って、ウェルズリは、有害なフランスの平等思想に対抗するために、彼自身とバークがインドに認めた安定的な社会構造が必要であることを未来の会社書記たちに得心させる教育を提唱したのであった[25]。

かくして、当時のヨーロッパやインドにはこうした要望を満たす適切な教育機関がなかったこともあり、ウェルズリはカルカッタのフォート・ウィリアムにカレッジを設立するという自らの決意を記した。カレッジの創設を宣言する法令は一八〇〇年五月四日付で発布されたが、それはティプの死からちょうど一年後のことであった。オックスフォードとケンブリッジに資産の規模と多様性の点でひけをとらない新カレッジは、一八〇〇年一一月二四日に正式に開設された。ラテン語とギリシア語、イングランド史と自然史、自然および実験哲学、化学、天文学、家政学、政治経済、地理学に加えて、新人従業員はインドに到着したその日から、アラビア語、ペルシア語、サンスクリット語、六つのインド現地語――ヒンドゥー語、ベンガル語、テルグ語、マラーティー語、タミル語、カナラ語――、ヒンドゥー法、イスラーム法、イングランド法、ヨーロッパ史、そして、インドの歴史と古事を三年間かけて学ばなければならなかった。[26] これらの教科の多くは、フォート・ウィリアムで博学な先住者によって教えられることになった。

こうした学問分野はヨーロッパのいかなる大学のカリキュラムでも扱われてこなかったが、インドでは前例があった。実際、前章でみたように、ウォーレン・ヘイスティングズは、会社の従業員が、現地の法や財政に関する思想と慣行、地域の古事、自然史、地誌、在地の言語と慣習、食習慣、生活状態などについての知識を得ることを奨励するために、多額の報奨金を準備した。しかし、従業員の大半は、そうした課題に挑戦するための知的才能を有していなかっただけでなく、これらの問題に関心ももっていなかった。ヘイスティングズの施策に応じたわずかな人々は、現地商人との日々のやりとりにおいて通訳、銀行家、仲介人などの役割を果たしていたムンシーたちから、その土地の民間伝承や言語について学んだのであった。[27]

さらに、我々は、一七八四年に創設されたベンガル・アジア協会が、俗世間から遮断されてインドの栄光ある過去の探求にその身を捧げる開明的な学者集団などではなく、新興のイギリス帝国における行政、経済、政治に関わる諸活動を、一八世紀後半から一九世紀初頭にかけてのヨーロッパや北米でみられた古物収集やその他のものに関

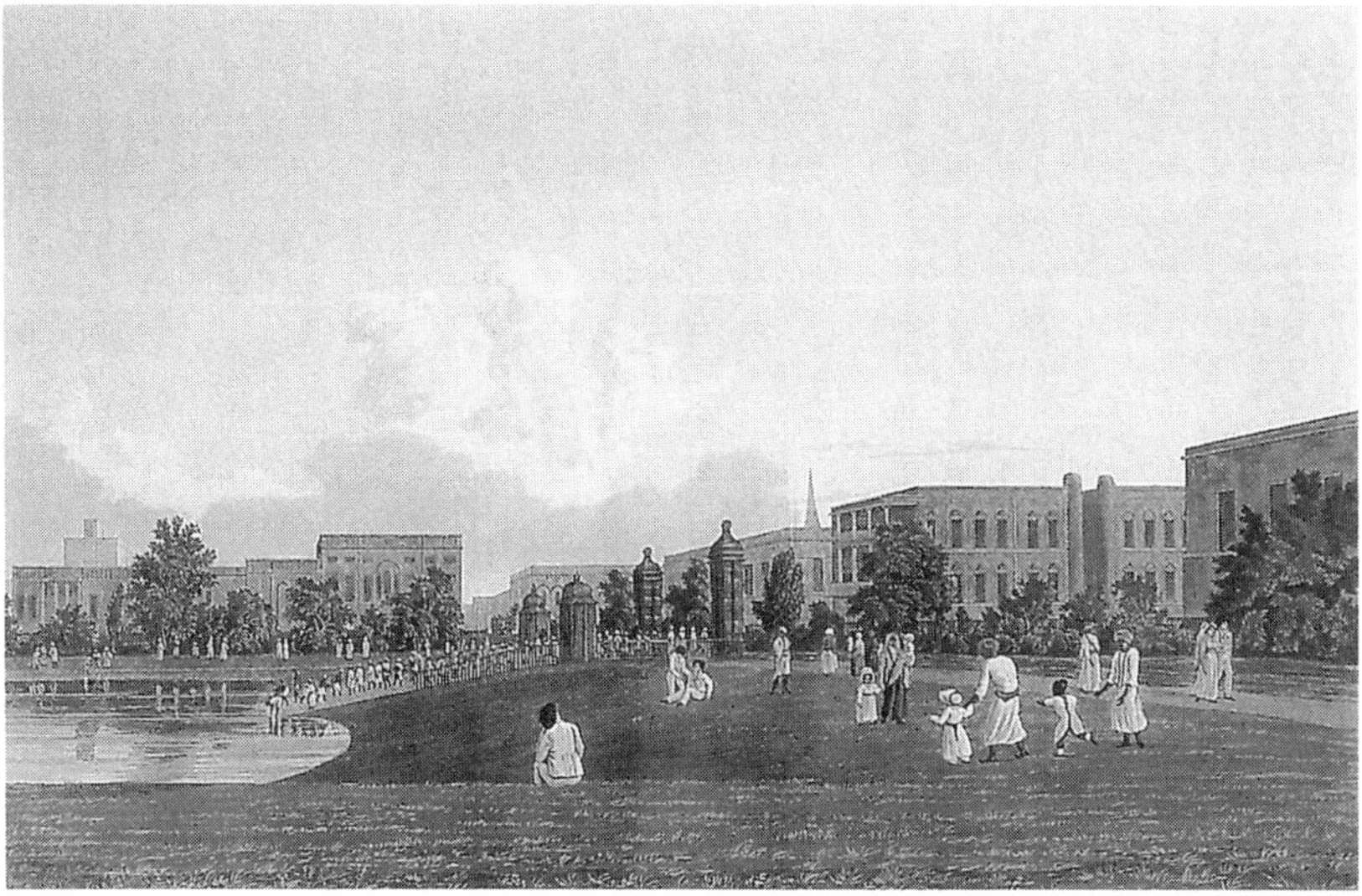

図 13a　タンク・スクエアの背後にのぞむ公設取引所（Public Exchange）とコーヒーハウスの建物。移転する前のフォート・ウィリアム・カレッジが最初に用いた。

する学問の主潮流と有機的に結びつける強力な装置であったこともすでにみた[28]。創設後の最初の数十年を通して協会の正会員となった先住者はいなかったが、彼らの多くがその活動に協力し、協会が刊行する機関誌にはわずかとはいえ彼らが執筆した文章が掲載された。一八世紀末までに公刊された『アジア研究』の最初の五巻に収められた論考の多くは、南アジアの歴史、経済、古典語、芸術、社会構造を扱っていた。そこには、二つの特徴が共通してみられた。すなわち、ヒンドゥー教は非常に古い一神教であるという考えと、（不平等を原理とする）階層的社会構造がインドを恵まれた社会にしたという認識である。

しかし、アジア協会の会員であることは私的なことにすぎない。それは、各人の意思と他の会員がこの排他的なクラブへの加入を認めてくれるかどうかにかかっていた。さらに、協会は、自らが扱うべき問題の対象範囲を定めるようなこともしなかった。一八世紀末までに在地の言語と法を知ることは必須となっていたのであり、それらの学習を東インド会社従業員の自主

図 13b　フォート・ウィリアム・カレッジの移転先となった書記会館（Writers' Building）。タンク・スクエアの異なる一角に位置している。

的な意欲に任せておくことはもはやできなくなっていた。一七九八年一二月二一日、ウェルズリはすでに次のような宣言を行っていた。

> 参事会における総督が制定した法や規則、およびいくつかの言語——それらについての知識は当該の職責を適切に果たすのに必要である——に十分に知悉していることが確認されるまでは、いかなる会社従業員も信用と責任を伴う役職に指名されるべきではない。法律と規則、言語——それらについての知識はそうした職位に必要不可欠な資質とここに宣言する——についての試験（詳細は今後決定される）に合格しない限りは、いかなる従業員といえども〔責任ある〕役職への適性を有するとは考慮されない(29)。

自ら「オリエントの大学」を創設するにあたり、ウェルズリは、一方において、「東洋学《オリエンタリズム》」の教育を義務化することで東インド会社従業員の無知という弱点を克服しようとする傍らで、他方において、それまで個人的でそれゆえ非公式な基盤のうえに築かれてきたイギリス人と現地の仲介者の関係を制度化しようと試みた。そのために、彼はアジア協会の会員とその現地協力者をこの新組織での教官に選んだ。つまり、イギリスの「東洋学者《オリエンタリスト》」と南アジアの学者が教育を分担することになったのである。教育に加えて、図書館に収蔵する新たな文献を探査・収集すべく、カレッジは東インド会社支配地域への調査旅行を組織・奨励した。一八〇五年までに、カレッジの教授陣は多くの現地語の文法を体系化するとともに、それぞれの言語の辞書を編纂することにも成功した。かくして、これらの言語は多数の人々に教えられるように標準化されたのであった。

創設後の三年間でカレッジは二五万ポンドもの大金を消費したが、それはイングランドの二つの大学［オックスフォードとケンブリッジ］の経費に匹敵するものであった。(30) 初年度だけをとってもカレッジの諸活動に使用された経費は総額七万八七五〇ポンドに達し、ヨーロッパ人教授には月額約三二〇ポンド、アジア人教員にはその五〇分の一から一〇分の一の額が給与として支払われた。(31)

イギリスの組織としてのカレッジ

喜望峰を越えると多くのイギリス人は奇妙な変化を経験し、彼らが目指す東洋と同じくらい奇妙になる。もっとも、このことはイギリスの貴族にのみ見られる特異な現象であり、その影響はインドでの統治に限定され、「本国の」イギリス社会にはなんら深刻な結果をもたらさなかった。こう論じることは――実際に一部の歴史家はそう言っているのだが――もちろん可能である。(32)

三つの点について考察することは、この問題を検討する助けとなる。実のところ、監督局は、フォート・ウィリアム・カレッジ建設計画にかなりの熱意を寄せていた。ごく少数の福音主義者のみが、インド亜大陸の価値観にあまりに強く身をさらすことでキリスト教の価値観を失うことの危険性に警鐘を鳴らしていた。東インド会社の取締役たちは、自然哲学と実験哲学の訓練を施すことを望んでいたが、現地で適当な教員を見つけるのは困難だと予想していたので、自腹を切って著名なスコットランド人科学者のジェイムズ・ディンウィディー（一七四六〜一八一五年）をカルカッタに派遣した。商務院では東洋についてのエキスパートであったディンウィディーは、近年のフランスにおける爆薬の技術革新にも通暁していた。[33]

カレッジ草創期におけるウェルズリの無節制ともいえる出費が、深刻な金融危機のためにすでに無配当に陥っていた東インド会社の株主たちの意にそぐわなかったのは無理からぬことであった。しかし、一八〇二年に監督局長官に任命された同じくアイルランド人の保守派で、革命思想に対する防波堤としてのカレッジの潜在性をいち早く見抜いていたカースルレイ卿は、総督に無条件の支持を与えた。ウェルズリの計画を完全に阻止するのは不可能な状況で、株主たちは妥協案を受け入れた。すなわち、ヨーロッパ文化についての教育を施す拠点をイングランドに移したうえで、幹部候補生がインドに旅立つ前にそれを履修させることにしたのである。会社取締役のデイヴィッド・スコットの言葉を借りれば、「カレッジは自由な貿易を求める主張の犠牲になった」のであった。[34] にもかかわらず、ヨーロッパ人とインド人の教員を連携させるというウェルズリの計画は維持された。一八〇六年、ヘイリーベリーに東インド・カレッジが開設されると、未来の東インド会社従業員の育成に携わるべく、政治経済学者のトマス・マルサスのようなイングランドの学識者たちと並んでインド人の教員が招聘された。帝都に新たに建てられたこの学校のカリキュラムにも、ウェルズリの計画の影響が見てとれた。[35] 一八〇一年から一八三一年の閉鎖に至るまでの間に、フォート・ウィリアム・カレッジは毎年約四〇人の幹部候補生を受け入れた。インド各地で一〇〜一二年間過ごした後、彼らはイギリスに帰国して「ネイボッブ（nabob）」として生きるか、東インド会社の上級職に就くか、政治家となるか――このうち成功した者は下院議員に選出されることもあった――、はたまた、科学を生業とするかした。最後に、ジェイムズ・ミルやトマス・バビントン・マコーリーといったイギリスとインドで一八三〇年代初頭の教育改革を主唱した先駆者たちはみな、フォート・ウィリアム・カレッジをめぐる論争ではカレッジの主要な擁護者であったということも指摘しておきたい。ウェルズリのフォート・ウィリアム・カレッジ計画は、最終的に、専門家ネットワークに忠実な新たな中流階級の誕生に逢着したのであり、そこでは、熟達した職能と系統化された組織体系が彼らの意識とアイデンティティを規定していたのであった。

一八五八年の東インド会社の解散とヘイリーベリー校の閉鎖により、インド高等文官候補生の養成はオックスフォードに移管されることになった。インド研究所が一八八三年に創設され、現在その建物は同大学の歴史学部が使用しているが、その礎石に刻まれたサンスクリット語の碑銘は、植民地支配体制全体を支えた偉大な行政官たちの共通の出自を物語っている。

東洋の諸科学に捧げられたこの建物は、アーリヤ人（インド人とイングランド人）が使用することを目的として、学術の振興を祈念する傑出し慈愛に満ちた人々によって創られた。〔……〕神の恩恵により、インドについての学芸および学識がその栄誉ある地位をとこしえに保たんことを。そして、インドとイングランドの相互の友情がますます強固にならんことを。

たとえ、少なくともこの場合には、インドにおけるイギリス人が特異な集団だったという説明が成り立たないにしても、また、インドにおけるウェルズリの教育計画がイギリスと帝国の教育政策に重要な影響を及ぼしたということが完全に明白だとは言い難いにしても、私は読者に次のように述べておきたい。すなわち、植民地インドは近代をつくりあげていくうえでの実験場としてのみ用いられ、インドで成果を挙げた改革のみが本国で採用されたという正反対の主張に誘惑されないよう注意してほしいのである。

結論として、私はまったく異なる解釈を提示したい。フォート・ウィリアム・カレッジ計画がどれほど前衛的にみえたとしても、それは一九世紀初めのイギリスにおいて決して特異なものではなかった――その本質は、一個人の願望を越えたはるかに多くの要素から成り立っていた。イングランドの改革者たちは、フランス革命が生み出した恐怖とともに、イギリスを激しく揺さぶっていたもうひとつの革命――産業革命――がもたらした機会を利用して、秩序を維持するための公教育の整備を推し進めようとしていたが、フォート・ウィリアム・カレッジ計画はまさしくそうした運動の一翼を担っていたのであった[36]。彼ら改革者たちは、産業革命が生み出した進取の精神を応用することで最終的に地域の貧困は減り、結果として、社会的大変動の危険性は低下するとした。ここでは、科学と宗教は心地よい同衾者であった。例えば、ウィリアム・パーリー牧師――ジョン・メイナード・ケインズは、マルサスの政治経済学に知的影響を及ぼした一人として彼を高く評価し、ある時期のケンブリッジにおける彼の影響力をニュートンのそれに次ぐものと考えた――は、自然におけるヒエラルキーの存在は社会におけるヒエラルキーの存在の科学的証明であるとする観念を普及させた[37]。さらに、功利主義の色彩を帯びた「科学的なフィランスロピー」という考え方の影響を受けて、貧民の状態改善協会と農業委員会はともに、公教育を推進するための諸事業を開始しようとした[38]。このイデオロギーは、本国と植民地のさまざまな組織・機関の配置によって体現されることで、一九世紀を通じて、イギリスの社会と膨張し続ける帝国が自らの覇権を確かなものとするために自身を再編成しようとする、そのやり方を決定していくことになる。二つの革命は知識、教育、社会統制に対する新たな態度を生み出したのであり、フランス革命はこの時期に新しい組織が登場してくるきっかけのひとつにすぎなかったなどと言うことはできない。そうではなく、フランス革命は、それが突きつけた挑戦に応えるために従来とは異なる組織が必要であることを気づかせ、また、組織の活動のあり方にも影響を与えたのであった。

こうした類いの組織のなかで最も成功を収めたのは、間違いなく王立研究所であった。一七九九年に民間資金によって設立された王立研究所の「所有者」のなかには、東インド会社の取締役や株主が多数含まれていた。じつに、五八名の最初期の所有者のうち、三分の一以上は東インド会社の関係者であった[39]。カルカッタのカレッジと同様、王立研究所もまた同一の関心のなかから生まれてきたものだった——すなわち、科学の教育を通じて貧民たちのなかに正しい政治的・社会的態度を涵養することで、フランス革命への防波堤を築こうという関心である。王立研究所の所有者で東インドに精通するリチャード・ジョゼフ・サリヴァンとジョン・コックス・ヒッピスリーの二人は、ますます拡大する帝国に将来奉仕する人材を育成するための計画案を一七九九年に提出したが、それが思想の点でウェルズリの計画と奇妙なほど類似していたことは特筆されるべきである[40]。

王立研究所は、弾薬の化学的性質、農産物、皮革の保存などに関する科学の専門知識を商務院と東インド会社に提供することに加えて、大衆のための科学講義、科学雑誌の刊行、科学の実験器具のコレクション、一般公開用の実験室の設置といった野心的な計画を抱いていた[41]。ロンドンの人々は、「実験の魔術師」と呼ばれたハンフリー・デイヴィー（一七七八〜一八二九年）を見るために大挙して押し寄せた。一八〇二年の開会の辞で、デイヴィーは、社会が所有と不平等という二つの原理のうえに必然的に、また、正しく依って立っていることは科学が証明するところであると聴衆に断言した。

所有と労働の不平等な分離、人間内部での地位と境遇の違いは、文明的な生活における力の源泉、それを突き動かす原動力、さらにはその精髄なのであります。人類はより賢明でより幸福になることができると考え、またそれを望むことで、私たちはただ、社会の全体は知識と有用な技芸によって究極的に結び合わされるべきこと、さらに、ひとつの明確な目的をもって、それらが偉大な創始者の子孫としての役目を果たすべきことを期待することができるのです。さすれば、いかなる力も無用とならず、いかなる努力も無駄になるようなことはないでしょう。(42)

実際に、グローバル化するイギリスとその独創的で思いもかけない組み合わせを作る驚異的能力に直面して、フランス革命の理念は守勢にまわることになった。かくして、イギリス人は第一ラウンドに勝利し、フランスの普遍主義をその五角形［フランスのこと］の内部に封じ込めることに成功した。しかしながら、一九世紀の後半にインド人のエリートたちが自らをパートナーとして真剣に扱うように望み、しかも、イギリス人がフランス人を押さえ込むのに振りかざしたまさにその論理を掲げて自らの訴えを行うようになると、イギリス人は自縄自縛に陥ったのであった！

第5章　普及論を打破する
——一九世紀初期ベンガルにおける近代科学教育の制度化

近代科学教育のためのカレッジ

一八一六年五月一四日、五〇人以上のヒンドゥー教徒の一団が、カルカッタ最高裁判所の首席裁判官であるサー・エドワード・ハイド・イースト宅に集まり、「教養教育的なあり方をもって、キリスト教にはまったく言及することなしに、ヨーロッパの文芸および科学」をインドに導入するためのカレッジ設立について話し合った[1]。これらの男たちはみな、彼らが住む街と同じく、「イギリス」東インド会社によるベンガル征服にその存在理由《レゾン・デートル》と繁栄を負う、当時台頭中のカルカッタのヒンドゥー教徒エリート層出身であった。そのなかには、ゴピモホン・タゴール、バラバザールのモッリク家、ラダカント・デブ、ラムコモル・シェン、ボルドマンのマハラジャ・テージチャーンド・バハードゥルも含まれていた。イーストは、友人かつ同僚裁判官のジョン・ハーバート・ハリントン（フォート・ウィリアム・カレッジにおいてインドの東インド会社政府の法律・規則を専門とする教授でもあり、当時は一時帰休中——すなわち「本国《ホーム》」に帰省中——だった）宛の手紙でその場面を説明するなかで、「私は、大多数が集まることになっている部屋の隣の部屋で、主だったヒンドゥー教徒たちの何人かをまず歓待した」と書いている。

これらのパンディット〔学識者〕たち――そのほとんどが初対面でした――を紹介されました。〔……〕最高位のパンディットが、閉じた両手を私に向かって差し出してきました。彼が我々のイングランド式の握手を望んでいると思い、私が自分の手を出すと、彼は手をひらいてたくさんの小さな甘い香りの花を見せて私の手の中にすべて移し、これらは学問（literature）の花であり、この場をかりて私に贈りたい、是非受け取ってほしい、と述べました。〔……〕私はそれらの花を顔まで持ち上げ、彼に言いました。その甘い香りから、彼と仲間たちの助けによって彼の国に学問の花だけでなく道徳の花が咲くことを確信しました、と。〔……〕およそ一〇万ルピーがヒンドゥー教徒たちによって寄付され、そのうち半分はすでに支払われ、残りはこれから集金する運びとなっています。(2)

カルカッタのヒンドゥー・カレッジ（図14）は、一八一七年一月二〇日に正式に開校した。都市部のヒンドゥー教徒エリート層（すなわち、この世紀の後半にボッドロロク（*bhadralok*）と呼ばれるようになる人々）による管理と資金によって運営され、「リスペクタブル（respectable）なヒンドゥー家庭」の子弟だけが入学を認められ、「ともに食事はとらないが、ともに教えられる」ことになっていた。(3)当初、それは二つのセクションに分けられており、ひとつは学校、すなわちパトシャラ（*pathshala*）で、英語、ベンガル語とその文法、そして算術の初等教育を提供するものであり、もうひとつはカレッジ、すなわちモハパトシャラ（*mahapathshala*）である。後者の最初のカリキュラムは、英語とベンガル語の両言語による「読み、書き、文法、算術」だけでなく「歴史、地理、年代学、天文学、数学、化学、その他諸科学の教育」から成っていた。(4)「イギリス的な道徳体系」もまた強調されていた。(5)開校当日の段階で、名簿には二〇人の生徒の名があったが、その数は三カ月以内に六九人にまで増加し、一八二八年には在籍者数が四〇〇名を超えることになる。(6)この施設は、南アジアにおける「近代」教育、とりわけ「近代」科学教育の制度化において特に重要な位置を占めた。実際、それはヨーロッパおよび北アメリカ以外の地ではその種の最初のものであり、インド亜大陸各地におけるその後の学校やカレッジ設立のモデルとなった。すでに一八三〇年代初めには、ヒンドゥー・カレッジの卒業生の多くが植民地インドの各地へと移住し始めており、彼らの多くがそこで教育施設を創設していった。(7) ヒンドゥー・カレッジはその後、プレジデンシー・カレッジと呼ばれる今日の組織となり、カルカッタ大学の中核となった。

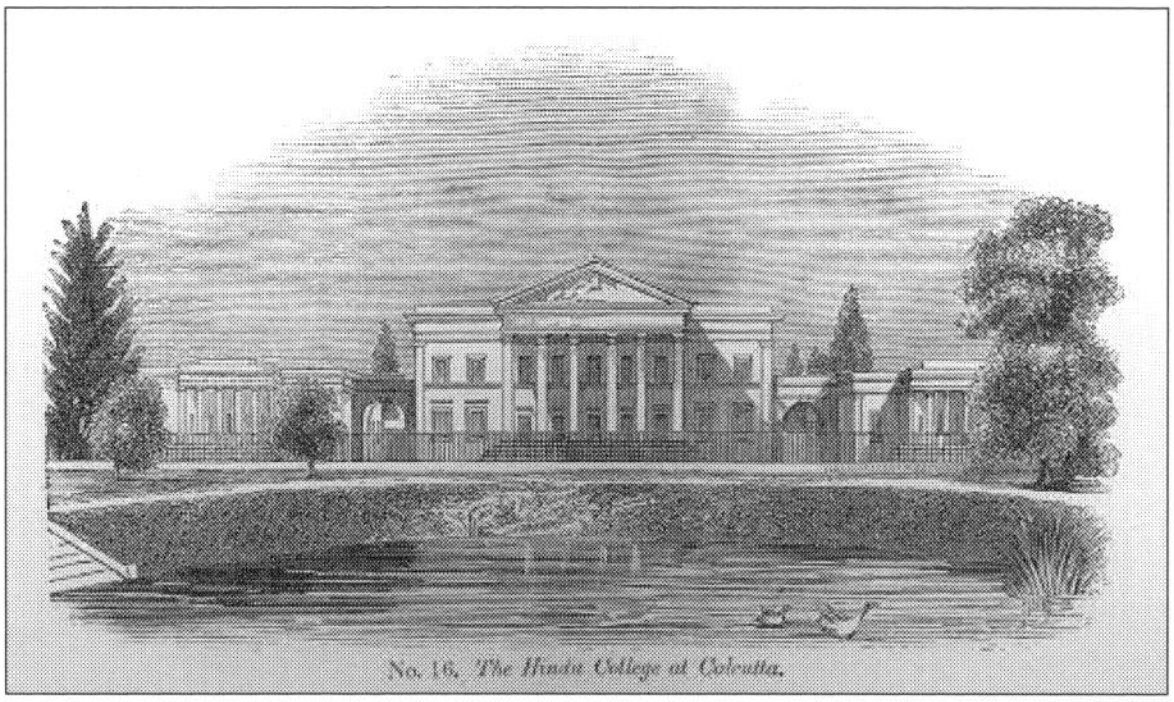

図14　カルカッタのヒンドゥー・カレッジ

一八一六年、ある教科書協会がカルカッタに設立された。その多くがヒンドゥー・カレッジおよびフォート・ウィリアム・カレッジと密接なつながりをもつ、タリニチョロン・ミットラ、ラダカント・デブ、ムリットゥンジョイ・ビッダロンカルといったインド人、および少数の東インド会社のイギリス人官吏によって共同運営されていくこのカルカッタ教科書協会(the Calcutta School Book Society) は、ベンガルの教育に近代科学を導入するにあたって重要な役割を果たし、この協会のおかげで多くの安価な、宗教色のない教科書が英語でも現地語《ヴァナキュラー》でも手に入るようになり、そのなかにはヒンドゥー・カレッジで教えられていた自然科学系科目用のものも多く含まれていた。重要なことに、その会則のひとつによって、「宗教的書物を供給することは、この組織の趣旨の一部をなすものではない――ただしこの制約は、いかなる人の宗教的感情にも干渉することなしに理解力を拡大させ人格を向上させると考えられている道徳小冊子 (moral tract) の、あるいは道徳的傾向をもつ作品の供給を妨げることを決して意図するものではない」とされていた。[8] 実際、宗教とは分離されたところで、道徳教育はカリキュラムの非常に重要な一部と見なされていた。

一九世紀への変わり目にヨーロッパ的学問が植民地インドに押しつけられた、ということが通念となっている。しかし、それは史実によって裏付けられていない。一八世紀の最後の数十年および一九世紀初頭、インドのイギリス人は新たに獲得した領土において、どちらかといえば、現地の学問を維持することに精力的だったといえる。一七八一年、一方では、「ムガル帝国の衰退に伴って学問が衰退してしまい、インドには、今では［その］痕跡しか残っていないものの、インドおよびペルシアの両方におけるすべての洗練された朝廷の矜持であり、すべてのよく統率された政府の智恵であった」伝統的学問のための機関を作るという「かなりの数の、名望家で教養あるムスリム男性」からの要望に応えるかたちで、また他方では、「法廷のための官吏を養成することを視野に入れて」――イスラーム教がベンガルの公的宗教であり、ペルシア語がいまだ法廷言語であったことを我々は忘れるべきではない――、ウォーレン・ヘイスティングズはカルカッタにおける「マドラサ（*madrassa*）」の設立を援助した。[9]「すべてイスラーム文化に従って」[10] 教えられた科目はアラビア語、ペルシア語、イスラーム法であり、後には自然哲学、天文学、幾何学、論理学、修辞学、雄弁術等も追加さ

図 15　ヒンドゥー・カレッジの生徒

れた。数年後の一七九二年には、彼らは、「ヒンドゥー教徒の法、文芸、宗教の存続と修練」のためにワーラーナシーにおけるヒンドゥー・カレッジ設立のスポンサーとなっていた(11)。その課程は神学、儀礼、医学、音楽、技術、文法、韻律論、聖典語彙学、数学、形而上学、論理学、法学、歴史学、倫理学、哲学、詩学から成っていた(12)。デイヴィッド・コフは、一九世紀の最初の数十年間におけるイギリス人の東洋学者《オリエンタリスト》たちによる「東洋的」学問の南アジアの人々への伝播の軌跡――南アジアの人々は自分たち自身の利害と自己像に従ってそれを再解釈した――をかなり説得的に辿っている(13)。

他方、「ヨーロッパ的」学問は、ベンガルの現地の人々に対して強制的に押しつけられたどころか、彼らのある層によって積極的に求められたのであり、それは、この章の冒頭に引用したいくつかの文章が証拠として十分に明らかにしているとおりである。実際、正式な「ヨーロッパ的」学問に対するベンガル人エリートの強い関心は、南アジア的学問に対するイギリス人の強い関心にぴったりと対応するものであり、二つの共同体《コミュニティ》の間の知識および知識に関連する諸実践を通して発展した、と言うこともできよう。実際、ヒンドゥー・カレッジにゆかりのある人々の多くが、ムンシー、バニヤー、または個別のヨーロッパ人たちに仕える仲介者あるいはその子孫、もしくは植民地行政府の役人であった。なかには、フォート・ウィリアム・カレッジに密に関わっている者さえいたのである。

近代科学とボッドロロクの自己成型

この都市エリート層は、ヒンドゥー・カレッジとカルカッタ教科書協会を設立するにあたって、イギリスの知識活動に通暁しようとした。それは、亜大陸到着以来イギリス人が南アジア的知識に対してしてきたのと同様であったが、それ以前の三〇年間よりもさらに組織的だった。これは明らかに、ヨーロッパと現地の人々との間の仲介者――すなわち文化の密輸業者（*passeurs culturels*）――としての明確なアイデンティティをもった新たな現地人エリートとして自分たちを確立しようという、ボッドロロクの戦略の一環だった[14]。実際、「泥でできた家がまばらにある村」からアジアで最大の貿易の手形交換所《クリアリングハウス》、そしてイギリス帝国の第二の都市になるまでにカルカッタが拡大していくにしたがって、この新たなエリート層も成長していったのである。そこにおいて、彼らはベンガルの農村部の組織全体および植民地行政によって開かれた新しい都市部の制度的組織――役所、司法、学校、そしてその他の専門職――への支配を確実にするために必要な資金と法的知識を得た[15]。英語の知識が彼らにとって経済的に不可欠だったということは、広く知られている――「英語を解さない人々も間違いなく仕事を見つけたが、ただ仕事といっても雀の涙のような給料しか出ないものだった[16]」。そして、一九世紀の最初の一〇年までには、先住者あるいはヨーロッパ人の経営による多くの私立学校がカルカッタ中に誕生した。ラダカンタ・デブ、ラムコモル・シェン、ダルカナト・タゴールのような男たちが英語での最初の授業を受けたのはそういった施設にほかならなかった。

しかしながら、ヒンドゥー・カレッジを設立することで、これらの男たちは単なる言語教育機関以上のものを求めていたのであり、それはカリキュラムが示すとおりである。カルカッタの成長率およびイギリス人が組織した教育と行政を制度化する潮流――その初期の例はすでに前章で見た――を考えると、一八一〇年代の中頃までには、新たに出現しつつある植民地社会の内部で新たなエリート層の特権的な地位を恒久化するために必要な知識を獲得することは、インフォーマルな、個人ベースのやり方ではもはや不可能だった。このエリート層にとっても、いまこそまさにその教育および訓練を標準化すべき時だった。実際、教育そのものが、まさにエリートの特徴を示すものとなったのである――「この学校こそが、ボッドロロクの社会への扉なのだ」と、一〇〇年後の一九三〇年にサイモン委員会[1]が述べることになるゆえんである。[17]

このように、新しい形態の教育に対するベンガル人エリートの積極的な関心のおかげで、亜大陸へヨーロッパ的な知の実践が導入されるストーリーは、一般にもたれているような、西洋外部におけるその広まりの普及論的なイメージとは、うまく噛み合わない。実際、このストーリーは、普及――それは受動的な概念である――のストーリーではまったくなく、知およびそれに関連する実践の束の積極的な受容と流用のストーリーなのである。この章で見ていくとおり、ヒンドゥー・カレッジの目的に示されているように、期待された事柄さえもが、インドのヨーロッパ人の実践と構想にも、同時代のイギリスにおけるカリキュラムにも対応するものではなかった。

こうした交換の大部分がインド人指導者たちの経済的野心および植民地的状況の非対称性によって決定付けられていたことをただちに認める一方で――ヒンドゥー・カレッジのわずかな資力とフォート・ウィリアムの施設のそれとを比較するとよいし、また、前者が民間の資金で賄われていたのに対して後者が世界で最も富める長距離貿易の株式会社の資金供与を受け、イギリス議会からも許可されていたという事実に留意するとよい――、私は、この交換の少なくとも一部が、新たなアイデンティティと正当性を求める新しいベンガル人エリートの自己成型の野心および理想によっても形づくられた、ということを提唱したい。

アイデンティティの形成は何十年にもわたって非常によく研究されてきた現象だが、このプロセスのひとつの側面が、とりわけ知的エリートにとっては、ある種の知の理想の定義化を意味しているのだ、ということを私は提起したい。私は、これらの理想を「知のイメージ」と呼ぶが、それによって意味するのは、ある歴史の時点においてある社会集団の価値体系の内部で知が占める場所である。ある集団にとっての「知のイメージ」には、以下のような問いへの答えが伴っている。何が知として数えられるのか。いかなる手段――物質的なものと社会的なものの両方――によってそれは獲得され、あるいは生産されるのか。それはいかにして、また誰によって認証されることになるのか。誰の言葉が信頼に足るとされるのか。いかなる手段――例えば口頭あるいは文章――によってそれは伝達されるのか。誰によって、そして誰に対して伝達されるのか。誰が、もしくはどの集団が、その知をコントロールするのか。それが彼らにどのような権力を与えるのか。より一般的には、どのような約束をこの知が社会全般に差し出すのか、等々である。[18] このイメージは、あるひとつの社会における社会的相互作用のフレームワークの一部を成し、かつそこにおいて重要な役割を果たすものであり、このフレームワーク内での変化は、それに対応する知のイメージの再構成を要請することになる。

以前私は、ボッドロロクがバラモン的な知の概念――一九世紀までにヨーロッパの科学を大きく特徴づけるようになっていた実験の実践的な本質よりはるかに、抽象的な概念化に専念する「清浄」な活動という概念――に基づいたイメージを作り上げた、と主張した。政治体制がそうであったのと同じく、ヴェーダ的な（Vedic）ヒンドゥー教もまた数世紀の間に劇的に変化していたけれども、私は、「清浄」な活動としてのこの知のイメージはほぼ変化することなく残っており、そしてついに、ボッドロロクによる自己アイデンティティの探求において再浮上した、と主張した。[19] この筋書きは、ヨーロッパ人に対しては歴史的に変化する心理的特徴を付与する一方で、南アジアの人々に対しては静的で一枚岩的な特徴を押しつけてしまう限りにおいて、手厳しく――そして正当に――批判された。

私はこのトピックを再訪するにあたって、ベンガル人エリートの知のイメージは所与のものではなく、まさにこのカレッジのカリキュラムの内容をめぐるメンバー間の論争を通し、年月をかけて練り上げられていったという事実を何よりもまず強調したい。軋轢の最初の兆候は、イーストのハリントンへの手紙に見られるが、そこで彼は自宅での会合における出来事を次のように詳述している。

その後、その日の議事に進む前に、来客の何人かと話していると、私は、特にそのなかの一人で、高カーストのバラモンであり富と影響力をもつある人が概してラムモホン・ロイ（ラーム・モーハン・ローイ）〔……〕（彼は最近ヒンドゥー教の偶像崇拝を批判する文章を書き、同郷の人々をかなりきつく非難していました）に敵対していることに気づきました。彼は、ラムモハン・ロイからの寄付は受けつけないようにしよう、との希望を表明しました。私がなぜかと問うと、「彼が進んで我々から離れ、そして我々の宗教を攻撃する道を選んだからだ」と答えました。私は「自分はラムモホンの宗教が何であるかを知らないし（ある種の唯一神教《ユニテリアン》とは聞いていましたが）、彼とは知人でもなければ一切やりとりをしたこともありませんが、しかし、私がキリスト教徒であること、そして自分の力の限りにおいて真面目な信者であることが、あなた方の事業への私の寄付の受け取り拒否につながらないことを望みます」と、重苦しくならないように言いました。そして彼も同じような調子ですぐに「いえいえ、まったくそんなことはありません。我々はあなたからのお金を喜んで受け取ります。しかし、自分自身もヒンドゥーでありながら我々を公に罵り、我々と我々の宗教に反対する文章を書いたラムモホン・ロイに関しては、事情が異なります。そして、私は我々の宗教を変える意図が存在しないということを望みます」と答えました。〔……〕以前からたびたび言ってきたように、こうしたフランクな付き合い方は、彼らから個人的な好意と信頼を得るのに最良の方法です。ある別の機会に、私はある非常に思慮深いバラモンに、彼のグループのメンバーの幾人かをしてかくもラムモホンに対して憤らせるものは一体何なのかと尋ねたことがありました。彼は、実のところ、ラムモホンほどの重要人物が自分たちに公に反対するから嫌われているのだ、そして彼自身ラムモホンにそれを改めるよう助言した、と言いました。彼は、もし同郷の人々に何か文句があるなら、私的な助言と説得をもってそれを修正しようとすべきだった、とラムモホンに言ったのでした。〔……〕彼らは、ラムモホンが継続的に〔イスラーム教徒に〕囲まれているのを特に嫌悪し、彼らと一緒に彼が食事をとっているではと疑っていました。[20]

これらの男たちとラムモホンおよび彼と同類の人々との間の論争は、ベンガル史のよく知られた一面であり、しばしば言及されてきた。私はただ、教育の文脈でこの争いにおいて主に問題にされていたのは、この新たに台頭しつつあるエリート層が信奉する知のイメージだった、ということだけを強調しておきたい。そこで私は、神話的な歴史的過去の心性を再構築しようとすることによってではなく、カルカッタのヒンドゥー・カレッジの初めの数年間の歴史的証拠を通して、知のイメージに関する自分のテーゼを例証することを試みたい。

しかしそうする前に、少し脱線して、同時代のイギリスにおける諸科学の地位およびその教育、すなわち、カルカッタの諸機関を設立する最初のアイデアの源と一般的に見なされているものを見てみようと思う。イギリスの帝国的空間内における知とそれにまつわる実践の循環において最も重要なベクトルである、当時の東インド会社およびベンガルのイギリス人の知的土壌について、少しばかり語ることから始めよう。

一九世紀初期にイギリス人に混じって学問をするということ

はじめに、書記官と候補生——東インド会社の若い新入社員はそう呼ばれた——の圧倒的多数が、大学教育は言うに及ばず、「三数法と商業簿記」の初歩的な訓練以上のものを受けていなかった、ということを想起すべきである。[21] 儲けの多い商業活動がもたらす余暇の時間を使った知的探究を強く好む数少ないインドのイングランド人は、彼らがたいてい属していた一八世紀の「グレート・スクール（Great School）」とオックスフォード的貴族の流儀通りに、古典ギリシアとラテンの思想に取り憑かれていた。[22] インドに到着するやいなや、彼らの一握りは、特に私有財産および契約に関係する法理学の問題との関連、そして聖書年代学との関連から、サンスクリット語、ペルシア語、アラビア語によって書かれたものに興味をもった。彼らの東洋的学問への傾倒を最もよく証明するのは、一八〇〇年に東インド会社当局が――前章で見たとおり――カルカッタのフォート・ウィリアムにカレッジを設立したことである。一九世紀初期の、学問の領域における都市部ベンガル人とイギリス人の間の最初の持続的な制度的接触をもたらし、彼らのそれぞれの文化の伝達において決して小さくない役割を果たしたのが、ほかでもなくこの機関だったことは、疑う余地がない。ただし、すべての面のうちで自然・実験科学だけは省かれていた。植民地支配者の文化のこの部門は、「カルカッタの」カレッジのカリキュラムにおいてさえ、ほとんど注目されていなかった。部下をもたないただ一人の自然・実験哲学の教授だったジェイムズ・ディンウィディーが、フォート・ウィリアム・カレッジの報告書や議事録においてほぼまったく言及されていないという事実は、この点をよく例示している。[23]

イギリスにおける東インド会社の方に目を向けると、まず最初に気づくのは、福音主義者、とりわけクラパム派(Clapham Sect)の事情がしだいに影響を増していくということである。[24] チャールズ・グラントの指揮の下、このグループは、例えば、フォート・ウィリアム・カレッジとの釣り合いを保つべく一八〇七年にイングランドにヘイリーベリー・カレッジを設立することによって、カルカッタの東洋学者たちの影響を制限する権限を東インド会社の取締役会で主張して認められた。インドに関する限り、福音主義者たちは教育をキリスト教的な行動規範を強化するための手段と見なし、彼らがヒンドゥー教徒の退化として認識したものの原因たる道徳的腐敗を取り除くために「我々の教養、哲学、宗教のシンプルな要素」を使うことを求めた。[25]

彼らの試みが「ヒンドゥー教徒のイギリス臣民」に、期待されたほど熱心には歓迎されなかったことは、まったくもって驚くにあたらない。というのは、もし後者に新しい諸概念を授けるよう取り組むとしても、その方法がこれではなかったことだけは確かだからであった。ヒンドゥー教徒の上級カーストに対し、ほぼいかなる点に関してもそれが彼らの欠点だと説くことは可能だったが、彼らを道徳的に腐敗していると言っておいてそのまま素通りすることはできなかった。さらに、最初に述べたとおり、ヒンドゥー教徒エリートは、宗教に言及することなく近代的な、リベラルで道徳的な教育制度をつくろうとしていた。高名な東洋学者のホーレス・ヘイマン・ウィルソン——オックスフォードのサンスクリットのボーデン講座教授、東インド会社の司書、ヘイリーベリー・カレッジおよびアディスコーム士官学校の客員東洋学者を歴任し、インドにおけるヨーロッパの学問の制度化を開拓した一人であった——は次のように述べている。

自分の信仰にだけ熱心で彼らの信仰には無知な者の言うことに、ヒンドゥー教徒は耳を貸さないであろう。すでに偶像崇拝を脱し、さまざまな信仰の比較論的な真実に関する議論を受け入れる素地をもつワーラーナシーの宗教家の一派に対して、ある非常に立派な牧師が「これらの翻訳を読みなさい」と言った。それに対する返答は「我々はあなた方の本を読むことに何ら異論はありません。しかし、あなた方が我々の本を読むまではその内容についての議論に入ることはありません」というものだった。これは都合が悪いか実行しがたいことであり、それ以上交流は続かなかった。これは、現地人と十分に意思疎通する唯一の手段——単に彼らの言語だけでなく書かれたものにも精通していること——が欠けているか、あるいは不完全であるために貴重な機会が失われた数多くの例のひとつである。そして、ヒンドゥー教徒のような鋭く、議論好きな人々にあっては、真実を受け入れるよう説く前に、彼らの方が誤っていると納得させなければならない。[26]

したがって、これらの試みはほとんど前進しなかった。

しかしながら、インドにおいてヨーロッパの科学が非常にうまくはまった、イギリス側の部門が存在した。それは、兵站学や、植物学、動物学、地図作成法、気象学、医学、獣医学、土木・軍事工学などの分野を含み、また、新たに征服された土地の全体像を描くこととも関係があった。イギリスにおける科学訓練の伝統に同調するかたちで、理想的には、卒業生がイギリスの限りなく拡大していく植民地官僚制の上級技術職——とりわけ、エンジニア、軍司令官、獣医師、医者、そして植物学者——に就けるよう組まれたカリキュラムによって教育を受けたスコットランドおよび北ヨーロッパの大学の医学博士そして神学博士たちが、植民地機構のこの部門のほとんどを占めていた。実際、一八世紀中頃までには、東インド会社軍の士官の四分の一以上がスコットランド人だったと推測される。(27) そして世紀が終わるまでには、彼らの割合は半分近くにまで達した。(28) しかしながら、手元の証拠は、この専門家集団は先住の人々への科学教育に特に関わっていたわけではないということを示している。むしろ、彼らは、仕事で接触をもつようになった先住者の専門家集団との相互交渉を通した新たな知の生成に積極的に関わっていた。

他方では、イングランドの大学——すなわちオックスフォードとケンブリッジ——からの科学分野の卒業生数は減少しており、それは一八世紀全体を通してそうであった。知的関心をもつますます多くの若者たちが独学で学ぶか、あるいは私立の学術団体で訓練を受けるようになった。(29) いずれにせよ、科学はいまだに宗教と非常に緊密につながっていた。そして、世俗的な観点から教育を授けようとする試みは、一八二八年のロンドン大学の設立という遅い時期——カルカッタの諸機関の設立の一一年後——においてさえ、イングランド社会のあらゆる方面から激しい抵抗に遭った。(30)

実際、イングランドにおける大衆科学教育の主な担い手は、非国教系——特にユニテリアンとバプティスト——の学術団体だった。彼らのうち、イングランドでの迫害を逃れてインドに避難する者も出てくることになった。一八世紀から一九世紀にかけての世紀転換期には、彼らの小さなグループ——主にウィリアム・キャレー、ジョシュア・マーシュマン、ウィリアム・ウォード、ウィリアム・イェーツからなる——が、カルカッタ郊外の小さなデンマーク人のコロニーだったスリラムプル（セランポル）に足場を設けるのに成功していた。藍工場経営者、しがない商人、そしてフォート・ウィリアム・カレッジのベンガル語教授であったウィリアム・キャレーの下で、バプティストたちはその大衆主義《ポピュリスト》的な思想をもって、一九世紀を通して多くの教科書を執筆・出版することになる。実際、彼らの大衆主義は、この地域の俗語《ヴァナキュラー》への強い関心のかたちで現れたのである。(31)

では、ベンガル人は当時イギリスで用意されていたさまざまな機関や一連の教育的ツールから何を使いえたのだろうか。イギリスとアイルランドで使用中の多くの本が当然のごとく翻訳されたり、あるいは廉価版のかたちでカルカッタで再出版されたりしたが、なかには現地用に特別に執筆されたものもあったことは疑いない。(32)

先住者による科学表象——二つの例

算術は、カルカッタ教科書協会がこの地域に合わせた教科書を編纂する特別な試みを行った科目のうちのひとつだった。

ベンガル語学校用の算術の完全な教育体系《システム》が我々にはない。その称号に値するためには、その課目は、（他の必須条件に加えて）現地人の間で使われるすべての、あるいはほぼすべての算術表から構成されなければならないし、またそれは、真の改善と見えるものであれば何でも現地人の体系《システム》から採用しなければならない。読むことも書くこともできない彼らの多くが高度な暗算の実践的知識を有する限りにおいて、算術が尊敬と注目において非常に重要な位置を占めるこの人々の独特の思考の習慣から、こうした性質の課目は内在的な価値のほかにも付随的な価値を有している。[33]

今日の合理主義者には十分変に聞こえるかもしれないが、実際、南アジアの人々は彼ら自身の算術体系《システム》を持っているということが気づかれ、受け入れられた。貴族院での証言において一九世紀の最初の数十年間に言及しながら、ホーレス・ヘイマン・ウィルソンは、インド人たちが計算で「頭」を使うことについて質問に答えるなかで、質問者たちに、実際にインド人たちが頭を使って計算すると答えた際、このことをかなり明確に表現した。

まさにそうです。実際、それゆえに、彼らの［計算の］過程は異論の余地のあるものです。彼らはさまざまな演算を石板に書きますが、過程を消し落とし、結果しか残しません。〔……〕彼らにも過程はあります。しかし、もし結論にいかに達したかを示すよう彼らに尋ねても、出てくるのは結論だけです。彼らは結果以外はすべて消し去ってしまうのであり、彼らの計算方法を示すものは目の前には何もありません。[34]

現地の計算体系に基づいた算術の教科書を提供する試みのうち最も注目すべき成果は、ロバート・メイ牧師の『ゴニト（*Gonito*）』だった。[35]この本は、同時期に教科書協会によって刊行されたもう一冊の本、ジョン・ハールによる『ガニタンカ（*Ganitanka*）』すなわち『算術（*Arithmetic*）』――広く出回り、同じようにベンガル語で「ヨーロッパ人の手法だけでなく現地人の手法に適ったものを組み合わせ」ていた――よりも、たいてい好まれたと報告されている。[36]メイの本があまりに人気があったために、カルカッタ教科書協会の『第二報告書』は、第一版で五〇〇部しか印刷していなかったことを残念がった。というのは、「それらが、それを手に入れようとするあらゆる階層の現地人の貪欲さのために、すぐに無くなってしまった」からである。[37]そして、協会のメンバーの一人は、続けて次のように述べた。

もともとメイ氏によって編纂された我々の『ゴニト』は非常に人気を博している〔……〕現地人に彼ら自身の算術を与えることによって、我々がなしうるような改善や追加の道を開けることを示せるかもしれない。さらに、本の種類は増やされるべきで、それには多くの理由がある。ある本にはその本に適当な空間というものが存在することがある。メイ氏の『ゴニト』は私立学校《インディペンデント・スクール》の校長たちの大半にとってより受け入れやすい一方、ハール氏の『算術』はブルドワンとチンスーラの両校で使用されるだろう。(38)

この二冊の本の詳細な比較ができなくても――私はこれまでのところメイの『ゴニト』を発見できていない――、少なくとも我々は、近代科学をインドに導入するにあたって、先住者の思考法を考慮に入れた新たな教科書(純粋に「西洋的」でもなければ純粋に「南アジア的」でもないもの)が執筆されなければならなかった、と記すことができる。

だが、インドにおける教育の熱烈なイギリス人支持者が、良い科学訓練に不可欠であると彼らが思ったものを導入するのに積極的な役割を果たそうと決断したとき、何が起こったのか。これを調べるまたとない機会として、ロンドンに拠点を置く英印協会によるヒンドゥー・カレッジへの科学器具の寄贈について見てみるとよい。実際、一八二一年に「英領インドおよび近接領域の現地住民の知的・道徳的向上を促進する」ために設立されたこの協会は、「資金、医学・科学的指導、自然哲学装置(philosophical apparatus)および外科装置等を随時供給することで、そうした教育を推奨、援助、支援するために実行可能なあらゆる方法を採る」ことを決議していた。(39)カルカッタ教科書協会と相談の上、そして、カルカッタで印刷される教科書――メイとハールの算術書を含む――の委託販売を引き受ける見返りに、英印協会は一八二三年前半に「東インド会社の船であるハイス号で〔哲学装置および書籍〕数セット」を送っていた。(40)

「特許更新をめぐる東インド会社の情勢に関する下院の特別委員会」（一八三一～三二年）に提出されたトマス・フィッシャーの有名な「インド人の教育に関する覚書」には、次のような記述がある。

一八二三年七月三日、当時ベンガル参事会のメンバーだったジョン・ハーバート・ハリントンは、ロンドンの英印協会の幹事が彼自身および故サー・ヘンリー・ブロセットに宛てた手紙を政府に提出した。それは、カルカッタ・ヒンドゥー・サンスクリット・カレッジの委員会が有能な講師を雇う資金をもっている場合に、カレッジ〔したがって講師〕が自由に使用できるようにするために、東インド会社取締役会の許可によって大きな自然哲学装置を運賃無料でインドに送るよう助言するものであった。

自然哲学装置とともに、参照する機会のありそうな講師およびそれ以外の人のために相当数の科学科目の書籍も送られた〔……〕。

自然哲学装置は、重要でない品目があまたあるなかで、以下から成っていた。

機械動力一式	磁石装置一式
旋回テーブル・装置一式	ファーガソンの高温計灯、等
付属物付き九インチ円柱電気機械（ここでの付属物とはつまり、絶縁台、サンダーハウス（thunder-house）、三つの鐘、マジック・ピクチャー（magic picture）、空気銃、螺旋管、銅板および銅台、ヘッド・ウィズ・ヘア（head with hair）、三脚台、スワン・アンド・スター（swan and star）、ユニバーサル放電（universal discharge）、プレス・アンド・ダイヤモンドジャー（press and diamond jar）、ブ	大きなツゲ製の幾何形体一式

リキ発火箱（a tin fire house）	
八つの音楽の鐘一式	大型の二連式空気ポンプと空気受け
のこぎり一式	改良型のテーブル式化学物質溶解炉、およびそのための化学装置一式
水ポンプと押上げポンプの模型	改良型のガス容器、ブリキおよびガラスの容器
空気管	ガラスや空気袋等を使った実験用の止め栓装置一式
火薬装置	ウルフのガラス蒸留装置
銅ビン用のおもし一式	化学検査器具等を含む五六本の薬瓶付きのマホガニー製の道具箱
真空噴水	アルコールランプと真鍮製スライド式リングスタンド
二また天秤	可燃空気ランプ
トリチェリ装置	空気圧水槽
静水圧鞴（ふいご）、ガラス管、真鍮管	頭および栓（head and stopper）付きのガラス蒸留器
静水天秤	水銀槽
四つの改良型ガルバニ電池一式と一緒に、ガルバニ槽および板	蒸発皿
完全な地球儀、月球儀、惑星儀の完成品	スライド付きの改良型幻燈

真鍮製半球	真空落下実験装置
改良型屈折赤道儀	付属物付き一八インチ地球儀
一二インチ月球儀	付属物付き一八インチ天体儀
ケース入り光学絹紐模型一式	アダムの講義全五巻、電気に関する論文
ガラスのプリズム、凸レンズ、不透明および透明の太陽顕微鏡	ブランドの『化学マニュアル』
三脚スタンドと付属物付き三・五倍のアクロメーター望遠鏡	ユアの『化学辞典』
二一枚の天文スライド一式	マッケンジーの一〇〇〇の化学実験、他のいくつかの科学書と一緒に

すべての経費〔……〕は、ベンガル政府の命令により、東インド会社に請求される。そして、受け取る資格を満たす人が見つかり次第、実験哲学の教授あるいは講師に割り当てられる給料も。[41]

いくらか探した後、カレッジの経営者たちおよび新設の公教育一般委員会のメンバーたちは、エンジニアでカルカッタ造幣局の貨幣品質検査助手でもあったデイヴィッド・ロスという適格の教員を見つけた。イングランドでは、この職業集団のメンバーたちが実践科学の大衆化を手助けするだけでなく、科学道具の制作および／あるいは公開実演に関わることは珍しいことではなかった。[42]しかしながら、プレジデンシー・カレッジの『百周年記念誌(*Centenary Volume*)』が明言しているように、「その化合物に頻繁に言及するために「ソーダ様《サーヒブ》(Soda Shahib)」というあだ名をつけられたデイヴィッド・ロスによって、一八二四年に科学の授業は始められたが、あまり成功しなかった」[43]。彼の授業の理論の部分――物性、運動法則、機械学、磁気学――にはより熱心なファンがいたわけなので、失敗がロス自身のせいだったかどうかは疑わしい。さらに、サンスクリット・カレッジの伝統を受けて数年後に開校されたメディカル・カレッジにおける彼の授業の方は、かなりうまくいっていた。ただしこの時、この機関は異なる社会集団の需要を満たしていた。興味深いことに、同じ『百周年記念誌』は、「風変わりだが有能な教師であるロバート〔実際にはジョン〕・タイラーの一八二八年の任命によって、数学の教育は向上した」と付け加えている[44]。ほぼ三〇年後にベンガルにおける教育の状態を回顧するなかで、ジェイムズ・カーもまたこの失敗経験に次のようにコメントした。すなわち、「面白い実験が猛勉強と数学の証明に取って代わられた。後の時代になって、実験講義は復活した。しかし、数カ月後にそれらは打ち切られ、長年、ヒンドゥー・カレッジが実験の光で活気づくことはまったくなかった」と[45]。かわりに、最もベンガル人の興味を起こさせたのは、数学と、自然科学のなかでも特に彼らが形式的で閉じられたシステムであると解釈した部分――さらなる研究のためには特に応用しやすい部分ではない――であったように思われる。

しかし、「教養のある階級とそうでない階級の両方の」インド人臣民が「ヨーロッパの文芸と科学をほとんどまったく評価していない」といまだに確信しているイギリス人は、ベンガル人の子どもたちにサンスクリット語、レトリック、聖典、法律、文法を教えるために、サンスクリット・カレッジをさらにもう一つ、今度はカルカッタに一八二四年に開校した。だが、これは新たなエリート層の興味をかきたてるものではなかった[46]。そのスポークスマンであるラムモホン・ロイは、今ではあまりにも有名な一八二三年一二月一一日の演説において、ヨーロッパの科学の教育を懇請した。そして、一八二七年にこの学校がカリキュラムに機械学、流体静力学、光学、天文学、数学、解剖学、医学――すべて英語で教えられる――を導入した際、九一人の学生のほぼ半数が、必修科目ではないにもかかわらず、これらを学ぶことを選択した[47]。サンスクリット・カレッジの文書記録の検証によって、「全般的に、伝統的な方法で訓練されたヒンドゥー教徒の学生たちは、西洋のコースワークに何の問題もなく対応できた」ことが判明している[48]。

まとめ

この章で私は、広く信じられている考え——科学をすべての文化に共通の現象として捉え、そして、その論理に説得力があるがために、科学的概念の伝達を問題なく進むものとして理解する考え——を前にし、ある歴史的な例を頼りにすることで、次のような反論をしようとした。すなわち、ある共同体の伝統的な知のイメージは、意味のあるやり方で、別の伝統において定式化された科学的言説を把握する仕方に実際に影響を与えるのであり、受容する側の文化で結果として起こる科学実践は、元の文化のものとは幾分違うのだ、と。また、持続的にヨーロッパ人と相互交渉した先住者の諸集団による、安定した教育カリキュラムを設ける試みを見ていくことによって、私は、これらの諸集団が自らの戦略によって、出現しつつある植民地体制のなかで自らの地位について再交渉するために新しい知識および実践を流用し、そして最終的に展開していくやり方を描こうとした。

最後に、遭遇の両側における仲介主体のこうした自己形成が、科学知の形成、遭遇の制度化、そして帝国化と同じプロセスの一部だったということに注意することが重要である。

第6章　旅人が機器になるとき

——英領期の南アジア人による一九世紀の中央アジア探検

〔……〕東方の諸民族の風習や感情は完全に知られることになるだろう。そして、我々の知識の限界は我々の帝国の境界に劣らず拡大されるだろう。

——サー・ウィリアム・ジョーンズ『ペルシア語の文法』

そうだ、それから道や山や川を記憶する方法も学ばねばならんぞ。その風景を目に焼きつけておいて、適当なときに紙に写しとる方法をな。きっといつか、おまえが測量助手になったら、いっしょに仕事をするときにこう言うだろう。「あの山に登って、向こうの様子を見てこい」〔……〕だが、測鎖を持ち歩くのは都合が悪いときがあるから、「補助的七つ道具」と呼ばれる物がなくても足で距離が測れるように、自分の歩測を知っておいたほうがいい。[1]

——ラドヤード・キプリング『少年キム』

カシュミール、一八六三年

一八六三年五月のある暖かい春の日に、二人の男——一人の南アジア人と一人のヨーロッパ人——が、カシュミールの都シュリーナガルの東方のある場所を、ヒマラヤの高地の曲がりくねった山道を延々と登り下りしつつ歩いている。巡礼者の杖を手に、南アジア人の方が先導し、ヨーロッパ人は細心の注意を払って同行者の歩数を数え測りながらぴったりと後をついていく。そう、彼の二〇〇〇歩がちょうど一マイルになるのだ。突然、彼らは立ち止まり、小さな石油ストーブに火をつけ、銅製の鍋をその上に載せる。——お茶を淹れるためだ、と思う人もいるかもしれない。しかし、お湯が沸き始めると直ちに、現地人の方が、自分の毛織の長衣の奥から小さな沸点温度計を出して見せ、鍋の中に突っ込む。彼はそれをしばし見つめ、それから同行の旅人に何かをささやく。彼らは再び歩き始める。しばらくすると、また立ち止まる。今度は先導する方の男が杖を置き、衣の下からスモーク・グラスを引っ張り出し、どこからともなく——まさに奇術師のように——小さな六分儀を出してみせると、それをグラスの上に据えて太陽を観測し始める。一瞬の後、彼はある数字を同行者に向かってつぶやく。すると同行者は、その人を寄せ付けない外貌にもかかわらず、もじゃもじゃのあごひげの下からほんのかすかに満足の微笑をもらす。その後、その南アジア人は掌に神秘的にも突如現れたコンパスを確かめる。次に、岩陰を探して、別の温度計を引っ張り出し、数分間放置してから一瞥し、同行のヨーロッパ人に何事かつぶやく。太陽が沈むと、二人はキャンプのテントに向かう。しかし、夜のとばりが下りるや、彼らは再び外に出てきて、六分儀を使って星を観測し始める。日ごと、夜ごとに彼らは同じことを繰り返す。六月一二日、ヨーロッパ人はシュリーナガルに戻り、他方現地人の同行者の方は、ラダックの都レーに向かう濃紺の制服を着た部隊の列に加わる。

意外に思われるかもしれないが、この二人は何かの舞台公演に向けた予行演習をしていたわけではない。このヨーロッパ人は「イギリスの」工兵隊の大尉トマス・ジョージ・モンゴメリ（図16）であり、当時カシュミール王国、つまり一六万平方マイル以上の地域の測量責任者であった。(1) このエアシャー出身のスコットランド人は、インドにおける東インド会社領の技師になる訓練を受けるべく、一八四五年に一五歳でイギリス東インド会社のアディスコーム［士官学校］に入った。そこで彼は四年間、厳格な行軍の教練と訓練を受けたのはもちろんのこと、それだけ

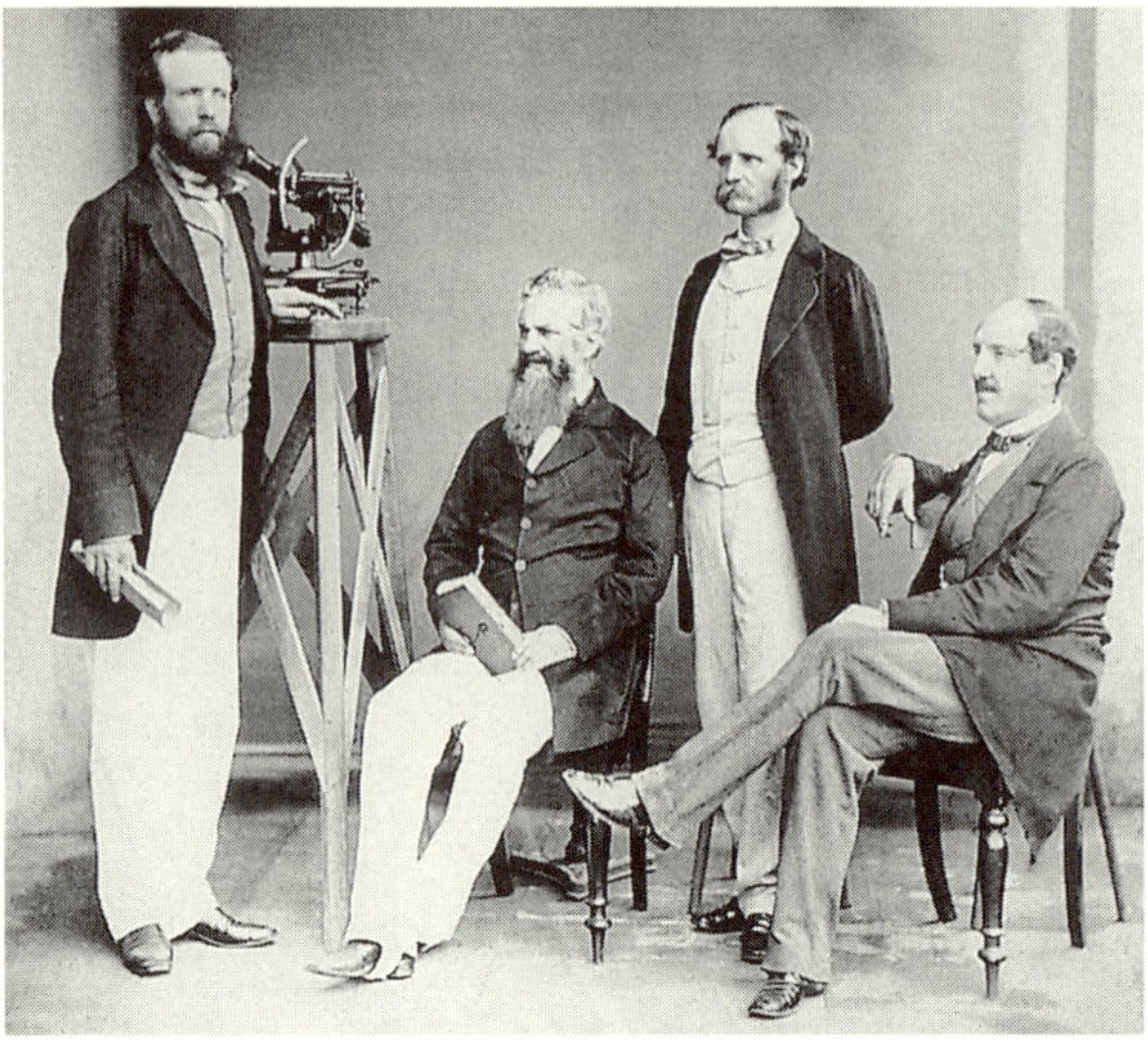

図16　トマス・ジョージ・モンゴメリ大尉（左端の，立っている人物）

ではなく微分・積分、方程式論、球面三角法、そして天文学の厳密さも学び、その年の最も優秀な学生に贈られるポロック・メダルを獲得した[2]。彼は一八四九年に中尉に任ぜられ、一八五一年にインドに着任した。そしてまもなく、会社の海外業務のなかで最も栄誉ある部署のひとつであったインド大三角測量局（Great Trigonometrical Survey of India）〔勤務〕に選ばれた。一八六四年に成し遂げたカシュミールの三角測量によって、彼はその翌年、王立地理学協会のファウンダーズ・メダルの金メダルを受賞した[3]。

この地方は世界でも最も過酷な場所のひとつである。当時の王立地理学協会会長サー・ロデリック・インペイ・マーチソンはスピーチのなかで次のように述べている。「あなたがヒンドゥスターンの暑熱の平野から地球上で最も高度の高い地方までを踏破されたこと、さらにその高地で、巨大な氷河の狭間で、なかにはモンブラン山の頂よりも五〇〇フィートも高いところに置かれたものまであった観測拠点において、正確な科学的観測を行ったという注目に値する事実についてよくよく考えたとき、我々はそのような立派な功績に対して称賛と褒賞を贈らずにはいられません。その功績は、素晴らしい能力と精力を示しています。この能力と精力で、あなたはあのような困難な測量を遂行されたのです[4]」。実際に、カシュミールでの任務はきわめて困難で、その後ずっとモンゴメリの健康に影響を及ぼしたほどであった。一八七三年に彼は退職とイギリスへの帰国を余儀なくされ、一八七八年一月三一日にバースで没した。四七歳であった。彼は、『王立地理学協会会誌 (*Journal of the Royal Geographical Society*)』に掲載された何十もの記事を著し、一八七二年には王立協会に選出され、一八七六年には大佐に昇進した。一八七五年には王立地理学協会とイギリス政府およびインド政庁を代表してパリで開催された国際地理学会に参加し、「パリ大学と公共教育のオフィシエ」勲章を授与された。

一八六三年五月、シュリーナガルの東方に位置するヒマラヤの高地で、モンゴメリは、端的に言えば、彼に同行していたマホメディ・ハミード[2]を知性ある計測機器に変えるために訓練していた。このような変身を遂げることで、一地方行政府の下級官吏にすぎなかった男が、ヒマラヤ山脈北方の中央アジア地域、つまり少なくとも地図上は中国帝国［当時は清朝］の一部であった、約一四〇万平方マイルに及ぶ広大な未知の土地《テラ・インコグニタ》の測量に参加することになったのである(5)。

しかし中国は、イギリスとのアヘン戦争によって著しく弱体化しており、帝国領の最辺境からは手を引いてしまっていた。そして、伸びつつあったロシアの影に、この地域への拡大を許していた。その影は、すでにオスマン帝国とイラン北部を越えて拡大していたのである。一八一二年にナポレオンが敗北してからというもの、イギリスはロシアを中央アジア交易の独占をめぐる競争の主たるライバルと見なし始めていた。ロシアの動きに、インドに侵攻してイギリスの支配からインドを奪おうとする大構想がある、と見る向きさえ一部にはあった。シムラーやダージリンのようなヒマラヤ山中のヒル・ステーションが、英領インドおよび／あるいは諸州の政治と軍事の本拠地として戦略的な重要性を獲得し始めるにつれ、ロシア恐怖症は北インドにおける一八五七年の反乱の後数年の間に頂点に達した。イギリス人は、これらの高原のリゾート地から亜大陸を統治しようとしたが、それは同時に、彼らが南アジア社会の主要部から孤立していくということでもあった(6)。

このような状況にあって、帝国の北辺境を確保するという問題は特別な緊急性を帯びた。というのも、我々が一般に考えるのとは逆に、ヒマラヤ山脈は自然による不可侵の境界だったわけではないからである。チベット人は、六世紀以来、ヒマラヤ山脈の麓の地方とヒンドゥスターン平野に侵攻しており、七世紀から一〇世紀にかけてはベンガル地方を支配したことさえあった。また、つい最近の一八四一年には、スィク教徒がチベット西部を攻撃し、マーナサローワル湖周辺の地域を短期間占領した。かくして、トランスヒマラヤ山脈は一九世紀半ばまでにはグレート・ゲーム（Great Game）の舞台となっていたのである。高地アジアの政治的支配をめぐって、陰の争いがイギリスとロシアのスパイたちの間で繰り広げられ、後年にはキプリングの名作『少年キム』（一九〇一年刊）によって永く伝えられることになった。このように、イギリスはその貴重な占有地を確保するため、いかなる代償を払ってでも、自分たちとツァーリの帝国［すなわちロシア］との間に横たわる、この広大な無人地帯を精密に測量し、安定化させなければならないと感じていた。では、この目的を達成せんとしたとき、ヴィクトリア朝時代の人の目には、いったい何が地理学——平時における、他の手段をもってする政治の延長であった、あの帝国の科学の女王——に勝ることができると思えたのだろうか。

一八六三年から八五年までの間に、一五人ものインド現地の人々が——そのほぼ全員がインド大三角測量局の下級職員だったが——この地方の綿密な地図を作るために、マホメディ・ハミードの例に倣うことになった。チベットを踏破するにはヒンドゥー教徒と仏教徒が、当時東トルキスタンとして知られていたところを縦横に進むためにはムスリムが、それぞれ活躍した。そのうち二人は殺され、一人は仲間だった中国人によって奴隷に売られた。さらに、もう一人はスパイ活動の疑義をかけられて、モンゴルの牢屋で七カ月を過ごした。彼らのほとんど全員が、危うく命を落としそうな盗賊との遭遇を経験したが、それにもかかわらず彼らの地理学的任務を完遂することに成功した。彼らは「パンディット（Pundits）」というコードネームで呼ばれ、当時の著名人としてイギリスの出版物における幾多の記事の主題となり、そしてヨーロッパ科学界から多数の賞を受賞した[3]。

まさに自分自身が山岳地帯の調査によって国際的な著名人となっていたモンゴメリが、なぜこれらのトランスヒマラヤの地に自ら出かけて測量することができなかったのか、当然疑問に思われることだろう。とどのつまり、初めて南アジアで相当の領土を征服してから一世紀の間に、イギリス人はインド亜大陸全域の——彼らの直接的な支配下にまだ入っていないところも含めて——測量に成功していた。しかし、トランスヒマラヤ地方に関しては

図 17　ヨーロッパ人の侵入者（おそらくは地理学者）の切り取られた首を持つアム川流域地方のキルギズ部族民

状況が異なっていた。

帝国としては弱体化したとはいえ、中国は依然としてその地方に居座り、ひがんだ目でイギリスを見ていた。チベット人たちは、自治とアイデンティティを失うまいと極度に気を配り、ヨーロッパ人に対してなおいっそう強い疑念を抱いていた。そのうえ、まだロシア皇帝《ツァーリ》の勢力圏に入っていなかった、いくつかの中央アジアのハーン国に向かった多数のイギリスの密使が、公然と吊るされるか首を切られるか、あるいは眠っている間に殺されるか、という身の毛のよだつような最期を遂げていた（図17）[4]。皮肉なことに、「グレート・ゲーム」という言い回しを発明したアーサー・コノリー大尉自身が、この致命的な代価を払った最初の人々のうちの一人となった。一八四二年六月に、彼はブハーラーで首を切られたのである。地理学は、他の手段をもってする政治の延長であったが、政治情勢はめぐりめぐって、他の手段をもってする地理学の延長を必要としたのであった。

東トルキスタン、一八六三〜六四年

かくして、カシュミールへ赴く任務の間のモンゴメリへの指示は、「イギリスの影響下にある地域を越えた地方に関する、我々の不完全な地理学的知識を訂正する手段を得る」ことを明言していた。しかし他方で、彼には「一行の安全を危うくすることも、あるいは政府を政治的混乱に陥れることも無益であろう」という警告も与えられていた[7]。この人里離れた山国をくまなく、辛抱強く三角測量をしてまわる間、モンゴメリはこれらの切実な要請を心に留めていた。一八六二年四月二日、モンゴメリはベンガル・アジア協会——彼はその一員であった——で行った、トルキスタンの地理に関する講義のなかで、過酷なトランスヒマラヤ地方を測量するために「現地人の密偵を雇うことの妥当性」について初めて言及した。[8] 彼は、いかにしてヒマラヤの商人が、チベットや中国領トルキスタンにきわめて自由に出入りできるのかを知って、このように変装した協力者がいれば、トランスヒマラヤのアジアに忍び込むことも可能であろう、と考えた。しかし彼は、たとえ数名の現地人を計画に加えることに成功したとしても、彼らには従来の測量技術が使えないだろう、ということも理解していた。彼の考えは、これらの現地の人々は歩数を数えて距離を測定した方がいい、ということであった。彼の協力者となった各人が、地形や勾配がどのようであろうと、自分の歩幅を一定にするよう訓練されることになった。彼らは、一マイルで二〇〇〇歩を数えるよう、つまり一歩につき三一と二分の一インチのペースを維持するよう訓練された。モンゴメリはその考えを練り上げて一八六二年七月二一日付の書簡でアジア協会に提出した。アジア協会は彼の計画を支持し、それを総督とインド参事会に送った。その計画は熱烈に認められ、インド政庁は「寛大にもそれを支持することに同意した」。[9]

モンゴメリは承認を得ると直ちに最初の協力者を探し始めた。そして彼は、「ムンシー（Moonshee）」なるコードネームでより広く知られるようになる、マホメディ・ハミードにその可能性を見出した。先に述べたような一カ月の集中的な訓練の後すぐに、モンゴメリは本格的な実験を準備し、彼の計画の実現可能性をテストすることにした。

ハミードは、カシュミールからのルートの地図を作りながら旅をして、一八六三年七月四日にレーに到着した。彼の新しい「[計測]機器」の信頼性に安堵して、モンゴメリはハミードに旅を続けるよう指示した。そうして「ムンシー」[5]は、八月二四日に、二人の従者と子馬一頭分の商品を伴った商人に変装して、ヤルカンドに向かうキャラバンに加わった。この目的地は偶然に選ばれたものではなかった。ヤルカンドは古《いにしえ》のシルクロード沿いのオアシスで、それゆえに中国、インド、そして中央アジアの間を結ぶ交易にとっての主要な交差点であった。その位置は一八世紀初頭にフランス人イエズス会士によって、また一八五〇年代にはシュラーギントヴァイト兄弟によって確定されていたけれども、モンゴメリは——他のイギリス人の同僚たちすべてとともに——彼らの算定は誤りだ

図 18　1831 年に行われたカルカッタの基線測量の様子を描いたこの図に見られるように，従来の測量技術では多くの人々と機器，そして費用のかかる構築物を用いた。それらには以下のものが含まれる。(1)太陽光線を避ける日よけ。［その下で］測微尺を使う基線の長さを確かめる。(2)測量用チェーン。(3)各種の三脚。(4)トランシット一式。(5)観測塔。

と信じていた。さらに、ヤルカンドは英領インドの境界からわずか一五日行程のところにあり、モンゴメリの推定では、レーのほぼ真北にあるはずだった。当時、経度測定は厄介な問題だったが、この最後の要素［つまりヤルカンドとレーの経度がほぼ同じだということ］のおかげで色々なことが大幅に容易になると思われた。装備としてハミードは、懐中六分儀、スモーク・グラスの人工水平儀、懐中コンパス、コンパスを見る際に安定した台になるよう握りを平らにした巡礼者用の杖、温度計二本、銀製の時計二個、銅製の水差しと温度計［のための湯］を沸かす石油ストーブ、夜に装置［の値］を読むのに役立つランタン、そして観察の結果を記録するための懐中手帳二冊を携帯していた。

一行は九月三〇日に目的地に到着した。「ムンシー」は、道中に観察したことすべてを、特に植生と人里に関する情報を注意深く記録しながら、全行程を綿密に辿っていた。彼は冬の間ヤルカンドに留まることを何ら苦にしなかったようである。その冬は厳しく、一～二月には気温がマイナス二〇度を上回ることも稀だった。ひるむことなく、ハミードは温度計と湿度計の観測結果を根気強く手帳に記し続けた。雪が降ったのはわずか二日で、一月一九日と二〇日のことだった。彼はその町の地図を作り、そのうえカーシュガル、ホータン、スィリクルといった主要な町を注意深く同定しながら、その地方の地図まで作った。その領域へのロシア帝国の侵入を想定したもので、彼らの要塞の位置も表示していた。「ムンシー」には、土地の人々が語るその地方の歴史を書き留める時間さえあった。彼はそこの政治構造、中国人の存在《プレゼンス》の性質、それに彼らの部隊の規模や編成について記した。間違いなく、彼はその手帳を、他の機器いっさいと共に、自分の大きなローブの襞に隠すのに最大限の注意を払っていた。そしてもちろん、彼は定期的な天文観測も怠らなかった——ヤルカンドだけでも一一回、そのうちの最後の日付は一八六四年三月二七日であった。まさにその日、ハミードが親しくなっていたヤルカンドの総督が彼に、中国人たちが彼の行動を訝しみ始めていることを告げたのである。

ハミードは直ちに荷物をまとめ、レーに戻る別のキャラバンに加わった。ヤルカンド滞在中に出会った、彼のいとこも一緒だった。彼らは道中最大の難所をさしたる困難もなく切り抜け、四月の末頃イギリス支配下のインド領内に到達した。不運にも、「ムンシー」と彼のいとこは、レーに到着する直前に死去した。毒入りの大黄を食べたため（彼の同行者たちによる情報）か、あるいは——悲劇の現場を最初に見つけたモンゴメリの助手ウィリアム・ジョンソンの疑念を信じるのであれば——中国かロシアの手の者によって殺害されたためであった。

とかくするうちに、ハミードの仲間の旅人たちが、彼の最も売れそうな所持品を持ち逃げしてしまった。モンゴメリにとって幸運だったことに、ハミードの手帳や機器にも、また奇妙なことに銀時計にも、誰も手を触れなかった。これらはすべてモンゴメリのもとに送られ、モンゴメリはヤルカンドと東トルキスタンの政治情勢に関する書類をパンジャーブ政府に提出した。残された「ムンシー」の手帳とすべての機器を持って、モンゴメリは一八六五年二月二〇日に、一三年のインド滞在の後にイングランドへ向かって出航した。〔彼は船上の〕暇な時間を、レー―ヤルカンド間の経路地図（図19）を作成し、ヤルカンドの町の座標を訂正するのに費やした。フランス人イエズス

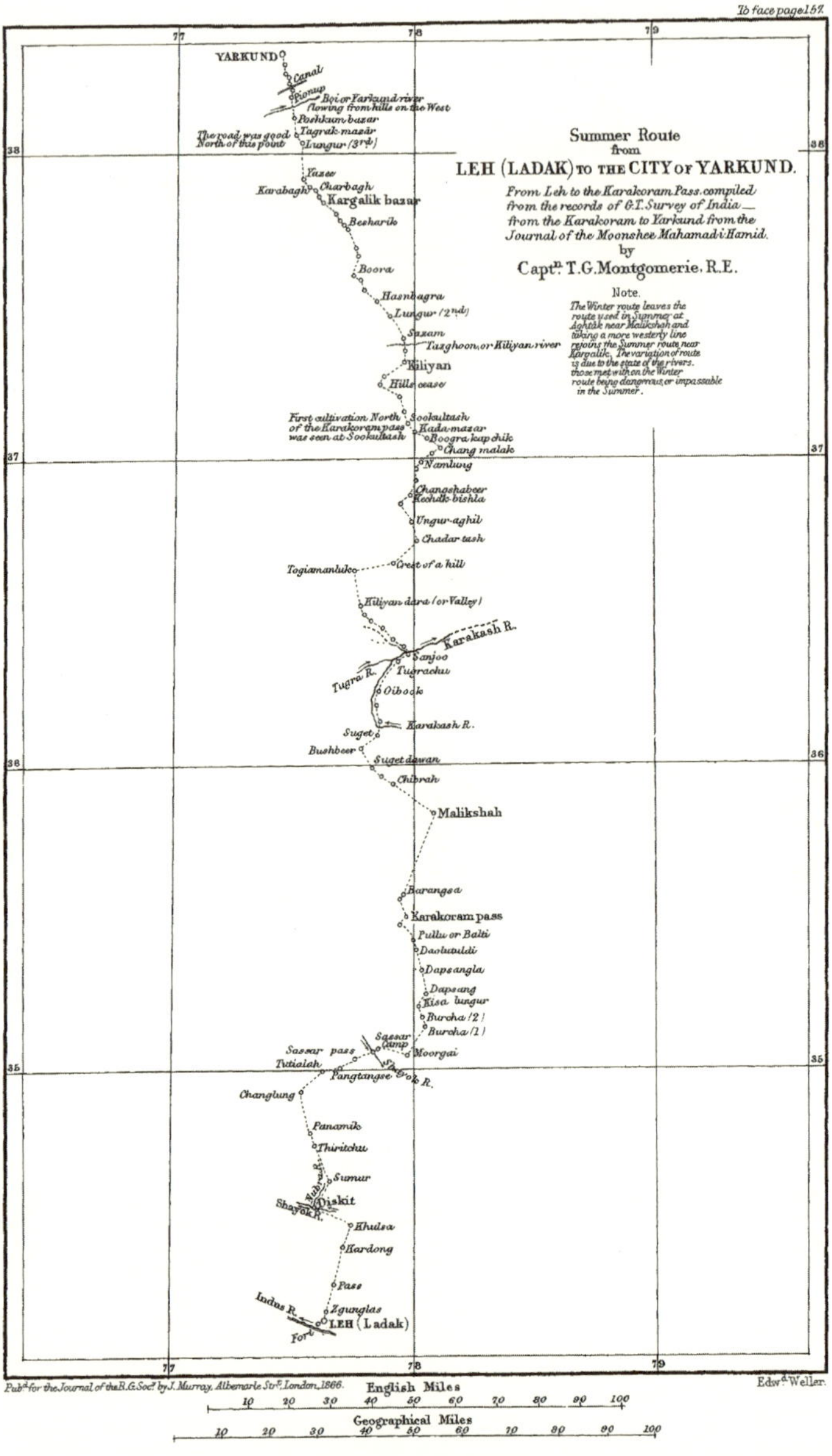

図19　レー―ヤルカンド間の夏季の経路を示した地図。マホメディ・ハミードの帳面からモンゴメリがまとめたもの。

会士はヤルカンドの緯度は三八度一九分であると述べていたが、ハミードの観測では三八度二〇分であった。また経度［東経］は、イエズス会士によれば七六度一六分だったが、ハミードは七七度三〇分と断定した。[10] ハミードは、ヤルカンドの標高についても約四〇〇〇フィートと推定することができた。その数値は、モンゴメリの言葉を借りれば、「おそらく真実との誤差は数百フィート以内であろう」というほど正確なものであった――［それまでの推計では］典拠次第で二〇〇〇フィートから五〇〇〇フィートまでの幅があったからである。[11] モンゴメリは二年間の休暇の大半を費やして、一八六六年五月一四日に王立地理学協会で行われたこの実験結果に関する報告を準備した。[12] 後に見るように、この一歩がモンゴメリの将来の計画にとって、そして実のところプロジェクト全体の信頼性にとって、決定的なものとなった。というのもモンゴメリは、マホメディ・ハミードの悲劇的な最期にもかかわらず、さらに多くの現地人密偵を徴募する計画の推進にあたって、その探検旅行は十分に成功したと言えると見なしていたからである。そして彼は、すでに賜暇に発つ前に、彼の技術を洗練させ始めており、インド大三角測量局の本部においてあらゆる世代の有望なパンディットの訓練を始めていた。

チベット、一八六四〜六六年

モンゴメリは実際に新しい探検隊を、今回はチベットに向けて送り出していた。商業都市ガルトクからラサへの、その国を東西に横断する幹線路を辿るためであった。この距離は七〇〇から八〇〇マイルの間だと見なされていた。その頃まで多かれ少なかれ知られていた場所といえば、シガツェの町と、その町を見渡せるラマ寺院のタシルンポだけであった。これらの位置は一世紀前、一七八三年にサミュエル・ターナー大尉によって示されていた。新旧の測定値の比較は、人間探測機の較正《キャリブレーション》［目盛り合わせ］を完璧にするのに役立つものと思われた。さらに、チベットの都ラサの位置は当て推量の対象でしかなかった。しかし、この旅程の選択にはもっと重要な理由があった。ガルトクとラサを結ぶルート、つまりジュングラム（Junglam）は、イギリス人には一般にチベットの大動脈で、この国の交易と軍民双方の情報伝達の大半の流れを押さえていると見なされていた。そのうえ、ジュングラムはツァンポ川に沿っていた。この大河はヒマラヤの北方を山脈と並行に流れており、その水源も終点も知られていなかった。その流路の地図の作製は、その川がビルマを流れるエーヤワーディー川に流れ込むのか、それともガンジス川と広大なデルタを分け持つブラフマプトラ川に流れ込むのかを確定するのに役立つはずであった。

この新しい任務は、英領インドとネパール、チベットの境域にある、人里離れたヒマラヤのクマーオン（Kumaon）地方出身のボーティヤー人（*Bhotiya*）のいとこ同士の二人に託された[13]。ボーティヤーの人々は伝統的に、夏の数カ月の間に国境を越えてチベット人と交易をして、彼らの生計の一部を賄ってきたので、チベットのことに通じている人々として知られていた。その交易は、米や小麦や手工芸品を、主として塩と物々交換するというものだったが、硼砂や馬、ウールや金などと交換されることもあった[14]。そのいとこたち、つまり生まれ故郷のミラム村の教師であったナイン・シン（図20）と、その村のパトワーリー、すなわち書記であったマニ・シンは、クマーオンから国境を越えるのに何ら困難に出合わなかったようである。このような織り込み済みの利点に加えて、彼らはすでにシュラーギントヴァイト兄弟とともに地形測量に参加したことがあり、それゆえに測地学や天文学の機器にも親しんでいた[15]。

「ムンシー」が使っていたのと同じ小型化された機器のほかに[16]、新しいパンディットたちはマニ車と数珠を携帯していた。それらは、（チベット語で「神の地」を意味する）聖都ラサに向かう二人のラマ僧にとって、まったく当たり前の付属品だと思われただろう。実は、この二つの表向き何の変哲もない物が、その所有者にとっては特別な機能をもつ機器になっていたのである。マニ車（mani-chakra）とは、中が空洞になった円筒形の箱でできていて、そこにもう一方の端におもりのついた金属製の鎖が取り付けられたものである（図21）。その全体が軸のまわりを回転し、軸の反対側が取っ手になっている。手首のちょっとした動きでその箱は回転し、その一回転ごとにチベット仏教の真言《マントラ》――「オム・マニ・ペメ・フム」（幸いあれ、蓮華の宝珠よ）――を一度唱えたことになる。マントラは、マニ車の外側に彫られるか、あるいは巻物に書かれてマニ車の中にしまわれる。チベット仏教の信徒にとって、マニ車はまさしく精密機器の象徴である。マニ車は常に――もちろんその真言が正しく彫られていればだが――誤りのないマントラの奉唱を約束してくれるものだが、他方、口で唱えようとすると、ちょっとした舌の滑りで儀式に誤りを引き起こすのみならず、本物の大惨事を招いてしまう［と考えられているからである］。そのうえ、マニ車はその神聖な位置付けゆえに、イギリス人やイギリスに雇われた現地人に対して常に疑いの目を向けている、詮索好きの国境の役人たちから、小さな物品や書き物を隠すことができた。

図 20　パンディットのナイン・シン，別名「ナンバー・ワン」

数珠について言えば、それは歩数を数える手助けになった。一〇〇歩ごとに一粒の数珠である。仏教の数珠には一〇八個の珊瑚の玉

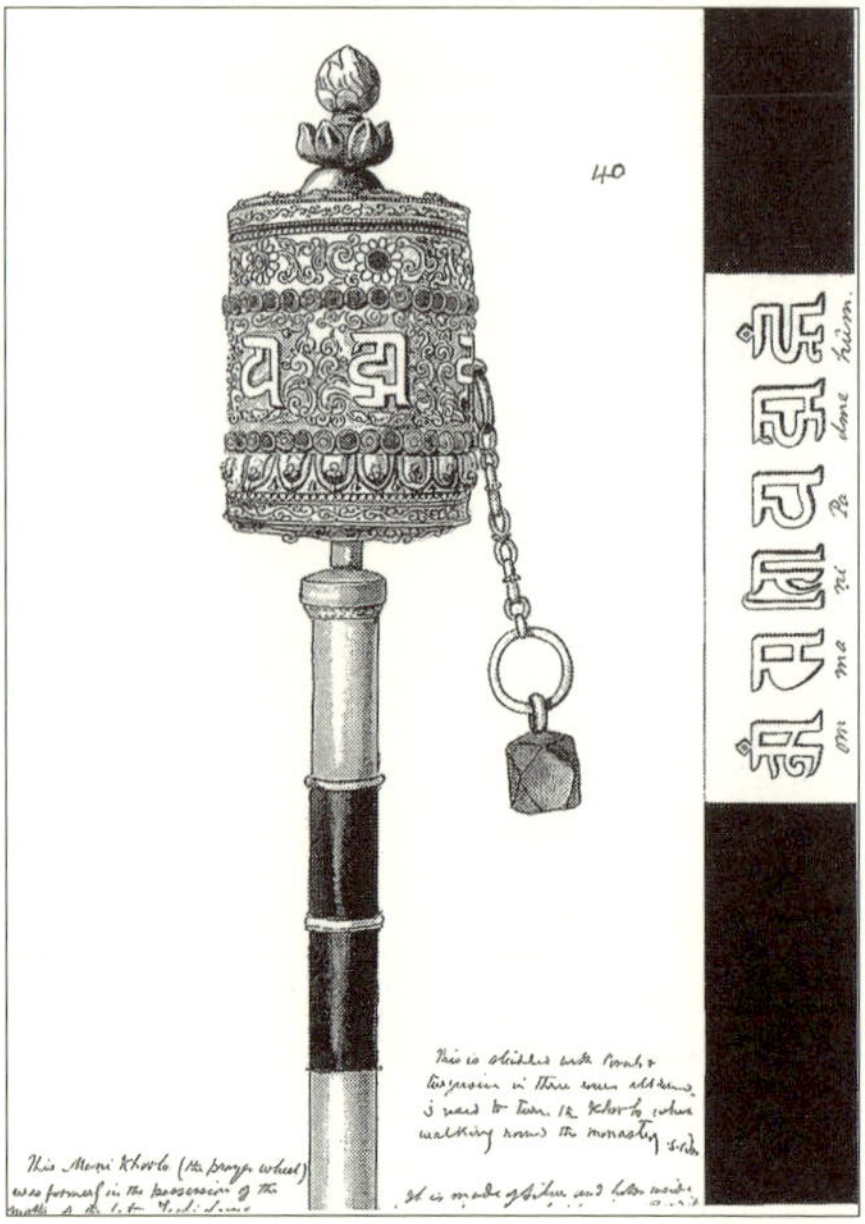

図 21　パンディットのサラト・チャンドラ・ダースが描いたチベット仏教のマニ車

があるが、件のいとこたちの数珠には玉が一〇〇個しかなかった。数珠玉一〇個ごとに入っている他より大きな玉は、襞の入った暗色の金剛菩提樹《ルドラークシャ》の種子でできていた。数珠一回転分がちょうど一万歩、つまり五マイルに相当した。

さらに、ナイン・シンとマニ・シンは空のココナツの殻に入れた水銀と、蠟で封をしたタカラガイに入れた予備の資金を持っていた。食べ物や飲み物を受け取るためにボーティヤー人が常に携帯している木製の椀に注がれると、水銀のきらきら輝く表面は、「ムンシー」のスモーク・グラスよりもはるかに良い人工水平儀として役立った。彼らの機器一式を完成させるためには、一〇秒の精度を備えた六インチ径のエリオット［兄弟］[6]社製六分儀について述べなければならない。衣服の下に隠すには厄介なものだったので、それは大きな木製の行李の秘密の区画に密かにしまわれた。人目を忍んで取り出して使うのは危険で不便なことだったにもかかわらず、ナイン・シンは九九回もそれを使うことに成功した。

六分儀やコンパスその他の測量機器と技術を使う厳しい訓練を数カ月にわたって受けた後、一八六四年三月にナイン・シンとマニ・シンはチベットに向かい、一八六六年一〇月二七日にデヘラー・ドゥーンに戻ってきた。チベットとクマーオンの境界に戻ると、彼らは続けてネパールを通ってチベットに入ろうと試みた。その間ずっと、彼らは辿ったルートを記録していた。その出自が有利に働いたとはいえ、チベット領への進入に成功するために、彼らは最も手の込んだ策略を使わなければならなかった。すなわち、チベット馬を求める商人として先へ進もうとしたこともあれば、ダライ・ラマの前で自らの立場を弁護するためラサへと旅する仲間のボーティヤー人の法律上の代理人として進んだこともあった。すぐに金を貸せるようにしておいて、チベット人たちに気に入られようとしたり、家族の軽い病気を治してやったり、弁髪の中国人を含む誰か他の者のふりをしようとしたりもした。

究極の粘り強さをもってしても、ナイン・シンが一人でチベット入りに成功するには一年以上かかった。ただし、それにはラサには近づかないという条件が――もし禁を犯せば死刑に処せられるものとして――加えられていた。にもかかわらず、信心深い商人に変装し、その知謀に富んだパンディットは、カシュミールのマハーラージャからダライ・ラマへの贈り物を運んでラサへと向かっていたラダック商人のキャラバンに首尾よく加わることができた。彼はその地方で第二に重要な町シガツェを通り過ぎ、タシルンポの大ラマ寺座主の一一歳のパンチェン・ラマ（あるいはタシ・ラマ）に表敬した。彼は禁断の町ラサにまで何とか入り込み、ダライ・ラマその人に拝謁することにさえ成功した。幾度も資金不足に陥り、現地の商人たちにヒンドゥー式の数学と会計学を教えて生活費を稼ぐことを余儀なくされた。あるときには、チベット商人たちから金を借りるために、時計と従者を担保に入れるほか仕方がなくなったこともある。また別のあるときには、物見高いチベット僧たちに半球レンズ付きランタンを売らざるを得なくなって、自身がこの風の強い地方で六分儀と温度計の夜間の測定値を読むのに、油を用いた灯心の明かりに甘んじなければならなかった。

ナイン・シンは、二年半の探検の間に、着実に歩幅を守って一二〇〇マイル歩いた。数珠を使って二五〇万歩を数えた。ラサとその他の多くの重要なチベットの町、合わせて三一箇所の宿駅（stations）の位置を測定するのに成功した。また、ツァンポ川上流の流路をその水源からラサまで、距離にして約七〇〇マイルにわたって地図に記し、チベット人との対話に基づき、ツァンポ川とブラフマプトラ川が同じものである、と報告した。ナイン・シンは自分の任務を地理学上のデータの収集に限定しなかった。彼はチベット文化についての有用な見識も得た。また、チベットの一般的な気候条件、人口、民族、町と寺院、農業生産、経済、特に中国およびカシュミールとの交易、加えて道路、交通、通信、さらにチベット軍の現況について詳細に記述した[17]。マニ車と数珠は、完璧なアリバイとして役立った。それらは、天文学や気象学の記録を取る際に仲間の旅人たちに邪魔されずにすむだけの信心深い装いをそのパンディットに与えていたのである。

マニ・シンは、チベット進入には成功しなかったが、ネパール西部の探検にその時間を費やした。そこもまたヨーロッパ人の立ち入りが禁じられていた地であった。しかし、ナイン・シンが平均標高約一万五〇〇〇フィートの高地で一八カ月を過ごし、疲れ切ってインドに戻ってきたとき、ついにマニはチベット入境に成功した。彼はナイン・シンの時計と従者を買い戻し、彼のいとこが長い冒険の旅の最終段階で放棄せざるを得なかったジュングラムの最後の一〇〇マイルあまりを踏破した。

高地アジア、一八六八〜八二年

この［二人による］任務の成功を受けて、モンゴメリはさらなるトランスヒマラヤ地域の探検隊を組織するべく、いっそうの財政支援を要請することにした。政府当局は、「トランスヒマラヤ地域の探査にアジア人を雇用するという計画を謹んで承認するとともに、三角測量局によって派遣される個々の探査者に対して、彼が持ち帰る重要な政治情報については、その価値次第で、外務大臣から別途報奨金が支払われることを通知するように指示した[18]」。今や、中央アジア全域を地図化するための、身体［を使った測量］技術の大規模な拡大に向かって道が開かれたのである。

一八六八年から七五年までの間に、アフガニスタンの北東、つまりヒンドゥークシュ山脈、パミール高原と中国領トルキスタンに向けて、さらに三つの探検隊がその地域の地図を作るべく送り出された。数珠を使い、しかしマニ車は使わずに（そこはイスラームの土地であることを想起しなければならない）、極限の状況で働いて、「ミールザー」（一八六八～六九年）、「ハヴィルダール」（一八七〇年）、そして「ムッラー」（一八七三～七四年、そして一八七五～七六年と一八七八年）――それらが彼らのコードネームだった――は高地アジアの陸水学的測定を正確に行い、インダス川上流の流路を地図化し、アム川（ギリシア語で言うオクサス川）の水源と流路を解明した。そのアム川は、一八七三年の英露合意の後、ロシアとアフガニスタンの国境を構成することになったが、当時、この川のことはほとんど何も知られていなかった。また、彼らはカーブル、カーシュガル、ヤルカンドを結ぶ経路――そのうちの三〇〇マイル以上は、その頃ヨーロッパ人に知られていなかった――も図面に記し、その経路上にあるさまざまな重要な地点の位置を確定した。そしてもちろん、中央アジアの諸ハーン国ならびにその地域におけるロシア帝国の活動に関する枢要な政治情報を持ち帰った。[19] 三人ともが英領インドに無事戻ってきたが、「ミールザー」だけは一八七二～七三年の二度目の探査の途中で悲劇的な最期を迎えた（ブハーラーへ向かう途上で寝ている間に殺害された）。

ナイン・シン（［コードネームは］「パンディット」）自身は、一八六七年から七七年までの間にチベットに三度にわたって出かけた。ジュングラムをレーに至るまで完全に地図化し、それによってモンゴメリが行ったカシュミールの三角測量とチベットの測量を結びつけ、チベットの金鉱山を訪れて彼らの金の源泉を数え上げ、最後にツァンポ渓谷の北の地域を探検するためであった。彼はその熱意と技能によって、年金を得て土地を施与され、スター・オブ・インディア勲爵士の位を授与され、さらに国際的な名声をも得た。一八六八年に王立地理学協会は彼に金時

図22　1879年にチベットからヤクに乗って帰る様子を描いた，サラト・チャンドラ・ダースの自画像

計を、一八七五年には金メダルを授与した。その授与式では、「彼の観測は、今生きているいかなる人によるものをも上回る多くの重要な知識をアジアの地図に加えてきた」と述べられた。[20] 身体［を使った測量］技術のシステムは、もはや十分に油を差されており、一八七八年初頭にモンゴメリが死んだ後も続けられた。彼の最も優秀な「［計測］機器」であった「パンディット」、あるいは単に「ナンバー・ワン」と呼ばれることもあった人物［ナイン・シン］は、現地出身の探検者兼地理学者の新しい世代を指導して、機器を再生産する機器となった。

　しかし、もしサラト・チャンドラ・ダース（図22）について触れないとしたら、このトランスヒマラヤ測量に関する記述は到底完成しない。[7] 彼は二冊の著書――チベットへ赴いたかつてのインド人探検者の歴史と、チベット語‐英語辞書――を書いたことで、そしてとりわけ『キム』に登場するバーブー・ハリー・チャンデル・ムケルジーを生み出したインスピレーションの素として、あらゆるパンディットのなかで最も有名な人物である。[21] また、ナイン・シンのいとこで、パンディットのキシャン・シン（図23）にも触れなければ、やはり記述は完成しない。彼は一八七八年から八二年までの間にチベット高原と崑崙山脈を横断する旅を行った人物である。ラサにおいてキシャン・シン、別名AKは、キャラバンが出発するのを待ち続けて一年以上も遅れてしまった。その長逗留の間に、彼はその禁断の町の詳細な地図を描いて、時間を有効に使った。キャラバンがついに出発したとき、彼は数々の障害を経験していた。路上で二度の強盗に遭い、スパイの疑いでモンゴル人によって七カ月の間投獄された。最終的には、AKが自分のために働くことを条件に保釈してくれたチベット商人[8]によって解放されたが、この商人によってキャラバンを見渡すために馬に乗ることを強いられ、それゆえに歩数を数えることができなくなった。キシャン・シンは馬の歩幅を測り、右の前足が地面をたたく回数を数えることで、その問題を克服した。一八八二年に英領インドに帰り着いたときには、彼は二八〇〇マイルを旅し、五五〇万

図 23　パンディットのキシャン・シン。馬の歩測を巧みに較正することで，歩測の技術を動物に転用した

歩を数えていた。[22]

チベット、一九〇四年

パンディットたちによって集められたデータは、何年もかけて学術誌、とくに『王立地理学協会会誌』に掲載された。そのデータは計算されてトランスヒマラヤ地域の詳細な地図に仕上げられた。この「天上の火をもたらした」プロメテウスのような仕事のおかげで、イギリスは、一日に五五平方マイルの割合で進んでいると見なされていたロシアの東方進出というツァーリの亡霊を阻止するべく、よりしっかりと武装されたように感じた。[23] 一九〇三年一二月には、ロシアと中国との間で、チベットをロシアに譲渡する秘密の合意がなされたと確信し、当時のインド総督で、長い間ロシアとの武力対立——あるいは婉曲な表現で言うなら「前進政策」——を唱道していたカーゾンは、チベットに入る先制隊の派遣を決定した。高性能の銃火器で武装した兵士一〇〇〇人と、一万人の人夫、七〇〇〇頭のラバと四〇〇〇頭のヤクが、フランシス・ヤングハズバンド大尉の指揮の下、一九〇四年初めにチベットに入った。そして同年七月にはラサを占領したが、その途中で約五〇〇〇人のチベット人の兵士と民間人を殺害した。しかしこれは、得るもののないまったくの空騒ぎであった。ロシアは日本との長引く戦争で身動きが取れず、返報の手段をもたなかったのである。二カ月後、遠征は大失策と見なされて、イギリス人たちは荷物をまとめてインドに戻った。

機器、旅、そして科学

パンディットたちの冒険談《サーガ》は、一握りの年代記作家たちによって忘却のかなたから救われてきたとはいえ、大抵の場合それは国際的なスパイ活動という限られた枠組みのなかで語られてきた。もちろんなかには、それを地理学の歴史に対する貢献と認識して書いた人もいるが、そのような人々はパンディットたちの話を、例えば一八六〇～七〇年代に中央アフリカを探検したイギリス人たちのようなヴィクトリア朝中期の英雄的な探検の枠内に位置づけようとしてきた[24]。確かにその対比は魅力的だと言わざるを得ない。中央アジアと、中央アフリカの湖沼地帯への探検の急速な進展が同時代に行われたことを別にしても、二つのプロジェクトに見る水路測量上の目的には魅力的な相似性がある。一方はツァンポ川の、そして他方はナイル川の水源の探査だったからだ。実際に、王立地理学協会の同時代人の多くが、パンディットと中央アフリカの湖沼地帯の探検家とをきわめて公然と比べていた。例えば、サー・ヘンリー・ユールはナイン・シンについて次のように記した。「あれほど桁外れに精確な知識を増やす、二度にわたるあのような旅をしてのけたということは〔……〕リヴィングストンやグラントのような一流の旅行家を別にすれば、いかなるヨーロッパ人も成し遂げなかったことだ[25]」。

しかし、パンディットの旅は、ヴィクトリア朝時代の中央アフリカ探検のパラダイムに同化させることはできない。それどころか、生み出される知識の性格そのものを形づくる、いくつかのきわめて根本的な点で、パンディットの旅はアフリカ探検の原理とは著しく対照的である。その相違とは、彼らの仕事の出版形態と同じく、それらを生み出す条件や、それぞれの著作の読み手の性質や職務にも関わっている。しかし、トランスヒマラヤ地域の測量が他のあらゆる同時代の測量――南アジア内部で行われたものも含めて――と最も異なっているのは、利用され

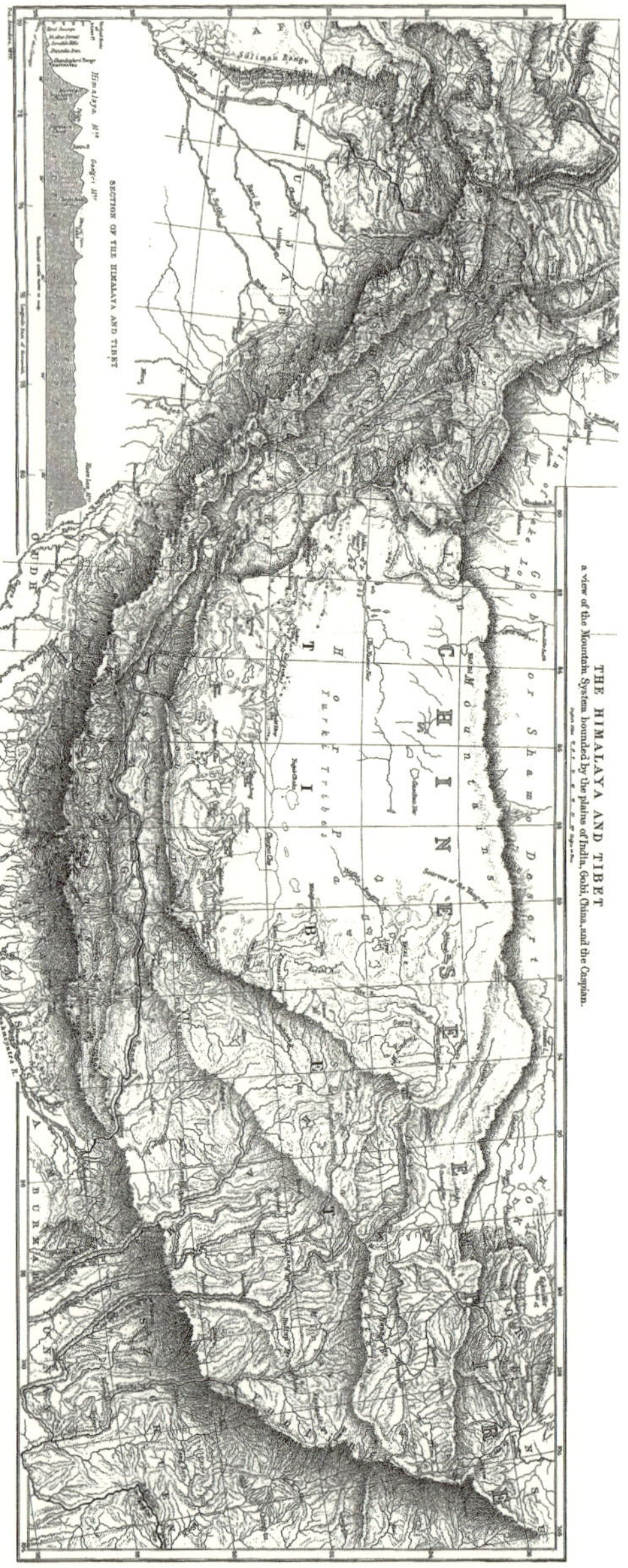

図 24　パンディットによって選り抜かれた情報に基づく，チベットに関する初の地図群のうちの一葉

た機器や技術の性格と、他の探検家たちと比べて特有の文明（民族的・社会的な出自と文化）にある。私はこれらの違いを個別に取り上げるつもりである。しかし、それらが密接に結びついていて、そこに含まれる科学的活動のそれぞれの状況と種類を真に理解するためには、それらをまとめて取り上げなければならないことも明らかになるだろう。まとめて取り上げることでそれらが示すのは、二つの形の探検が組織されるには、異なる制度的状況があり、その異なる状況がそれぞれの形の探検の可能性にふさわしい条件を与えているということである。このように対比することによって、私は、ヴィクトリア朝時代の探検隊のパラダイムに照らして、トランスヒマラヤ地域のプロジ

エクトが例外的だったと言おうとしているわけではない。むしろ、まったく異なる目的をもった原理が、少なくとも二つあったということが言いたいのである。中央アジア探検はある意味では例外的だったが、それは確かに、ヴィクトリア朝時代の科学技術の主流が求める要求から見ても周縁的なものではなかった。実のところ、私は、以下の論述を通して、中央アジア探検がヴィクトリア朝時代の科学の主たる狙い手たちの一部をいかにして巻き込んでいったのかを示したい。さらに大きな観点で言うと、私は、科学技術がある地点から別のところへ移転され再現されるとき、その科学技術のなかに見出される一般的な方法や手続きが必要とする、戦略や投資の一部を理解するうえで、この中央アジア探検が――その周縁的な始まりにもかかわらず――いかに役立つかを示したい（そのついでに「中央」と「周縁」の伝統的な区別をぼやかせながら）。トランスヒマラヤ地域のプロジェクトは、他の地理学的測量とは大きく異なっていたため、生み出された知識が知識として認められるには、ある枢要な問題が解決され、いくつかの特殊な投資がなされることが必要であった。

第一の違いは、これらの仕事が公にされた手段にある。パンディットたちの記述は公的な、そしてしばしば機密に属する、インド測量局の報告書と学術雑誌、とりわけ『王立地理学協会会誌』上にのみ公開された。これらの旅の目的は第一に、英領インドの周辺領域を地図化して確定させることにより、一八五七年の大反乱の後に英領インドの境界を定め、確定させるということであった。先に述べたように、イギリスにはこのことが、トランスヒマラヤ地域をイギリスの貿易圏に組み込むためにこの地域の地理の解明が求められている――たとえ軍事介入を含むとしても――ということだと理解された。ヨーロッパの新聞が彼らの開拓活動を伝えたとはいえ、生み出される主な著作の主要読者層は、測量官やプロの地理学者、軍、インド政庁およびインド省という集団《コミュニティ》であった。ヴィクトリア朝中期のイギリスには、これらの異なる集団の人々を集めることができるような公論《フォーラム》の場として、王立地理学協会――その会員の多くがインド測量局やインド評議会の出身であった――以上のものは存在しなかった。

そのさまざまな報告書を読むと、陸地の計測値、貿易ルートに関する記述、貿易の流れ、多様な中央アジア地域の軍隊の状況や軍備、そしてその地域の町や都市や寺院に関する社会学〔的情報〕がわかる。パンディットの話は、メアリー・ルイーズ・プラットが「オート・エスノグラフィー（autoethnography）」と呼ぶジャンルのうちの典型的な一群であると言える。プラットによれば、「オート・エスノグラフィー」とは「植民地化された主体が、植民者自身の表現と連動した形で、自分たち自身を代表する役割を引き受けるような事例のことを指している。〔……〕オート・エスノグラフィーのテクストは、〔……〕自己表現の「真正《オーセンティック》な」あるいは現地固有の形態と通常考えられているようなものではない。〔……〕むしろ、オート・エスノグラフィーは征服者との協働や征服者のイディオムの適用を一部に含んでいる」という。[26]

他方、ヴィクトリア朝時代の中央アフリカの探検者たちは、自分たちの物語を書物にするか、『ブラックウッズ・マガジン』のような大衆誌の記事にするか、あるいはイギリス系アメリカ人のジョン・ローランズ、別名ヘンリー・モートン・スタンリーの場合のように、イギリスとアメリカの主要な日刊紙に発表するか、であった。幅広い読者層に向けたこれらのきわめて個人的な作品のなかでは、著者は彼に特有の動機を、しばしば宗教的で情熱的な信念を語る言葉で訴えた。それはまるで、著者が読者の共感や怒りをかきたてながら読者の方に手を差し伸べているようなものだった。また、このような主張が勇気や胸躍る冒険の主題に織り交ぜられていたため、反響はとても大きかった。[27] 王立地理学協会がこれらの話の拡散と正当化に大きな役割を果たしたのも事実だが、アフリカ探検のきわめて重要なスポンサーとして果たした役割の方がより大きかった。これらの物語の目的はまったく明白に、茫漠たる未開の地を沃野に変え、商売を開拓し、現地の人々を従来のアニミズムと野蛮さから転向させるために、アフリカの地理を解明すること——要するに、貿易ルートの支配権を得るためというよりもむしろその土地と土地の資源を所有すること——であった。[28]

両者のジャンル、読者層、そして正当化の戦略に見られる対照は、それらの作品のまとめ方がまったく異なっているということと密接に関係していた。というのも、王立地理学協会やその他の科学的な諸団体は、未知の土地の開拓のほとんどに対して出資や資金援助を与え、それらに後方支援を提供しているイギリス外務省を支えていたとはいえ、［中央アフリカの］探検そのものは、主にライバルを出し抜き、自分自身の個人的な野心を実現するために行動する、社会的地位の高い個人によって行われたからである。[29] 地理学的な事業の原動力を確保するため、論争は不可欠であった。個々の探検家は、大衆的な著作を通じて有名になり、個人的名声を獲得し、さらには王室の後ろ盾を得るための仁義なき探究を進めるなかで、できる限り多くの大衆の支持を得ようとしていた。アラン・ムーアヘッドは、白ナイルの開拓を取り上げた人気作品のなかで次のように書いている。「もし彼が嫉妬ぶかいライバルに攻撃されようものなら、すぐに彼の弁護にまわる者が現れるのだった。アフリカ探検のような多分に投機的で多額の資金を必要とする舞台では、嫉妬も激しい道理であった。〔……〕それは戦争と同じように愛国的であり、党派的であった」。[30]

このことを最もドラマティックに表しているのは、ナイルの水源をめぐってバートンとスピークの間で繰り広げられた悲劇的な論争である（後述）。最も成功した中央アフリカの探検者であるスタンリーが、二度目の遠征（一八七四〜七七年）の際のヨーロッパ人助手たちを、彼らの頑健さと下っ端根性のゆえに労働者階級の家系から選んだのは、これこそ［バートン－スピーク間の］論争において最も重要な役割を果たしていることに鋭く気づいたからである。それはまさしく、彼らの冒険について助手たちが独自に記述したり、王立地理学協会でスタンリーの見解に反駁したりする可能性を未然に防ぐためであった。しかし、英領期の南アジアの人々によるトランスヒマラヤ測量の場合、論争のしるしはほとんど存在しない。それどころではない。先述の話が示唆しているように、ここには合意の上で累積される知識形成という教科書的な説明が見られる。その成功——そして実際にはまさにその実現可能性——には、あらゆる論争を事前に抑止すること、そして個人の力を超えた物質的・社会的な世界に対する一定の支配力が必要だった。この種の活動は、厳格なチームワークの規範と強固に階層化された権力構造を伴う、中央集権化された制度の枠組みのなかでのみ遂行されることができたのである。[31]

使われた機器の性質の違いも同様に顕著である。機器として人間を使うということは、一見したところ田舎っぽい、いやむしろ原始的なことであって、主に、適切ではあるが扱いにくい測量装置——経緯儀や回照器、気圧計など——を運ぶことができなかったために、その場しのぎででっち上げた対策であるように見える。しかし、測量とは一〇〇年以上にわたって「高められてきた」度量衡の精度の縮図であって、一八世紀末以来、探検家たちや、とりわけ科学者でもある旅行家たちは、遠征で利用する計測機器の数や精巧さの優劣を競い合ってきたのだ、ということを念頭に置いておくのは重要である。[32] 卓越した科学者兼旅行家であったアレクサンダー・フォン・フンボルトは、一七九七年から一八〇四年までのアメリカ遠征の間、クロノメーター、望遠鏡、あらゆるサイズの六分儀、コンパス、磁針、反復円儀、経緯儀、人工水平儀、振り子、磁力計、気圧計、温度計、湿度計、電位計、測気管、量気計、測角器、四分儀を持ち歩いていた。それらはすべてヨーロッパの最高の機器メーカーによって作られたものだった。[33] フンボルトは計測のために身体技術を使う可能性を——もちろんそのような測定には誤差という確定可能な限界があるという条件のもとに——認めてはいた。とはいうものの、彼によれば、博物学者は天文学者や測地学者よりもはるかに精度の正確さを求められることがないため、これらの技術は博物学者にとってのみ有効なものであった。[34] 実際に、一九世紀後半までには、度量衡は「イギリス」帝国のヤードと「フランスで制定された」「自然な」メートルのどちらを世界的な尺度法の単位にするのかを決めるための英仏間の熾烈な争いの中心にあった。[35] ヴィクトリア朝時代の科学を専門とする歴史家スーザン・キャノンによると、彼女がフンボルト主義の条件として挙げる当時の科学的精神には、次のような特徴があるという。

1 正確さに対する新たなこだわり。その正確さとは、一部の固定された装置だけではなく、あらゆる機器とあらゆる観測に通用するものと考えられた。
2 新たな精神的洗練を求めること。それは、かつて安易に考え出された理論への軽蔑、つまり過去の理論的なメカニズムおよび実体への軽視を意味する。
3 新たな一連の概念装置の導入。すなわち、等尺性地図（isomap）、グラフ、誤差論のこと。
4 隔離された実験室ではなく、膨大な種類の現実世界の現象に対してこれらを適用すること。それは、物理学や生物学、そして人間にも通用する非常に複雑な相互関係を解明する法則を生み出すためである[36]。

実際に、インド大三角測量局の存在意義は計測値の極限精度を保証することにあった。測量局のスタッフが少なくとも書類上はインド地形調査部および歳入調査部から距離をおいていたのは、まさにこの理由による。インドの測量に関する覚書のなかで、最初にこれを取り扱った歴史家で、自身もかつてインド大三角測量局で勤務し、その後王立地理学協会の会長になったクレメンツ・マーカムは次のように述べた。「［測量局の測量技師の］数学的学識は最高水準でなければならない。だが、その技師には、自分の科学的労働によって得られた正確な骨格を、地形の詳細な情報を集めて肉付けしていくための時間もなければ、概して、そのための特別な素質もないだろう。これら二種類の仕事は別物で、多くの点において異なる訓練と異なる気質を必要とする[37]」。

訓練の大部分は、極度の忍耐を養うことと、三フィートの大型経緯儀、天頂儀、六分儀、温度計と時計類、天文時計、望遠鏡、車輪付距離測定器の使用や手入れ、そして日々の再調整のやり方を完全にマスターすることを要するものだった。プロとしての文化的なプレッシャーと伝統は別としても、ラサやシガツェの座標を決める際にほんのわずかな誤差があっただけでも、ヤングハズバンドの遠征の兵站補給には大惨事が生じかねなかっただろう、ということは想像に難くない。では、これらの機器の「革新」は、どのようにしてこの難局に適応したのだろうか。この問いに答えるためには、まずこの革新が実際には何にあったのか、そしてそれがいかにして他の測量技術と適合するように行われたのか、さらにそうすることによって、いかにして度量衡の異なる機器の使用を主唱する人々の間での緊張関係の機先を制していたのかを理解しておかなければならない。

歩調を一定にする技術は、時代遅れに見えたかもしれないが、実際には、長距離をトラバース測量する主要な計測器であった車輪付距離測定器（走行距離計と呼ばれることもあった）の機能の一部を巧妙に引き継いだものであった。また鎖は、イギリスによってインド亜大陸の測量が始められて以来ずっと、農園と税収の調査に使われてきたものであった。伝統的なヨーロッパの車輪付距離測定器（それはインドの状況には合わないことがわかった。「壊れやすく、基本的に品質が悪く、平坦な道かローン・ボーリング用の平らな芝生の上以外では役に立たない」ものだったからである）を基にしているとはいえ、インドで使われた機器は最初から南アジアの状況に合わせて設計されていた。[38]こうして、一七八〇年代半ばに「マドラス式八マイル用車輪付距離測定器」（図25）がマドラスの測量技師ジョン・プリングルと彼の現地人助手によって考案された。それはウォームねじで動かされる真鍮製の差動車軸の板に固定された直径約七フィートの鉄製の車輪でできていた。そのダイヤルがマイル、ファーロング、ヤード、フィート、インチを単位として回転数を記録した。その測定器は、胸くらいの高さの車軸に差し込まれたハンドルを使って二人で動かすようになっていたが、凸凹のある地面には適さなかった。[39]

その後数十年の間、この測定器には多くの改良が行われることになったが、やがて一八三二年から三六年までの間に考案された「エヴェレスト式六マイル用車輪付距離測定器」がこれに取って代わった。この新しい測定器には、マイル単位とマイルの一〇分の一刻み単位で読める差動ダイヤルを備えた、直径三フィート足らずの車輪が付いていた。それを動かすのに必要なのは一人だけで、ハンドルは南アジアの犂から着想を得たものだった。その車輪は凸凹のある地面にも対応できるよう丈夫で扱いやすく作られていた。そして、プリングルが考案した測定器のように、頭と肩の上で空回りするものを運ぶより地面の上を転がす方が簡単だったので、とりわけ重く作られていた[40]。現地の実績や慣習は、機器に及ぼされた変化のなかに、このようにして継続的に刻み込まれた。モンゴメリのパンディットたちは、車輪付距離測定器の主要機能を部分的に再構成したものであった。すなわち、車輪の動きは（自分自身で歩数を計測したという点で測量技師でもあった）パンディットの歩幅に、ダイヤルは彼の数珠に読み換えられ

図 25　インド測量局の車輪付距離測定器。上：マドラス式車輪付距離測定器，下：エヴェレスト式車輪付距離測定器

たのである。

そうはいうものの、モンゴメリは彼の人間［計測］機器」を複製可能なものにするために、それを標準化しなければならなかった。亡くなった「ムンシー」の所持品を受け取ったとき、モンゴメリが「ムンシー」の帳面と機器をとっておいたことが思い起こされるだろう。一八六六年五月一四日に王立地理学協会で行った報告のなかで、モンゴメリはマホメディ・ハミードのすべての機器——温度計、六分儀、時計、コンパスなど——をさまざまな条件のもとで手ずから再テストした方法について、細心の注意を払って述べた。彼は自分の人間［計測］機器の信頼性についても確かめた。カシュミールでの模擬遠征の際にも、中国領トルキスタンでの実際の遠征のときにも、「ムンシー」の仕事ぶりは変わらなかった——その歩幅は一貫して三一と二分の一インチであった、と。

私は［……］彼が道沿いに一時に見える限りの道の方位と方角をただ記録し、その方向に進んだ時間を時計に従って記録するように求めました。このような方法で、もしも一時間当たりの［測定］値と速度を満足のいくように規定することができるなら、非常に公正な経路測量値が得られると私は信じていました。この速度は、レーに到着する前後の彼の歩く速度の平均値から割り出すことができました。そしてまたレーを越えてから、カラコルム峠のトルキスタン側を下る三行程については、通常の測量が行われていました。後者の測量値から私は三〇行程のうち一八行程のムンシーの仕事を跡づけることができたのです。このような方法により、他の一二行程の経路についても、彼が測量した値に与えられるべき信頼性に基づく見解を打ち立てることが容易になりました。

緯度の観測によって、なおいっそう有益な基準ができ、誤差がほとんど累積しないようになりました。ヤルカンドでは多くの観測値が引き出されました。経路測量値を緯度と組み合わせれば、ヤルカンドの緯度と経度が限定された範囲の値に特定される、と結論づけられると私は考えます[41]。

「ムンシー」の動作は、まさしくオットー・スィブンが「精確な動作」と呼んでいるものであった[42]。その実演を、王立地理学協会のモンゴメリの同僚たちは大変な熱意をもって受け止めた——元インド測量局長官のサー・アンドリュー・スコット・ウォーは、「ムンシー」の観測値をモンゴメリが解釈するのに協力し、マーチソンにとってこれは「地理学者にとって最重要の」功績に匹敵した[43]。測量技師や地理学者の共同体《コミュニティ》によってこのように承認されたことで、今や彼の「［人間測量］機器」は公式に較正された。

この一歩はきわめて重要であった。というのも、較正を経ることによって初めて、ある特定の土地で開発された機器や技術は、他の土地で発展してきたものとの比較が可能になり、ある一連の機器や技術によって得られた結果は、他の一連のものによって得られた結果との比較が可能になる。——さらにそのようにして当代の科学が普遍的なものであると主張することが可能になるからである。こうして、モンゴメリは彼の技術と機器を他の土地にまで正当に適用することができた。すべての機器と方法は較正されなければならないのだ。時計のダイヤルや温度計の棒には、針の動きや、既知の時間や温度に応じた液体の動きに合わせた値で目盛をつける、というように。科学者とは、第一の、つまり基準となるものと同じ時間や温度は、他のどんな時計や温度計で計ったとしても、同じ反応を引き起こすと想定するものである。モンゴメリは、彼の使う人間［測量］機器の較正が担保されたことで、今や同一の地図の上で二つの別々の測量技術——古典的な三角測量と、パンディットによる測地学および天文学に基づく経路測量——を正当に関連づけることができた。彼は他の土地の地図を作成するために、彼の身体［を使った測量］技術の適用を目論むこともできるようになった[44]。

較正を行うことは、測量を実施するにあたってきわめて重要だが、とりわけインド亜大陸ではそうであった。測量技師は皆、そのような考えにほとんど取り憑かれていた。鎖を使うときは、その前にも後にも使用中にも再較正しなければならず、補正バー（compensating bars）、温度計、六分儀そして経緯儀についても同じことが言える。例えば、一八三〇年から四三年までインド測量局長官を務めた王立学会特別研究員のジョージ・エヴェレストは、一八三〇年に出版された著書『緯度一八度三分と二四度七分の間の子午線の弧の計測に関する記述（*Account of the Measurement of an Arc of the Meridian between the Parallels of 18°3' & 24°7'*）』において、一八〇八年にタンジャーヴールの寺院のゴープラムの頂上から大経緯儀を落としてしまった惨事の後の再較正の手順について、約一二ページを割いて詳細に記している。またモンゴメリ自身、カシュミールの測量に関する報告のなかで、較正作業について詳細に述べた。

最後に、もちろん探検者たちの非常に特別な洗練性《シビリティ》と、彼らに対して与えられる信用《トラスト》の問題があった。というのも、当時のすべての科学者と同じく、一般に探検者とはほとんど全員が白人で、そのような危険な仕事に費やすだけの時間と財力をもった、高い社会階層の人々であったのに対して、このトランスヒマラヤ地域の計画に従事したのは、（ずっとのちの有名な例外である一人を除いて）すべてが南アジアの人々だったからである。もちろん、宗主国の人々が自分で実行する立場にないことを遂行するため、植民地の人々を使うことは帝国主義の合理性によって説明できる、と論じられる可能性はある。また、このように説明することは、一見、従属の強要による植民地の人々の馴化という語り《ナラティブ》に利用されかねないものであるが、このような説明だけでは、この事業がその一部になっている、ヴィクトリア朝時代のインドの知的かつ社会的な文脈の観点から生ずる一連の疑問に対して答えることはできない。一九世紀の地理学が単に地形学的な測定値を取ることだけではなく、文化的、民俗学的、政治的、そして商業的な情報を集めることにあった、ということを想起すると、イギリス帝国の生き残りのためにきわめて重要な事実を記録し語る現地の人々のなかに見出されるこの信頼は、特に驚くべきものである。[45]

一七世紀以来、科学者たちは人間に対する実験を行ってきたが、そこでは被験者が自分の「生体としての」反応について語ることが求められた。他方で、科学者たちがこの種の実験のために選んだ被験者は、非常に特別な人々だった――もし科学者たち自身が被験者にならないなら、被験者は(ヨーロッパ人の)科学者仲間のなかから注意深く選ばれた。実験的な生活形式の偉大な理論家であるロバート・ボイルが記したところによると、「証人たる二つの大きな必要条件には、自分が実行する物事についての知識と、彼が知っていることを実際に行う誠実さが求められる」という。[46] 実のところ、少なくとも一九世紀半ばまでは、女性、使用人、子ども、病人、そして精神異常者は、信頼に足る証人であるとは見なされていなかった。[47] また、多くの知識を選り抜くには、現地の情報提供者がきわめて重要であったにもかかわらず、彼らは大半の話のなかではほとんどまったく感謝されていないということ、そしてモンゴメリが彼の計画を練り上げていたのとちょうど同じ頃、ジョン・ハニング・スピークが、白ナイル川の水源の発見をめぐって、彼の主なライバルでインド測量局でのかつての同僚でもあったリチャード・フランシス・バートンとの致命的な争いに巻き込まれていた、ということを想起しておくと良いだろう。論争の核心には、サハラ以南のアフリカの人々に対する、そしてひいてはスピークの主要な情報提供者に対する、バートンの強烈な軽蔑があった。論戦のある時点でバートンは、それまでタンガニーカ湖に流れ込むと報告されていた川が逆に流れているとして、ライバルのスピークに一矢報いることができ、またそれによって(ヴィクトリア湖ではなく)この湖がナイルの水源であると同定することができた。彼はきわめて単純に、もともと考えられていた流路の方向が、現地の、それゆえに信頼できない情報源から選り出されたものであったことを論じたのである。では、いかにして下っ端の南アジアの人々の証言に対して信頼性を与えることができたのだろうか。パンディットたちを信頼に足る知識の創造者として正当化したものとは何だったのだろうか。

先に第3章で述べたように、すべてのヨーロッパ人は、インド亜大陸に到着してから、またそこに居続ける間はずっと、現地人仲介者との緊密な協力関係に頼らなければならなかった。一八世紀半ばに、亜大陸における領土征服が進むにつれて、この協力関係は徴税や司法行政、さらには教育にまで拡大した。このためイギリス人は、彼らが引き継いだ伝統的な行政の仕組みと、南アジアの諸王国・帝国の下級役人の大半とを保持した。こうして、ムガル帝国や他の君侯国から受け継がれたタフスィールダール（収税吏）、カーズィー（判事）、コートワール（警察長官）、パルガナ・サルリシュタダールあるいはカーヌーンゴー（郡書記）、パトワーリー（村書記）、アーミル（徴税官）、カーティブ（書記官）、マウラヴィーやパンディット（いずれも知識人）は、イギリス人と現地住民との間の仲介者としての役割を果たした。[48]

亜大陸において行われた他の測量と比べても、現地人仲介者への依存関係がこれほどはっきりと示されている例は他にない。最初の詳細なインド亜大陸の英語地図は、すでに見たように、一七八三年にレネルによって刊行された［第2章参照］。それを作成するために、レネルは『アーイーニ・アクバリー』のような在来の地名辞典や、在来の経路測量図を頼りにした。[49] このような協力関係は同時代の肖像画でも称えられている。例えば、一八一六年にトマス・ヒッキーによって描かれたインド測量局長官コリン・マッケンジー大佐（一七五四〜一八二一年）の肖像画（図26）が好例である。そこではこのスコットランド人が、手にヤシの葉の手稿を持ったジャイナ教徒の僧侶と、望遠鏡を抱えた従僕のキストナジー、それに背後に立つ、提供できる知識——モノではなく——だけをもつパンディットのカーヴァリ・ヴェンカタ・ラクシュマイアに囲まれているのが見える。[50]

カースト名や称号はやがて、この「専門家でもある仲介者」という新しい意味を、生まれつつあったインド風英語のなかに取り込み、一九世紀半ばまでには、めぐりめぐって現在の英語の語法のなかに入り込んでしまった。[51] モンゴメリによって使われた二つの正当化戦略のうちのひとつは、伝統的な南アジア社会における知的活動に関連したインド風英語のコードネームを注意深く選択したことにあった。パンディットとはとどのつまり学識者を表すサンスクリット語だが、インド風英語では、ヒンドゥー法の問題に関するイギリス人判事への助言者を意味する。ムンシーとは書記あるいは著述家に相当するペルシア語であるが、インド風英語ではインド諸語の現地人教師を意味する。また、ミールザーとムッラーはそれぞれ知識人と聖職者に相当するペルシア語である(52)。西洋の伝統では、ある報告の信頼性は通常、報告者の身元を示すラベルとしての名称《ノミナル・アイデンティティ》（およびそれゆえの信頼性）にある(53)。しかし、この件の場合、これらの身元は秘密にされていなければならなかった。陳腐なコードネームを使ったり、単純に現地人探検者の名前を変えたりすることによって、この秘密を保持することはできたが、それでは彼らの報告を正当化することはできなかった。この信頼性を与えることができたのは、知的な意味合いをもったインド風英語の呼称を、コードネームとしてこのように的確に使っていたからである。

もうひとつの戦略は、パンディットたちと同じ場所の計測をすでに行っていたヨーロッパ人がいた場合、彼らと比較しても、パンディットたちが少なくとも同程度に正確であったと示すことだった。一八六八年に『王立地理学協会会誌』に発表された、ナイン・シンの最初のチベットへの任務に関する論文のなかで、モンゴメリは次のように書いている。「パンディットが優秀で信頼に足る観測者であることには疑いがない」。それからモンゴメリは続けて、彼の「「人間測量」機器」に与えた信頼を厳重に確立させるために五ページ以上を割いている。

図 26　トマス・ヒッキーによるコリン・マッケンジーの肖像画（1816 年）

彼は、ナイン・シンが既知の領域を地図化したものを、それ以前にイギリス人の観測者たちが作ったものと比較し、それらが少なくとも同程度に正確であることを示している。チベットについては、一七八三年にイギリス東インド会社によって使者としてその国に派遣されたサミュエル・ターナー大尉が、一連の観測値と、ブータンからシガツェ経由でラサに至る経路の地図を残していた。モンゴメリはこれらを精査し、そこには精度が欠けていると結論づけている。

ターナーはタシルンポ（シガツェ）で経度を観測し、それは二九度四分であるとしたが、パンディットは二九度一六分三二秒であるとする。ターナーによるチョモラーリの経度は二八度五分、大三角測量局による経度は二七度五〇分である。ターナーが経度測定に慣れていなかったというのは大いにありそうなことだ。彼と一緒に派遣された測量技師（S・デイヴィス中尉）はタッシスドンより向こうに行くことが許されなかったため、ターナーの経度に相違があっても不思議なことではない。現在ではよく知られているいくつかの経度を比較してみると、ターナーの観測値は太陽のみに依っているので、おそらくターナーは太陽の半径を［計測に利用するのを］省略してしまっていたことを示す傾向がある。

シガツェにおけるパンディットの観測は多日に及び、太陽やさまざまな南天の星々はもちろん、北極星についての一三回の観測値が含まれる。これらの観測値から導き出された経度は相互に見事に合致している。パンディットは経度測定の方法にいっそう熟練した。バレーリー、ムラーダーバードなどのよく知られた多くの地点について、彼はたった二回の観測で正しい値を導き出したことが証明されているので、非常に多くの観測を行ったシガツェについて彼が出した経度が容認できるのは疑いない。パンディットはターナーが訪れたのと同じ川をシガツェからギャンツェまでの五〇マイルの区間にわたって辿った。これらの二地点間の方位が北六二度束であるとする点で、両者の観測結果は一致している。両者の示す川の屈曲は全般として一致しているが、距離についてはターナーによれば三九マイル、パンディットによれば四六マイルである。後者はその距離を注意深く歩測したのに対して、前者は推測によって距離を見積もったにすぎないようなので、パンディットが出した結論が最も正しいものとして採用されているのである。(54)

このようにして、モンゴメリは彼の協力者を「従順な身体(docile body)[9]」、すなわち単なる機器としての地位から、同国人のサミュエル・ターナーに比肩する、あるいは比べうる——たとえより優れてはいないとしても——者に高めることに成功したのである。実際に、ナイン・シンが勝ち取ったヨーロッパの多くの賞は、知識や、その知識を得るべく結集された技術の正当性を補強するものと見なすことができるのと同様に、それらの賞を贈られたナイン・シン個人が認知されたしるしとしても見ることができるだろう。

較正と正当化に対する以上のような努力のおかげで、その後、「パンディットという［計測］機器」によって生み出された知識は有効なものと認められ、地図や人類学、言語的テクスト、そしてまた中央アジア政治に関するテクストの形で、それらが形成された場所を離れてはるか遠方に伝えられていった。しかし、人間「［計測］機器」と彼らが組み込まれた偉業の結果はどうなったのだろうか。彼らを移動させ利用しようとした過程は、簡単に追えるようなものではない。しかし、二つのエピソードが、彼らの利用がどの程度普及しえたかを解明する、若干の手掛かりを与えてくれるだろう。

その第一は、身体［を使った］測量技術を別の帝国主義勢力——すなわちロシア——が利用しようとした試みに関わる。主としてヴィクトリア朝時代の地理学者の共同体に見られた国際性のゆえに、トランスヒマラヤ地域への遠征に関するほとんどすべての報告書や技術的な刊行物は、マニ車や数珠と同様に、サンクトペテルブルクのロシア帝国地理学協会の同僚たちに送られた。しかし、少なくとも七つの試みがあったとはいえ、ロシアはこの知識も機器も使うことができなかった。人間〔計測〕機器の不在に加えて、システム全体の機能を支えていた信用と共謀関係がロシアには欠けていたからである。すでに見たように、後者の条件〔つまり信用と共謀関係〕は、イギリス・インド帝国とともに生み出されてきたものであり、他の帝国に送り伝えられるものではなかった。[55] モンゴメリの戦略が、実験の再現可能性と、現地人の密偵に対する自信と信頼性の賦与という二重のへその緒で養われていたとすれば、これこそ先立つ数世紀を通して築き上げられてきた制度化した伝統のなかで初めて考案されうるものであった。

第二の事例は、読み書きができなかったために、ラサからツァンポ川を下る流路を確定するべく中国人ラマ僧の配下に入って一八八〇年に派遣された、ダージリン出身のパンディット、キントゥプの話である。そのラマ僧はあるチベットの僧院にキントゥプを売り払った後に姿をくらましてしまった。しかし、キントゥプは僧院の長のために働いて自由を買い戻し、任務を続け——しかもそれを成功させたのである。[56] 明らかに、イギリスは、その中国人ラマ僧との間に必要な信用と共謀関係を打ち立てることができていなかったが、その一方で、キントゥプやその他のパンディットとの間にはそれがあったのである。

終章　リロケーション

本書は、近代科学が純粋に西ヨーロッパの創造物であると広く見なされてしまっていることを確認するところから出発し、続いて、近代科学と他の社会・文化との関係に関する学問的な概念や議論について簡潔に紹介した。これらは、西洋の認識論的、社会学的、経済的な独自性を中心に展開するか、あるいはそうでなければ、その世界規模の普及のメカニズムを強調していた。科学史上の特定の、そして実際重要な時機《モーメント》にまつわる歴史的証拠を挙げつつ、本書は、近代科学は西洋で創造されたのだという、おおかた実証されていないにもかかわらず信条となってしまったもの、さらに、それはその後に西洋以外の場に拡散し、強要されたという前提の両方を問い直すものである。科学史のたいていの研究において好まれる場としての西洋の実験室（ほぼ不変的にそうである）の隔離された空間から、間文化的な接触領域――本書の場合、近世の貿易によって南アジアの人々とヨーロッパ人の間に築かれたもの――へと視点をシフトさせることによって、本書は、異なった、そして限りなくさらに多様な環境に知の生成の現場を再配置《リロケート》した。文明論的あるいは普及論的なモデルのかわりに、そして、「科学と帝国」研究の内部における従来の立場とは対照的に、本書は、双方の地域出身のさまざまな技術者の共同体《コミュニティ》および個人の間の共同構築的な交渉プロセスを通して科学知が生成されたと主張する。その結果、遭遇した二つの社会の両側において、既存の知および専門的実践の再編とともに新たな知の形式が出現したのである。実際、こうして出現した知が遭遇に完全に付随するものであったということ、さらに、「西洋の」科学として通用しているものの重要部分が実際には西洋の外側でつくられたということは、本書の論点のひとつである。

近年の科学研究に特徴的な社会的・人類学的転回を取り入れつつ、本書はこの学問が取り組んできた知の生成に関する重大な問いおよび問題を拡張し、より複雑なものにした。間人間的な信頼、較正、翻訳、そして芸術、科学、道具、身体化された技術の間の関係性は、今や単に西ヨーロッパのエリート学識者たちの領域の内部において考慮されるものではなく、近代の科学知のこれほど多くが生成されていたもっと広い世界において問われるべきものである。現在ここで披露している研究が示そうとしている解答は、確かに知の生成およびその複製可能性におけるこれらの諸問題の根本的重要性を強化するものであるが、それだけではなく、間文化的な文脈におけるそれらの複雑さをも強調している。それらはまた、互いの世界が通約可能になるように、関係する異なる諸文化の間に類似性を設けるべく多くのアクターが果たした積極的な役割にも注意を促す。例えば、第3章で見たように、(特定の)イギリス人と(特定の)南アジアの人々の間の間人間的な信頼は、共通の系譜、言語、文化、そして共有される商業的利益を設けることに基づいていた。

実際、長距離商業ネットワークの文脈の内側に科学知の生成および認証を再配置《リロケート》することは、これまであまりにも無視されてきた近代科学の勃興および発展におけるグローバルな貿易と貿易会社の役割をそれが明るみに出す限りにおいて、本書の主要な貢献のうちのもうひとつのものである。なぜなら、貿易と知のネットワークの連鎖がすでに何人かの学者によって言及されてきた一方で、この関係性の詳細な検討はオランダ東インド会社の文脈を除いてこれまでほとんどなされてこなかったように思われるからである。(1) 知、知に関係する技術、物質文化の循環がいかに近世の商業ネットワークおよび社会的紐帯《ソーシャビリティ》に依拠したか、そして、いかにこれらのネットワークがその発展において互いを利用し合ったかを、ここで提示した事例研究がうまく示すことができたとすれば幸いである。これらの諸世界を航行した個人のアクターがたどった軌跡に焦点を合わせることは、どれだけ多くの科学の重要なキャリアが貿易会社内でつくられたかということにさらに光をあてていくことになるのであり、また、後者と学識者の機関や共同体との間の緊密で複雑なつながりに対する我々の理解をさらに深めてくれる。年代順に事例研究を配列することで、ヨーロッパ―南アジアの文脈において、商業的相互作用から帝国的支配への変容がどのようにして、知の新たな形態――特に測量と地図製作――が構築される新しい領域（歳入徴収と貿易に加えて）としての社会統治および国政術《ステートクラフト》の導入を伴ったかということが示されている。

人間活動のこうしたさまざまな様相の間の相互作用は、接触領域という概念に対してより複雑な意味を与える。地理的、民族的に異なるグループ間の遭遇を研究するという元来の用法から離れ、それは今や、同一のあるいは異なる地理的背景における、互いに異なるタイプのさまざまな人間活動――貿易、国政術、知の生成――の間の遭遇に対して有効なかたちで適用されうる。このシフトは、科学史研究の新たな展望を拓くものである。これについてはまたすぐ後で触れる。共同構築という概念もまた、知の生成だけでなく、知、貿易、初期の帝国・植民地国家、そして帝国的・植民地的・地域的アイデンティティの共同展開にも焦点を合わせ、より広範な意味を帯びていく。

おそらく、本書が提案する最も重要なリロケーションは循環に関するものである。多くの形式の歴史において、とりわけ経済史、社会史、文化史においてよく研究される現象である循環は、科学史においては、理論化こそされていないものの繰り返し論じられる概念である。この後者の領域においては、循環は、二つの時機《モーメント》――ひとつ目は、ある一定の（たいていは隔離された）場における外部世界からの情報やデータの収集および整理、そして次に二つ目は、こうした背景で生み出された知の普及――において動きはじめる。ブルーノ・ラトゥールが、「計算の中心」と自ら名づける閉ざされた空間の外側にあるソースからの情報の収集と蓄積について詳論したことは有名である。一八世紀後期のフランスによる環太平洋北東部についての地理学の構築を主要例として取り上げながら、ラトゥールはこの知が、この惑星の果てで収集されたデータの安定化およびヨーロッパの大都市への誤伝なき伝達を通して初めて生まれえた、とする。彼は、こうした情報単位を「不変で組み合わせ可能な可動物（mobiles）」と呼ぶ。こうして、ラトゥールの議論においては、西ヨーロッパが自らが「中心」であると主張し、その他の世界を周辺の地位に格下げできたのは、まさしく、誤伝を防止し（おもに紙と印刷文化を手段として）、これらの単位の情報を一箇所に集め、そしてそれらを別の場所で集められた他の単位の情報と組み合わせるべく、そうした情報を安定化する能力を有していたからにほかならない[2]。実践者、技術、テクスト、地図、道具、概念が大陸と共同体の間を循環するところを追跡していくラトゥールの手法を用いつつも、本書はかわりに、地理的な転移、そして／あるいは社会的な転位の過程における、人々自身と彼らが体現する知および技術の変化しやすい性質を主張していく。加えて、権力のヒエラルキーと歴史的、地理的に位置づけられた遭遇の性質が流用のプロセスを特徴づけたのであり、その結果、異なる地域において知識が異なる根拠に基づくようになったのである。

最後に、本書は、循環が限られた空間内で起こるということを示唆する。こうした空間の地理は歴史的に変化する――前植民地期および植民地期の南アジアにおける測量および地図製作の実践に関する章で指摘したように、空間は主として南―中央―西アジア的なものから、イギリスおよびその台頭しつつある帝国と有機的につながったものへと変化した。同様に、循環空間の性質は経年的に変化すると考えられる。近世の南アジアの事例の場合、貿易と商業ネットワークに緊密に結びついたものから、それは次第に、植民地的・帝国的国家の台頭および発展とともに、国家によって運営される諸機関とより緊密に関係づけられるようになっていくのである。

しかしながら、こうして検討された知の性質の観点からこれらすべてのリロケーションとそれらが示唆する制限を考慮すると、近代科学を純粋な西洋産と見なす通例の歴史的説明、すなわち数学、物理学、化学、そしてしばしば生物学の歴史――手短にいえば一般的に「ハード・サイエンス」として知られているもの――に主に依拠した語《ナラティブ》りに対して真剣に異議を申し立てるには、本書で考察された諸活動はどれほど妥当なのかと問いたくなるかもしれない。換言すれば、ここで選択された諸事例はあまりに周辺的すぎて、近代そのものの基礎としての西洋科学という覇権的な「マスター・ナラティブ」をやんわりと問い直す以上のことができないのではないのか。これに対する答えは、部分的には、近世ヨーロッパの学識者の共同体の間で何が知の構成要素であったかを同定することで得られる。物理学や化学といった今日の学問領域《ディシプリン》の区分は一九世紀が進むなかで生じていったのであり、本書で示された事例研究のうち最後のものを除くすべてにとっては時代錯誤である、ということは思い起こしておかなくてはならない。そして本書の事例は、すでに見たように、時代遅れの測量技術を描写するものであるどころか、ヴィクトリア朝時代の科学精神に全体的に関わるものであって、実際、まさにその核心部分を占めていたのである。二〇世紀の最初の数十年以来展開されてきた科学史の言説——それ自体、「西洋とそれ以外との分水嶺」を仮定することを目的としたより大きなイデオロギー的言説の一部であった——とは逆に、近年の、着実に増加傾向にある学識が説得的に示しているように、近世の主要な知の形態を形成したのはまさに自然史、土地測量、民族学、言語学、行政技術にほかならなかった。(3) 実際、フランスの王立科学アカデミーが、一七〜一八世紀においては土地測量や地図作成といった分野の研究によって最もよく知られていたということに留意することは重要である。(4) そのうえ、当時の多くの科学者たちは、天文学、数学、自然哲学と同じくらい、自然史、民族誌、そして今日であれば社会・人文科学と呼ばれるであろうような主題を専門にした。興味深いことに、没後に刊行されたニュートンの民族学的人類史——『改訂古代王国年代学』（一七二八年）——は、少なくとも一八世紀においては彼の『プリンキピア』と同じくらいよく読まれた。本書で提示した諸事例が、こうした科学史を見直す鍵となる時機のいくつかを成し、また、近代知および近代そのものの発展の理解にとって中心となるのは、実際、これらの知の諸形態がグローバルかつ「屋外《オープンエア》」的な性質をもち国際貿易との密接なつながり——まさに本書で扱ったリロケーションによるもの

――があるからなのである。そして、本書で提示した研究の登場人物の多くは、近代世界の出現にとっての重要人物だった。しかも、近世の自然哲学と天文学の生成に関する近年の研究は、近代科学のいわゆる核の部分の多くの重要な側面でさえヨーロッパ人とそれ以外の人々との間文化的な遭遇における交渉の結果だった、ということを示している。(5) 最後に、科学とは「この主題」や「あの主題」の内容以上のものである、ということも付け加えておくべきだろう。少なくともトマス・クーンによる影響力のある研究以来、科学は歴史的なものとしての価値観、規範、社会的紐帯、社会的かつジェンダー化された分業、証明の体制などの一式でもあるということが今やおおかた承認されている。本書が示そうと努力してきたように、こうした構成要素となる価値観の多くはまた、間文化的な遭遇を通してつくりだされたのである。

たとえ本書が科学史への貢献を第一に意図しているとしても、それが詳説するテーマの多くは社会史、文化史、そして人類学のものでもある。そして、近年の多くの歴史叙述、とりわけ南アジアに関するものは、同様の問いに触れてきた。ほんの数例を挙げただけでも、バーナード・コーン、ニコラス・ダークス、ユージン・イーシック、ギャン・プラカーシュ、トマス・トラウトマン、フィリップ・ワゴナーもまた、本書で提起した問題の多くを、なかでも特に彼らの多くが「植民地的な知」として言及するものの構築において先住者の果たした役割を扱ってきた。(6)

二つの相反する評価がこれらの歴史家たちのなかから出てきた。エドワード・サイード以降、コーン、プラカーシュ、ダークスを含む一派は、先住者は知の生産においてあらゆる主体性を奪われており、最小限の役割――せいぜい、自らの様式に従って知を組織する活動的なヨーロッパ人に対して、生の情報を提供する受け身的な情報提供者としての役割――しか演じなかったのだ、という論陣を張っている。あからさまにこの立ち位置に反論するかたちで、イーシック、トラウトマン、ワゴナーらは、植民地化された南アジアの人々が「植民地的な知」が構築される対話的プロセスにおいて決定的な役割を果たし、そのプロセスにおいて「イギリス人よりもより大きな優位性を行使し」さえした、と主張している。[7]

　前植民地期から一九世紀末におよぶ長い歴史的範囲をカバーしながら、本書は、知を基盤とする遭遇が大概において植民地化に先立つものであったこと、そして近世のヨーロッパ世界と南アジア世界の間に大きな分断はなかったということを示した。南アジアの諸社会は静的でも不変的でもなかっただけでなく、西ヨーロッパのものと完全に無関係ではない論理やダイナミクスをもって知の生産活動に従事する多様な専門家共同体を有していた。もちろん、こう言うことでそれらが自らの特殊性をもたなかったと言っているわけではなく、双方の空間における専門的実践において相互に認識可能な類似性もまた存在した、ということを言っているのである。それは、先住者のアクターが知の生成と普及において決定的な役割を果たした一方で、そこで発生する交渉プロセスにおいて本質的な非対称性——不可避の権力関係——が存在した、ということをさらに例証する。最後にそれは、ヨーロッパの大都市以外の文脈で生産された知をローカルな、あるいは地理的に制限された「植民地的な知」の地位へと格下げするかわりに、デイヴィッド・ウォッシュブルック、クリストファー・ベイリー、そしてリンダ・コリーといった現代の多くの著名なイギリス人歴史家たちの研究により即したかたちで、この知はイギリスおよびイギリス社会、そして実際のところ近代科学、さらに近代そのものの形成にとって中心的だったと主張する。

　にもかかわらず、こうした近年の修正主義的なイギリス史およびイギリス帝国史によって展開されている視点を共有する一方で、本書は、この潮流内で生まれたとりわけ影響力のある著書、すなわちクリストファー・ベイリーの『帝国と情報（*Empire and Information*）』とは相容れない。[8] ここでその違いをやや詳しく見ておくことは価値があると思われる。彼自身の他の研究で見られた共同生産主義的（co-productivist）な視点から距離をとっていくなかで、同書でベイリーは前植民地期のインドの先住者の複雑な情報収集ネットワーク——バザールにいる噂話の好きな人々、仲人、助産婦から、天文学者、医師、哲学者にいたるまで——を調査し、さらに、一八世紀後半に権力の座についてからイギリス人によって設けられた監視システムへとそれらが部分的に包摂（インフォーマルなものだったけれども）されていった必然ならざる歴史を調べている。「植民地的な情報秩序は、インド人の先駆者がつくった基盤の上に建てられ〔……〕イギリス人の世界観を反映するヒエラルキーに再分類され、組み込まれていった」と、彼は述べる。(9) しかしながら、イギリス人の政府役人と情報提供者の間の相互不信、誤伝達、暴力によって引き裂かれ、新しい植民地国家の諜報システムは脆弱だった。イギリス人は、ほとんど思いもかけないかたちで一八五七年の民衆の反乱――それによって彼らは南アジアの帝国をほとんど失いかけた――に遭遇し、その企て全体が歴史的失敗に終わる結果になった。

しかしベイリーは、知の生産および普及を目的とする、より成功し持続的でもある諸制度の働きを扱わない。植民地の情報秩序はそれらにも同じくらい依拠していた。実際、一八世紀後期には、地理測量、農学、植物学、林学、人類学といった、植民地的そして帝都的な秩序に支えられると同時にそれを強化する多くのフィールド科学の台頭が、イギリスとその植民地の両方において見られたのである。(10)

たしかに彼は、有識者のインド人とイギリス人たちの間で交わされた科学および科学知の地位について、の論争について実際に議論している。しかしこれは副次的な議論であって、新しい知の生成からは一歩離れたところにある。(11) さらに、ベイリーのアプローチはこの時代におけるこうした諸科学の発展を研究するには不十分である。まず最初に、彼自身もよくわかっているように、当時イギリス人自身がナショナル・アイデンティティを創出する過程にあった。先住者の知の統合先として、その時代のただひとつのイギリス的なエピステーメーについて語ることは時代錯誤である。(12) 加えて、フィールド科学は、『帝国と情報』の核心にある情報収集のインフォーマルなネットワークよりも厳格で、形式的で、そして階層化された制度的文脈において発展した。実際、これらの制度がうまく機能することは、物資的・社会的世界に対する国家によるある一定の権威の安定的な強要――それは個人とそのインフォーマルなネットワークの手には負えない仕事だった――を前提としていた[13]。そして、植民地的な諸制度は、既存の先住者の体制から発展し、その人員の多くを継承したけれども、それらは――本書が示すとおり――新たな状況によって変容し、過去の実践や伝統の単なる直線的な派生物ではないような新しい知の形態を生み出した。こうして、植民地的制度の研究は、交渉と協力を舞台中央へ引き戻すことによってこの時代における知の生成の複雑な性格を説明するアプローチ――ベイリーの以前の研究および近年の科学史と科学社会学により近いアプローチ――を要請する。

本書は主にひとつの接触領域に焦点を合わせ、六つの事例研究に限られているものの、間文化的遭遇の歴史という、より広い領域に対して重要な波及効果をもっている。かくしてそれは、ここで展開された主張を広げていくべく、南アジア研究者に限らない他の地域、時代、知の領域を専門にする学者――およびトランスナショナル・ヒストリー、世界史という新たに台頭しつつある分野――にも視点を提供する。結論として、私は簡潔に四つの有望なテーマと方向性に焦点を合わせたいと思う。

ヨーロッパ―南アジアの知の遭遇自体はより幅広いもので、ここで扱ってきたよりも多くの領域にまたがるものだった。例えば統計学、民族学、天文学、地質学、測地学等の他の分野における知の構築について、さらに多くの事例が研究される必要がある。それを実行するためのひとつの手段は、これらの分野の多くが発展した場であるにもかかわらず、いまだに本格的に歴史化されていないインド測量局のような機関の歴史を調査することである。カルカッタ、マドラス、ボンベイ、ハイデラバードといった主要な都市中央部も接触領域と見なしうるし――実際それらは接触領域の非常に良い例だった――、それらの歴史にもこの視点から新たに取り組むことができよう。

また接触領域は、知の生産においてヨーロッパを含むこともあればそうでないこともあるような、他の地理的、歴史的に異なる遭遇へとその適用範囲を拡大することもできるだろう。前近代そして近世における南アジア、中央アジア、西アジアの間の、あるいは東南アジアと中国の間の接触領域と知の循環空間は、史料の豊富な調査領域として可能性を秘めている。同様にこの概念は、ヨーロッパ内部の知の生産におけるさまざまな専門家共同体の間の遭遇および相互交渉――貿易と教育の世界の間の接触領域に関して本書で示してきたように――に対して、そしてもっといえば、異なる学問領域の内部におけるそれらに対しても有意義に適用しうる。というのは、専門化された学問領域自体が、互いに大きく異なる専門性を有し、そして実際多様な社会空間出身の知の共同体の間の相互交渉によってしばしば構成されているからである。これらの実践をまとめ、そしてそれによって新たな知を生み出すうえで、仲介者たちや中間者たち（go-betweens）の役割が重要だったことが示されてきた。[14] 例えば、ジェイムズ・ジュールに関する一連の独創的な研究のなかで、オットー・スィブンは、熱の仕事当量の着想にあたって醸造家の技術がどのように物理学によって見出されたかを示している。[15]

知の共同構築の概念は、「西洋」科学がその他の世界における発展にインパクトを与えたというお定まりの言挙げに対抗する重要なものである。それは、その他の帝国空間、地域、時代に拡大されるべきである。序章で述べたとおり、この概念はカトリック両王時代の南北アメリカにおける知の生成に関してすでに漠然と示されていた。しかしながら、すべてのスペイン領にまたがるさらなる研究が、そしてさまざまな総督領の比較が必要である。さらに重要なことには、本書はまた、科学知とナショナル・アイデンティティの共同構築を指摘する。これについては、帝国の近代空間だけでなく一八世紀から一九世紀にかけて形成されていったヨーロッパの国民国家の内部においても、真に主題化し、取り組まなければならない。

最後に、循環と知の生産・認証・正当化・再流用の間の結びつきが歴史化される必要がある。本書は、知とその仲介者が循環するさまざまなネットワークと空間を明らかにし、いかにそれらが一七世紀から一九世紀の間に貿易ネットワークから社会統治と政治行政のネットワークへと変容したかを明るみに出す端緒を開いた。しかしながら、一九世紀と二〇世紀には工業などの他の領域もまた出現してグローバル化を遂げていったのであり、そこでもまた知と技術が循環し、創造され、再編されるような新たなネットワークや空間を生み出していた。循環空間の性質と地理は、こうして時代とともに変容したのであり、これらは南アジアという特定の事例とより大きな世界史的視点の両方において取り組み、理解される必要がある。手短に言えば、これは息の長い――そして刺激的な――課題なのである。

謝　辞

いくら単著であっても、実際に一人の力だけで書かれたという場合はほとんどないだろう。この本も例外ではない。

最初に、サンジャイ・スブラフマニヤムに感謝したい。彼の励ましと催促がなければ、本書が陽の目をみることはなかっただろう——少なくとも現在の形では。彼がパリにいた頃に交わした数多くの議論から、本書の多くのテーマが導き出された。また、二十年来の友人であるサイモン・シャッファーは、常にインスピレーションとアイデアの源であり続けてくれた。本書で展開した歴史的・人類学的・帝国的視点の多くは、彼に負うところが大きい。そして、視点や価値観を深く共有する友人かつ同僚のイヴ・コーエンとの長年に及ぶ知的交流によって、知の構築における循環の役割を主題化することができるようになった。

ほかの親しい友人や同僚も、本書ができあがるまでに大きな役割を果たしてくれた。彼らもまた私の家族と同様に、私が各々のケーススタディの素材を口頭あるいは文章で説明しようと試みる際に、快く協力してくれた。ムザッファル・アラム、マリー＝ノエル・ブルゲ、マイケル・カロン、ソラヤ・デ・シャダルヴァン、スディル・シャンドラ、ジェラール・シュヴァリエ、ジャン＝マルク・ドルアン、ヴォルカー・アイスマン、キャロライン・フォード、ノーマン・グリッツ、サージ・グルジンスキ、S・イルファン・ハービブ、エイヴィンド・カーズ、ジョン・クリッグ、マネーシャ・ラル、ジェイムズ・マクレラン三世、クロード・マルコヴィッツとピヤリ・マルコヴィッツ、ギャネンドラ・パンディ、パスカル・パーラント、ドミニク・ペストル、ドゥルヴ・ライナ、アントネッラ・ロマーノ、カルメン・サラザール＝ソラー、モーリス・セパセール、ニーラム・セティ、ギータンジャリ・シュリー、オットー・スィブン、スーザン・グロス・ソロモン、エマ・スパリー、ステファン・ヴァン・ダム、そしてラマ、アナスヤ、アルジュンは我慢強く私の話を聞いてくれたり、各章の草稿を読んでくれたりした。私の語りは、彼らのコメントと批評によって形づくられたのである。

いくつかの章の題材は、さまざまな学術セミナーや国際会議で発表されたものである。とりわけケンブリッジ大学の歴史学科と科学哲学科、コーネル大学の科学技術研究プログラムと現代ヨーロッパ史セミナー、そしてアカディア大学である。私を招待してくれたサイモン・シャッファー、ピーター・ディア、ジャン・マロンテートにもう一度感謝を述べたい。本書のほとんどの章は、フランス社会科学高等研究院の「アジア・アメリカ」セミナーにおいて、さまざまな形で発表されたものである。このセミナーは、私がセージ・グルジンスキ、カルメン・サラザール＝ソラー、サンジャイ・スブラフマニヤム、ネイサン・ウォクテルと共同で組織した。あるいは、現在イヴ・コーエンと運営している「地方性と循環」セミナーで発表されたものもある。ジャン＝マルク・ドゥルアンとピエトロ・コルシは、近世の博物学に関する私の仮説を、社会科学高等研究院のアレクサンドル・コイレ科学史センターで発表する機会を与えてくれた。すべての同僚、およびこれらのセミナーの参加者たちによる、洞察に満ちた知見と異議に感謝したい。それらのおかげで、本書の中心となるテーゼにさらに磨きをかけることができた。さらに、多くの同僚が本書のいくつかの章を読んでくれたし、なかには勇敢にも原稿全体を読破してくれる者もいた。また、ミシェル・ウェルナー、ベネディクト・ジマーマンと交わした議論によって、循環という概念を研ぎ澄まし、彼らの「交差する歴史」と区別することができた。

パリのギメ美術館のオカダ・アミナ、ロンドンのヴィクトリア・アンド・アルバート美術館のローズマリー・クリルは、紙や織物におけるインドの絵画技法や様式に関する莫大な知識を共有してくれた。そのことによって、第1章の主題となるランプルールの草稿の出所を特定することができた。また、パリ外国宣教会のジェラルド・ムゼー神父と、英国図書館の東洋・インド・オフィス・コレクション（現在）のアンドリュー・クックとティモシー・トーマスからの多大なる支援にも感謝したい。彼らは私をさまざまな関連資料へと導いてくれたり、さらには新しい資料を教えてくれたりした。

いくつかの章の初期のヴァージョンや短縮版は、すでに発表されたものである。'Surgeons, Fakirs, Merchants and Craftspeople : Making L'Empereur's Jardin in Early Modern South Asia' in Londa Shiebinger and Claudia Swan, eds., *Colonial Botany : Science, Commerce, and Politics in the Early Modern World* (Philadelphia : University of Pennsylvania Press, 2005), pp. 252–69 ; 'Circulation and the Emergence of Modern Mapping : Great Britain and Early Colonial India, 1764–1820' in Claude Markovits, Jacques Pouchepadass and Sanjay Subrahmanyam, eds., *Society and Circulation : Mobile People and Itinerant Cultures in South Asia 1750–1950* (Delhi : Permanent Black, 2003), pp. 23–54 ; 'Refashioning Civilities, Engineering Trust : William Jones, Indian Intermediaries and the Production of Reliable Legal Knowledge in Late Eighteenth-Century Bengal' in *Studies in History*, vol. 17, no. 2 (2001), pp. 175–210 ; 'When Human Travellers become Instruments : The Indo-British Exploration of Central Asia in the Nineteenth Century' in Marie-Noëlle Bouguet, Christian Licoppe and Heinz Otto Sibum, eds., *Instruments, Travel and Science : Itineraries of Precision from the Seventeenth to the Twentieth Century* (London & New York : Routledge, 2002), pp. 156–88. 本書への掲載を認めてくれたことについて、各出版社に感謝したい。

最後に、パルグレイブ・マクミラン社のマイケル・ストラングとルース・アイルランドの陽気さと、彼らからの支援に心から感謝する。

訳者あとがき

本書は、Kapil Raj, *Relocating Modern Science: Circulation and the Construction of Knowledge in South Asia and Europe, 1650–1900* (Basingstoke: Palgrave Macmillan, 2007) の全訳である。著者のカピル・ラジはインド出身の科学史研究者で、現在はフランスの社会科学高等研究院（École des Hautes Études en Sciences Sociales: EHESS）の教授を務めている。ラジは、タイトルにもある「relocation」という用語を、近代科学の生成の場を西洋の実験室とは「別の場所に見出す」という意味と、それを通じて科学史を「読み換える」という二重の意味で用いている。この二重性を日本語で表現するのが難しいため、邦訳の正題は敢えて『近代科学のリロケーション』とした。

この著作は、一六世紀末から一九世紀後半にかけての約三〇〇年の間に、ヨーロッパと南アジアを横断するグローバルな空間において、近代的な科学知がいかに生成されたかを論じる歴史研究の書である。議論は、六つの事例研究に基づいてなされている。第1章から第3章では、植物、地理、法、言語に関する知の生成がとりあげられ、両地域の人々の間で展開される間文化的《インターカルチュラル》な交渉のプロセスが論じられる。第4章と第5章は、イギリスによる南アジアの植民地化の拠点であったカルカッタに一九世紀初頭に設立されたフォート・ウィリアム・カレッジとヒンドゥー・カレッジという二つの高等教育機関をそれぞれとりあげ、科学知の間文化的な生成がいかに制度化されたかを議論する。第6章は、一九世紀後半のトランスヒマラヤ中央アジアにおける測量調査を事例として、科学道具および装置の構築・改良における間文化的な遭遇の歴史的意味について考察している。

序章と終章において詳述されているとおり、本書の目的は、いくつかの事例に関する実証研究を通じて、近代科学の歴史を文字通り「読み換える」ことである。そして上で触れたとおり、「リロケーション」のもう一つの意味は「別の場所に見出す」ということであり、本書におけるラジの主張は、ヨーロッパに生まれ、そこから世界に普及していったとされてきた近代科学の重要部分が、実際にはヨーロッパの外側において作られたのだ、ということである。この主張を例証すべく、彼は「接触領域《コンタクト・ゾーン》」や「共同構築」の概念を駆使しつつ、ヨーロッパと南アジアにまたがる空間のなかで異なる文化的背景を持った人々が科学的な企てにおいていかに相互協力関係にあったかを論じている。両者の関係は必ずしも対等であったわけではないが――とりわけイギリスによる植民地化が始まった一八世紀半ば以降はそれがいえる――、南アジア側の人々もそうした間文化的な交渉に主体的に関わり、そのことを通じて近代的な科学知生成の不可欠な担い手となったことをラジは示そうとする。この文脈において特に彼が重要視するのが、異なる文化的世界を通約可能にし、科学をめぐる交渉を可能にする「仲介者」の存在である。仲介者として本書で描かれる南アジア社会の人々は、ヨーロッパ人による科学的企てのために現地の「生データ」を提供するだけの受け身の存在ではない。彼らは科学調査のフィールドにおける単なる案内役でもなければ、西洋近代の無批判な模倣者でもなく、接触領域におけるその歴史的役割を通じてヨーロッパと南アジアのそれぞれの知的伝統の変容を媒介しつつ、近代における科学知の生成の核心に位置したのである。

仲介者の主体的なあり方に光を当てつつ、本書は長らく支配的な「西洋中心主義」的な科学史観――すなわち、近代科学はヨーロッパに起源を持ち、そこから非ヨーロッパ世界へと普及していったという見方――を突き崩そうと試みる。ただし、著者が西洋中心主義批判からも一定の距離を保っていることには注意を払う必要がある。序章で示されているとおり、ラジは、非西洋の知的伝統が西洋のものに劣っていないことを示そうとするナショナリストの歴史観からも、近代科学の普遍性を「脱構築」しようとするポストモダン的な歴史観――ポストコロニアル批評家や近年の「サバルタン研究」の歴史研究者の一部において顕著に見られる――からも、意識的に距離を置いている。ナショナリストの歴史観の問題は、「非西洋」的なるものを「西洋的」なものに対置させるなかで、互いに交わることなく自律して存在する二つの異なる科学的伝統の存在を前提としてしまうことである。一方、ポストモダン的アプローチは、「ネーション」そのものを近代の産物として批判的に見る一方で、象徴としての近代性に固執するあまり――もちろんそれはその「普遍性」に隠された西洋中心主義を徹底的に暴き出すためにほかならないのだが――逆に現地の人々の主体性をくみ取ることができない。とりわけラジにとって問題なのは、仲介者が近代的価値観のヘゲモニーを前に主体性を奪われた存在として描き出されてしまうことである。

この書において著者が焦点を合わせるのは、南アジアの科学に関する植民地表象でも、それに還元されない、それゆえにそれへの抵抗可能性としての「代替的近代《オルタナティブ・モダニティ》」でもない。彼にとって重要なのは、科学知をめぐる言説ではなく、科学知が生成された過程そのものであり、誰が、どのような歴史的条件のもとで科学に関わったかである。そして、ラジが新たに歴史的重要性を見出すのが、ヨーロッパの実験室に代わる近代科学の生成の場としての南アジアとの接触領域であり、間文化的交渉の媒介者としての南アジア人の仲介者の存在であり、そして当時の科学者の大きな知的関心の対象としての実践的な学問領域――植物学、地理学、言語学など――である。こうした主張に対しては、批判もありえよう。例えば、ラジ自身も認めているように、物理学や化学ではなく、彼が「屋外《オープンエア》」科学と呼ぶ地理学や植物学といった接触領域と関係の深い分野をもって「近代科学」を代表させることが果たして妥当かどうか。また、彼が好んでとりあげるイギリス人と南アジアの人々との間の協力関係が、一九世紀末以降の反植民地主義運動とどう関わるのか。いずれにせよ、ラジの提示する歴史像は大胆で刺激的であり、南アジア史やイギリス帝国史に限らず、今後さまざまな領域で議論されていくであろう。たとえば、近世・近代日本において西洋植物学と東アジア本草学の間で「科学知」の位置づけはどのように変わっていったのか、また、帝国日本の外邦図作成と「科学知」はどのような関係にあったのかなど、本書で展開される視点がさらに読み換えられるべき領域は限りなく広いと言えよう。

次に、本書の翻訳の分担について触れておきたい。序章、第5章、第6章、終章、謝辞を水谷が、第1章と第3章を水井が、第2章を水井と大澤が、第4章を大澤が、それぞれ担当し、全体の監訳は水谷が行った。本書は南アジアと近代科学との関係をテーマにしているが、訳者三名の専門領域は南アジア史でも科学史でもなく、イギリス（帝国）における政治・経済・社会である。この意味で、果たして我々が訳者として最適だったかどうかについては、確固たる自信があるわけではない。その一方で、接触領域や植民地的遭遇を主題化する本書が、南アジアに関わったさまざまなイギリス人の生き方や価値観およびそれらの歴史的変容を、また、狭義の科学史的展開というよりはむしろ科学知が生成・循環した歴史的背景としてのイギリス帝国の政治、社会、文化を英領インドの例に即して論じていること（特に第2章以降において）は、我々にとって興味深かった。

とはいえ、専門外の領域が多く含まれる本書を翻訳することは、やはり多くの困難を伴うものだった。本書が扱う時代は、タイトル通り「近代」というわけではなく、実際には「近世（early modern）」を含んでいる。近世の南アジア世界では、イングランド人やスコットランド人だけでなく、フランス人、オランダ人、ポルトガル人などがヨーロッパから訪れ、さまざまな活動を展開していたため、専門外の知識が要求された。さらに大きな難題として浮上したのは、南アジアの固有名詞（氏名、地名、役職名等）をどのように日本語で表記するかということだった。ムガル帝国が権勢を誇っていた近世において南アジアのエリート――その多くがムスリムであった――の宗教、行政、学問にとって重要であったアラビア語、ペルシア語、サンスクリット語などのアジア諸言語については、日本サンスクリット学の慣例を参考にしながら原語からの音写を原則として表記した。イギリスによる植民地化が進行した近代においては、英語が高等教育および行政の言語としてアラビア語とペルシア語に取って代わった。同時に、英語で教育を受けた新興のヒンドゥー・エリート層がそれぞれの地域で使う現地語《ヴァナキュラー》——ベンガル語やグジャラート語——などの重要度が増していったが、それらについても同様に原語からの音写を原則とした。第5章に頻出するベンガル語の固有名詞に関しては、近代ベンガル史が専門の中里成章・東京大学名誉教授にご教示いただきながら、音写による表記を行った。この他にも多くの専門研究者のご協力を得たことで、本書の翻訳が完成したことに心から感謝を申し上げたい。それでもなお本書に残る誤りはすべて訳者の責任に帰するものである。なお、原著に含まれる明らかな誤りは、訳者の判断で修正した場合があることをお断りしておく。

最後に、名古屋大学出版会の橘宗吾さんと三原大地さんにお礼を申し上げたい。水谷が橘さんから本書の翻訳の話をいただいたのは三年以上前のことであった。ちょうどその頃に水谷が新設の所属学部で役職に就いたこともあり、翻訳作業が大幅に遅れ、多大な心配をおかけした。編集を担当してくださった三原さんには、訳文の細かいところまで丹念にチェックしていただいた。本書が刊行に漕ぎ着けたのはお二人の情熱と能力によるところが大きい。

訳者一同

二〇一六年六月

《訳者略歴》

水谷《みずたに》　智《さとし》

同志社大学グローバル地域文化学部教授。博士（歴史学，オックスフォード大学）。

水《みず》井《い》万《ま》里《り》子《こ》

九州工業大学教養教育院教授。博士（歴史学，エクセター大学）。

大澤広晃《おおさわひろあき》

南山大学外国語学部講師。博士（歴史学，ロンドン大学）。

近代科学のリロケーション

2016年7月30日　初版第1刷発行

定価はカバーに
表示しています

訳　者　　水　谷　智　他

発行者　　金　山　弥　平

発行所　一般財団法人　名古屋大学出版会

〒464-0814　名古屋市千種区不老町1名古屋大学構内
電話（052）781-5027/FAX（052）781-0697

Printed in Japan

印刷・製本 ㈱太洋社

ISBN978-4-8158-0841-9

乱丁・落丁はお取替えいたします。

索　引

ア 行

『アーイーニ・アクバリー』 *A'in-i Akbari* 64, 68, 76, 110, 204
アクバル Akbar 63, 68, 75
アコスタ，クリストヴァル Christoval Acosta →コスタ，クリストヴァン・ダ
アジア協会 88, 89, 95, 120, 141, 143, 177
『アジア研究』 95, 141
アストロラーベ 64
アディスコーム士官学校 82, 160, 171
アフリカ 34, 59, 191, 194, 195, 203
『アフリカ植物誌』 *Hortus Africus* 34
アブル・ファズル Abu-al-Fadl 64
アヘン戦争 173
『アマラコーシャ』 *Amarakosa* 86
アム川 175, 187
アラン，アレグザンンダー Alexander Allan 71, 75
アンクティル=デュペロン，アブラム・ヤサント Abraham Hyacinth Anquetil-Duperron 65, 114
イーシック，ユージン Eugene Irshick 85, 214
イースト，エドワード・ハイド Edward Hyde East 149, 156
イェーツ，ウィリアム William Yates 161
イエズス会 34, 63, 68, 94, 177, 180, 181
医学 6, 10, 17, 26, 28, 30, 31, 34, 38, 39, 45, 112, 120, 153, 161, 164, 168
イスファハーニー，サーディク Sadiq Isfahani 74
『シャヒーディ・サーディク』 *Shahid-i Sadiq* 74
イスラーム 65, 74, 83, 102, 108, 109, 116, 128, 140, 152, 187
イブン・アル・ムラッキン Ibn al-Mulaqqin 108
『無遺言財産の相続に関するイスラーム法』 *Bhughyat al-bahith 'an jumal al-mawarith* 108
インダス川 187
インド大三角測量局 20, 58, 61, 129, 172, 174, 181, 186, 197, 201–204, 206, 217, 218
インド大反乱 96, 173, 193, 216
『インド・マラバール植物誌』 *Hortus Indicus Malabaricus* 32, 34, 38–43, 47
インド洋 8, 14, 24, 29, 32, 34, 37, 51–53, 59
ヴァンシタート，ヘンリー Henry Vansittart 76, 78
『ヴィヴァーダールナヴァセートゥ』 *Vivadarnavasetu* 103, 117
『ヴィヴァーダールナヴァバニャーナ』 *Vivadarnavabhanjana* 103
『ヴィヴァーダバンガールナヴァ』 *Vivadabhangarnava* 126, 127
ウィルキンズ，チャールズ Charles Wilkins 118
ウィルソン，ホーレス・ヘイマン Horace Hayman Wilson 160, 163
ウェルズリ，アーサー（ウェリントン公） Arthur Wellesley 135, 137
ウェルズリ，リチャード（モーニントン卿） Richard Wellesley 135–139, 142, 144, 145, 147
ウォー，アンドリュー・スコット Andrew Scott Waugh 201
ウォード，ウィリアム William Ward 161
ウォッシュブルック，デイヴィッド David Washbrook 215
ヴォルテール Voltaire 120
英印協会 164, 165
英国陸地測量部 62, 70
エヴェレスト，ジョージ George Everest 198, 202
『緯度 18° 3′ と 24° 7′ の間の子午線の弧の計測に関する記述』 *Account of the Measurement of an Arc of the Meridian between the*

カ　行

サ　行

タ　行

ナ　行

ハ　行

マ　行

ミルザー・シャイフ・イ・ティッサムディン Mirza Sheikh I'tesamuddin 114
ムーアヘッド，アラン Alan Moorehead 195
ムガル帝国 63-65, 75, 77, 79, 99, 101, 110, 152, 204
ムスリム 24, 64, 84, 152, 174
ムンシー 19, 60, 70, 87, 102, 124, 129, 140, 153, 205
メイ，ロバート Robert May 163, 164
『ゴニト』 *Gonito* 163, 164
モハパトシャラ 150
モラル・エコノミー 92
モンゴメリ，トマス・ジョージ Thomas George Montgomerie 171, 173, 175-179, 181, 186-188, 199-208
モンセラーテ，アントニオ Antonio Monserrate 63, 64, 68

ヤ・ラ・ワ行

ヤルカンド 177-181, 187, 200
ヤングハズバンド，フランシス Francis Younghusband 190, 197
ユール，ヘンリー Henry Yule 191
ラージャラージャ1世 Rajaraja I 62
ライデン大学附属植物園 32
ラクシュマイア，カーヴァリ・ヴェンカタ Kavali Venkata Lakshmaiah 204
ラゲ，ジル＝ベルナール Gilles-Bernard Raguet 47
ラサ 181, 182, 185, 188, 190, 197, 206, 208
ラトゥール，ブルーノ Bruno Latour 211, 212
ラマルク，ジャン＝バティスト Jean-Baptiste Lamarck 95
ランプルール，ニコラ Nicolas L'Empereur 26, 28, 30, 31, 33, 35-39, 41, 43, 45-53
リトグラフ印刷 81, 82
リンネ，カール・フォン Carl von Linné 32
ルイ14世 Louis XIV 34, 46
ルイ15世 Louis XV 47
ルーマン，ニクラス Niklas Luhmann 129
ルノアール，ピエール・クリストフ Pierre Christophe Lenoir 49
ルンフ，ゲオルグ・エーベルハルト（ルンフィウス） Georg Eberhard Rumpf（Rumphius） 32, 53
『アンボイナ植物標本集』 *Herbarium Amboinense* 53
レヴィツキ，チャールズ Charles Reviczky 105
レクルーズ，シャルル・ド Charles de l'Escluse 32
レネル，ジェイムズ James Rennell 66-70, 75-80, 84, 204
『ヒンドゥスターン地図』 *Map of Hindoostan* 67-69, 79, 80
『ヒンドゥスターン地図の覚書』 *Memoir of a Map of Hindoostan* 67, 68
レノルズ，ジョシュア Joshua Raynolds 105
レノルズ，チャールズ Charles Reynolds 71
ロイ，ウィリアム William Roy 61, 69
ロイ，ラムモホン Ramohun Roy 157, 168
ロクスバラ，ウィリアム William Roxburugh 100
六分儀 20, 83, 171, 178, 184, 185, 196, 197, 200, 202
ロシア 173, 174, 176, 179, 187, 190, 207, 208
ロシア帝国地理学協会 208
ロス，デイヴィッド David Ross 100, 168
ロストウ，ウォルト Walt Rostow 2
ローリストン，ジャン・ロー・ド Jean Law de Lauriston 68
ロンドン通信協会 132
ワゴナー，フィリップ Philip Wagoner 214

図版一覧

図 20　パンディットのナイン・シン，別名「ナンバー・ワン」。王立地理学協会蔵。 …… 183

図 21　パンディットのサラト・チャンドラ・ダースが描いたチベット仏教のマニ車。王立地理学協会蔵。 …… 184

図 22　1879 年にチベットからヤクに乗って帰る様子を描いた，サラト・チャンドラ・ダースの自画像。王立地理学協会蔵。 …… 188

図 23　パンディットのキシャン・シン。王立地理学協会蔵。 …… 189

図 24　パンディットによって選り抜かれた情報に基づく，チベットに関する初の地図群のうちの一葉。Clements Robert Markham, *A Memoir of the Indian Surveys* (London : Her Majesty's Secretary of State for India in Council, 2nd edn, 1878). …… 192

図 25　インド測量局の車輪付距離測定器。上：マドラス式車輪付距離測定器，下：エヴェレスト式車輪付距離測定器。Ralph Smyth and Henry Landour Thuillier, comp., *A Manual of Surveying for India* (Calcutta : W. Thacker & Co., 1851) からの著者による改作。 …… 199

図 26　トマス・ヒッキーによるコリン・マッケンジーの肖像画（1816 年） …… 205

参考文献

【アーカイヴ】

フランス

Archives Nationales, Paris

Fonds de la Marine

Académie des Sciences, Paris : Archives

Missions Étrangères de Paris : Archives

Muséum National d'Histoire Naturelle, Paris

Central Library : manuscripts collection

Laboratoire de Phanérogamie : correspondence of Antoine de Jussieu

Centre d'Archives d'Outre-Mer, Aix-en-Provence

Colonies

Archives Ministérielles anciennes—Séries C and F

Inde—Série O : Notariat de Chandernagor

インド

National Archives of India, New Delhi

Home Miscellaneous Series

Memoirs of the Survey of India

Survey of India, Dehra Dun volumes

イギリス

British Library, London

Oriental and India Office Collections

Bengal Military Consultations

Bengal Public Consultations

Bengal Wills

Board's Collections

Bombay Military Consultations

Court Despatches

Court Minutes

European Manuscripts

Home Correspondence

Home Miscellaneous

Mackenzie Manuscripts, General Collection
Madras Military Consultations
Oriental Manuscripts
Manuscript Collections
Additional Manuscripts
European Manuscripts
Wellesley Papers
Public Records Office, London
Royal Geographical Society, London
University of Cambridge Library
University of Oxford, Bodleian Library

【公式文書（年代順）】

Reports from Committees of the House of Commons, 1772–1773 (London : 1803)
Review of the Affairs of India, from the Year 1798, to the Year 1806 ; Comprehending a Summary Account of the Principal Transactions during that Eventful Period (London, 1807)
Report of the Provisional Committee of the Calcutta School-Book Society (Calcutta : 1817)
Annual Reports of the Calcutta School-Book Society, 1st–10th Report (Calcutta : 1817–34)
Report from the Select Committee of the House of Lords on the Affairs of the East India Company on the Renewal of the Charter, 1831–32 (London : 1833)
Wellesley, Richard Colley, *The Despatches, Minutes and Correspondence, of the Marquess Wellesley K. G., During his Administration in India*, ed. Robert Montgomerie Martin, 5 vols. (London : W. H. Allen & Co., 1836)
The Sessional Papers, of the House of Lords in the Session 1852–3, vol. XXIX : *Government of Indian Territories*, 'The Second Report from the Select Committee of the House of Lords Appointed to inquire into the Operations of the Act 3 & 4, c. 85, for the better Government of Her Majesty's Indian Territories ; Minutes of Evidence' (London : 1853)
[Thomas George Montgomerie], *Trans-Himalayan Explorations* (Dehra Doon : Survey of India, 1867)
[Idem], *Report on Trans-Himalayan Explorations* (Dehra Doon : Survey of India, 1868)
Long, James, ed., *Selections from Unpublished Records of Government for the Years 1748 to 1767 inclusive Relating Mainly to the Social Conditions of Bengal* (Calcutta : Superintendent of Government Printing, 1869)
Narrative of Surveys made, during 1876, by 'The Mullah', in connexion with the operations of the Great Trigonometrical Survey of India (Simla : Government of India Press, 1877)
Forrest, George William, ed., *Selections from the State Papers of Governors-General of India*, 4 vols. (Oxford : Blackwell, 1910–26)
Burrard, Sidney Gerald, ed., *Exploration in Tibet and Neighbouring Regions, Part 1, 1865–1879 ; Part 2, 1879–1892*. Records of the Survey of India, vol. VIII, 2 parts (Dehra Dun : Survey of

India Press, 1915)
Sharp, Henry, ed., *Selections from Educational Records* (Calcutta : Superintendent of Government Printing, 1920)
Indian Statutory Commission [Simon Commission], *Review of the Growth of Education in British India* (London : His Majesty's Stationery Office, 1929)
Adam, William, *Reports on the State of Education in Bengal (1835 & 1838)*, ed. A. Basu (Calcutta : University of Calcutta, 1941)
University of Calcutta, Presidency College, *Centenary Volume, 1955* (Alipore : West Bengal Government Press, 1956)

【未刊行文献と学位論文】

Bonneuil, Christophe, *Mettre en ordre et discipliner les tropiques : les sciences du végétal dans l'empire français, 1870–1940*, unpublished doctoral dissertation, Université de Paris VII, 1997
Chaligne, Claude, *Chirurgiens de la Compagnie des Indes. Histoire du service de santé de la Compagnie, 1664–1793*, unpublished doctoral dissertation, Faculté de Médecine, Université de Paris V, 1961
Dussolin, Monique, *Etude d'un groupe social : les Européens à Chandernagor, 1er moitié du XVIIIe siècle*, unpublished maîtrise dissertation, Université de Paris VII, 1971
Ghosh, Durba, *Colonial Companions : Bibis, Begums, and Concubines of the British in North India 1760–1830*, unpublished doctoral dissertation, University of California, Berkeley, 2000
Schaffer, Simon, 'Field Trials, the State of Nature and British Colonial Predicament', unpublished paper presented at the 'Sciences et Empires' seminar, Centre de Recherche en Histoire des Sciences et des Techniques, Cité des Sciences et de l'Industrie, La Villette, Paris, 11 June, 1999
————, 'Astrophysics, Anthropology, and Other Imperial Pursuits', Plenary Talk at the Decennial Meeting of the Association for Social Anthropology, Manchester, July 2003

【刊行文献】

Aarsleff, Hans, *The Study of Language in England, 1780–1860* (Minneapolis : University of Minnesota Press, 1967)
'Abu 'al-Fazl ibn Mubarak, *A'in-i Akbari*, translated into the English by H. Blochmann (vol. I), and H. S. Jarrett (vols. II & III), 3 vols. (Calcutta : Asiatic Society of Bengal, 1873–94)
Acosta, Christoval, *Tractado de las drogas y medicinas de las Indias Orientales, con sus plantas debuxadas al bivo* (Burgos, 1578)
Adas, Michael, *Machines as the Measure of Men* (Ithaca : Cornell University Press, 1990)
Adorno, Theodor W. and Max Horkheimer, *Dialektik des Aufklärung. Philosophische Fragmente* (Amsterdam : Querido, 1947) [ホルクハイマー，アドルノ（徳永恂訳）『啓蒙の弁証法』岩波文庫，2007年]
Alam, Muzaffar and Sanjay Subrahmanyam, 'The Making of a Munshi', *Comparative Studies of South Asia, Africa and the Middle East*, vol. 24, no. 2 (2004), pp. 61–72

Allen, David E., *The Naturalist in Britain : A Social History* (London : Allen Lane, 1976)

Anquetil-Duperron, Abraham Hyacinthe, *Zend-Avesta, ouvrage de Zoroastre, contenant les idées théologiques, physiques & morales de ce législateur, les cérémonies du culte religieux qu'il a établi, & plusieurs traits importants relatives à l'ancienne histoire des Perses*, 3 vols. (Paris, 1771)

Anville, Jean-Baptiste Bourguignon d', *Éclaircissemens géographiques sur la carte de l'Inde* (Paris : Imprimerie royale, 1753)

Ares Queija, Berta and Serge Gruzinski, eds., *Entre dos mundos : Fronteras culturales y agentes mediadores* (Seville : Escuela de Estudios Hispano-Americanos, 1997)

Arnold, David, *Science, Technology and Medicine in Colonial India* (Cambridge : Cambridge University Press : 2000)

Bacon, Francis, *The Works of Francis Bacon*, ed. James Spedding, Robert Leslie Ellis and Douglas Denon Heath, 14 vols. (London : Longman & Co., 1861)

Baker, John Norman Leonard, *A History of Geographical Discovery and Exploration* (London : George G. Harrap, 1931)

Barrera, Antonio, 'Local Herbs, Global Medicines : Commerce, Knowledge, and Commodities in Spanish America', in Smith and Findlen, eds. (2002), pp. 163–81 (*vide infra*)

Barrow, Ian J., *Making History, Drawing Territory : British Mapping in India, c.1756–1905* (New Delhi : Oxford University Press, 2003)

Basalla, George, 'The Spread of Western Science', *Science*, 156 (5 May 1967), pp. 611–22

————, 'The Spread of Western Science Revisited', in Lafuente *et al*., eds. (1993), pp. 599–603 (*vide infra*)

Bayly, Christopher Alan, *Imperial Meridian : The British Empire and the World, 1780–1830* (London : Longman, 1989)

————, *Empire and Information : Intelligence Gathering and Social Communication in India, 1780–1870* (Cambridge : Cambridge University Press, 1996)

Bénat Tachot, Louise and Serge Gruzinski, eds., *Passeurs culturels : mécanismes de métissage* (Paris : Presses Universitaires de Marne-la-Vallée & Éditions de la Maison des Sciences de l'Homme, 2001)

Bennett, James A. and Olivia Brown, *The Compleat Surveyor* (Cambridge : Whipple Museum of the History of Science, 1982)

Berman, Morris, *Social Change and Scientific Organisation : The Royal Institution, 1799–1844* (Ithaca : Cornell University Press, 1978)

Bernoulli, Jean, ed., *Description historique et géographique de l'Inde*, 3 vols. (Berlin : Pierre Bourdeaux, 1786–8)

Bhate, Saroja and Subhash Kak, 'Panini's Grammar and Computer Science', *Annals of the Bhandarkar Oriental Research Institute*, vol. 72 (1993), pp. 79–94

Biagioli, Mario, *Galileo Courtier : The Practice of Science in the Culture of Absolutism* (Chicago & London : University of Chicago Press, 1994)

———, ed., *The Science Studies Reader* (New York & London : Routledge, 1999)

Blanckaert, Claude, Claudine Cohen, Pietro Corsi and Jean-Louis Fischer, eds., *Le Muséum au premier siècle de son histoire* (Paris : Muséum National d'Histoire Naturelle, 1997)

Blussé, Johan Leonard, *Strange Company : Chinese Settlers, Mestizo Women and the Dutch in VOC Batavia* (Dordrecht : Foris, 1986)

———, *Bitter Bonds : A Colonial Divorce Drama of the Seventeenth Century* (Princeton, NJ : Markus Wiener Publishers, 2002)

Blussé, Johan Leonard, and Ilonka Ooms, eds., *Kennis en Compagnie : De Verenigde Oost-Indische Compagnie en de moderne Wetenshap* (Amsterdam : Balans, 2002)

Bonin, Hubert, Yannick Lung and Steven Tolliday, eds., *Ford, 1903–2003 : The European History*, 2 vols. (Paris : PLAGE, 2003)

Boomgaard, Peter, 'The VOC Trade in Forest Products in the Seventeenth Century', in Grove *et al.*, eds. (1998), pp. 375–95 (*vide infra*)

Bose, Devendra Mohan, 'History of Science in India : How it Should be Written', *Science and Culture*, vol. 29, no. 4 (1963), pp. 163–6

Bose, Devendra Mohan, Samarendra Nath Sen and B. V. Subbarayappa, *A Concise History of Science in India* (New Delhi : Indian National Science Academy, 1971)

Bourdieu, Pierre, 'The Specificity of the Scientific Field and the Social Conditions of the Progress of Reason', *Social Science Information*, vol. 14, no. 6 (1975), pp. 19–47

Bourguet, Marie-Noëlle, *Déchiffrer la France. La statistique départementale à l'époque napoléonienne* (Paris : Éditions des Archives Contemporaines, 1988)

———, 'La collecte du monde : voyage et histoire naturelle (fin XVIIème siècle—début XIXème siècle)', in Blanckaert *et al.*, eds. (1997), pp. 163–96 (*vide supra*)

Bourguet, Marie-Noëlle, Christian Licoppe and Heinz Otto Sibum, eds., *Instruments, Travel and Science : Itineraries of Precision from the Seventeenth to the Twentieth Century* (London & New York : Routledge, 2002)

Bowen, Huw V., *Elites, Enterprise and the Making of the British Overseas Empire* (London : Macmillan, 1996)

Boxer, Charles Ralph, *Two Pioneers of Tropical Medicine : Garcia d'Orta and Nicolás Monardes* (London : The Hispanic & Luso-Brazilian Councils, 1963)

Boyle, Robert, *General Heads for the Natural History of a Country, Great or Small, Drawn out for the Use of Travellers and Navigators* (London : J. Taylor, 1692)

Brauer, George Charles, *The Education of a Gentleman : Theories of Gentlemanly Education in England 1660–1775* (New York : Bookman Associates, 1959)

Bravo, Michael T., 'Ethnological Encounters', in Jardine *et al.*, eds. (1996), pp. 338–57 (*vide infra*)

———, 'Ethnographic Navigation and the Geographical Gift', in Livingstone and Withers, eds. (1999), pp. 199–235 (*vide infra*)

Breckenridge, Carol A. and Peter van der Veer, eds., *Orientalism and the Postcolonial*

Predicament : Perspectives on South Asia (Philadelphia : University of Pennsylvania Press, 1993)

Brett, M. K. , 'Indian Painted and Dyed Cottons for the European Market', in Pal, ed. (1972), pp. 167–71 (*vide infra*)

Brewer, John, *The Sinews of Power : War, Money and the English State 1688–1783* (London : Unwin Hyman, 1989) ［ジョン・ブリュア（大久保桂子訳）『財政＝軍事国家の衝撃——戦争・カネ・イギリス国家 1688-1783』名古屋大学出版会，2003 年］

Brian, Eric, *La mesure de l'État. Administrateurs et géomètres au XVIIIe siècle* (Paris : Albin Michel, 1994)

Brockway, Lucile H., *Science and Colonial Expansion : The Role of the British Royal Botanic Gardens* (New York : Academic Press, 1979)

Brotton, Jerry, *Trading Territories : Mapping the Early Modern World* (London : Reaktion Books, 1997)

Brown, William Norman, *India and Indology : Selected Articles*, ed. Rosane Rocher (Delhi : Motilal Banarsidass, 1978)

Browne, Samuel, 'An Account of part of a Collection of Curious Plants and Drugs, lately given to the Royal Society by the East India Company', *Philosophical Transactions of the Royal Society*, vols. 20, 22, 23 (1700–1), pp. 313–35, 579–94, 699–721, 843–58, 933–46, 1007–22, 1055–65, 1251–65, 1450–60

Bryant, Jacob, *A New System ; or an Analysis of Ancient mythology*, 3 vols. (London : J. Walker, 1774–76)

Bud, Robert and Susan E. Cozzens, eds., *Invisible Connections : Instruments, Institutions, and Science* (Bellingham, WA : SPIE, Optical Engineering Press, 1992)

Burke, Edmund, *The Writings and Speeches of Edmund Burke*, vol. V, ed. Peter James Marshall (Oxford : Oxford University Press, 1981)

———, *The Writings and Speeches of Edmund Burke*, vol. VIII, ed. Leslie George Mitchell (Oxford : Oxford University Press, 1989)

———, 'Reflections on the Revolution in France', in idem (1989), pp. 53–293 ［エドマンド・バーク（半澤孝麿訳）『フランス革命の省察』みすず書房，1987 年］

———, *The Writings and Speeches of Edmund Burke*, vol. VI, ed. Peter James Marshall (Oxford : Oxford University Press, 1991)

Burkill, Isaac Henry, *Chapters on the History of Botany in India* (Calcutta : Botanical Survey of India, 1965)

Bustamente García, Jesús, 'Francisco Hernández, Plinio del Nuevo Mundo : Tradición clásica, teoría nominal y sistema terminológico indígena en una obra renacentista', in Ares Queija and Gruzinski, eds. (1997), pp. 243–68 (*vide supra*)

Butler, Iris, *The Eldest Brother : The Marquess Wellesley, the Duke of Wellington's Eldest Brother* (London : Hodder & Stoughton, 1973)

Butterfield, Herbert, *The Origins of Modern Science* (London : G. Bell & Sons, 1949)

Callon, Michel, 'Some Elements of a Sociology of Translation : Domestication of the Scallops and the Fishermen of St. Brieuc Bay', in Law, ed. (1986), pp. 196–233 (*vide infra*)

———, ed., *La science et ses réseaux* (Paris : La Découverte, 1988)

———, ed., *The Laws of the Market* (Oxford : Blackwell, 1998)

Callon, Michel and Bruno Latour, 'Unscrewing the Big Leviathan : How Actors Macro-structure Reality and How Sociologists Help Them Do So', in Knorr-Cetina and Cicourel, eds. (1981), pp. 277–303 (*vide infra*)

Callon, Michel, Pierre Lascoumes and Yannick Barthe, *Agir dans un monde incertain* (Paris : Le Seuil, 2001)

Cannon, Garland Hampton, 'The Literary Place of Sir William Jones', *Journal of the Asiatic Society*, vol. 2, no. 1 (1960), pp. 47–61

———, *Sir William Jones : A Bibliography of Primary and Secondary Sources* (Amsterdam : John Benjamins B. V., 1970)

———, *The Life and Mind of Oriental Jones : Sir William Jones, the Father of Modern Linguistics* (Oxford : Oxford University Press, 1990)

Cannon, Garland Hampton and Kevin R. Brine, eds., *Objects of Enquiry : The Life, Contributions and Influences of Sir William Jones (1746–1794)* (New York & London : New York University Press, 1995)

Cannon, Susan Faye, *Science in Culture : The Early Victorian Period* (New York : Science History Publications, 1978)

Carnall, Geoffrey and Colin Nicholson, eds., *The Impeachment of Warren Hastings* (Edinburgh : Edinburgh University Press, 1989)

Christie, John R. R. and Sally Shuttleworth, eds., *Nature Transfigured : Science and Literature 1700–1900* (Manchester : Manchester University Press, 1989)

Chubin, Daryl E. and Ellen W. Chu, eds, *Science off the Pedestal : Social Perspectives on Science and Technology* (Belmont, CA : Wadsworth, 1989)

Close, Charles, *The Early Years of the Ordnance Survey* (Newton Abbot : David & Charles reprints, 1969)

Cohen, Yves, 'The Soviet Fordson. Between the Politics of Stalin and the Philosophy of Ford, 1924–1932', in Bonin *et al*., eds. (2003), vol. 2, pp. 531–58 (*vide supra*)

Cohn, Bernard S., *An Anthropologist Among the Historians and Other Essays* (Delhi : Oxford University Press, 1987)

———, *Colonialism and its Forms of Knowledge : The British in India* (Princeton, NJ : Princeton University Press, 1996)

Colley, Linda, *Britons : Forging the Nation, 1707–1837* (New Haven & London : Yale University Press, 1992) ［リンダ・コリー（川北稔監訳）『イギリス国民の誕生』名古屋大学出版会，2000 年］

Collins, Harry M., *Changing Order : Replication and Induction in Scientific Practice* (London : Sage, 1985)

Collins, Harry M. and Robert G. Harrison, 'Building a TEA Laser: The Caprices of Communication', *Social Studies of Science*, vol. 5, no. 4 (1975), pp. 441–50
Cook, Andrew S., 'The Beginning of Lithographic Map Printing in Calcutta', in Rohatgi and Godrej, eds. (1989), pp. 125–34 (*vide infra*)
Cook, Harold J., 'Physicians and Natural History', in Jardine *et al.*, eds. (1996), pp. 91–105 (*vide infra*)
Cooper, Frederick, 'Conflict and Connection: Rethinking Colonial African History', *American Historical Review*, vol. 99, no. 5 (1994), pp. 1516–45
Cooper, Frederick and Ann Laura Stoler, eds., *Tensions of Empire: Colonial Cultures in a Bourgeois World* (Berkeley, Los Angeles, London: University of California Press, 1997)
Cormier, *Mémoire sur la situation de Saint-Domingue, A l'époque du mois de janvier 1792* (Paris, 1792)
Corsi, Pietro, *The Age of Lamarck* (Berkeley: University of California Press, 1988)
Crawford, Dirom Grey, *A History of the Indian Medical Service, 1600–1913*, 2 vols. (London: W. Thacker & Co., 1914)
Cullen, Michael J., *The Statistical Movement in Early Victorian Britain: The Foundations of Empirical Social Research* (New York: Harvester Press, 1975)
Cunningham, Andrew and Perry Williams, 'De-centring the "Big Picture": The Origins of Modern Science and the Modern Origins of Science', *British Journal for the History of Science*, vol. 26, no. 4 (1993), pp. 407–32
Dalrymple, William, *White Mughals: Love and Betrayal in Eighteenth-Century India* (London: HarperCollins, 2002)
Das, Sarat Chandra, *Indian Pandits in the Land of Snow* (Calcutta: Baptist Mission Press, 1893)
———, *Journey to Lhasa and Central Tibet* (London: John Murray, 1902)
———, *A Tibetan-English Dictionary* (Calcutta: Government of Bengal, 1902)
———, *Autobiography: Narratives of the Incidents of My Early Life* (Calcutta: K. L. Mukhopadhyay, 1969)
Das Gupta, Ashin, *The World of the Indian Ocean Merchant 1500–1800* (Delhi: Oxford University Press, 2001)
Daston, Lorraine, 'The Ideal and Reality of the Republic of Letters in the Enlightenment', *Science in Context*, vol. 4, no. 2 (1991), pp. 367–86
———, 'The Moral Economy of Science', in Thackray, ed. (1995), pp. 2–26 (*vide infra*)
Daunton, Martin and Rick Halpern, eds., *Empire and Others: British Encounters with Indigenous Peoples, 1600–1850* (Philadelphia: University of Pennsylvania Press, 1999)
Davis, Michael T., ed., *London Corresponding Society, 1792–1799* (London: Pickering & Chatto, 2002)
Davy, Humphry, *The Collected Works of Sir Humphry Davy, Bart.* ed. John Davy, 9 vols. (London: Smith, Elder & Co., 1839–40)
De, Sushil Kumar, *History of Bengali Literature in the Nineteenth Century* (Calcutta: Firma K. L.

Mukhopadhyay, 1962)
De Vorsey, Louis, 'Amerindian Contributions to the Mapping of North America : A Preliminary View', *Imago Mundi*, vol. 30 (1978), pp. 71–8
Delano-Smith, Catherine and Roger J. P. Kain, *English Maps : A History* (London : British Library, 1999)
Derrett, John Duncan Martin, 'Sanskrit Legal Treatises Compiled at the Instance of the British', *Zeitschrift für vergleichende Rechtswissenschaft*, vol. 63 (1961), pp. 72–117
———, *Religion, Law and the State in India* (London : Faber & Faber, 1968)
Desmond, Ray, *The European Discovery of the Indian Flora* (Oxford : Oxford University Press for the Royal Botanic Gardens, 1992)
Dickinson, Harry Thomas, ed., *Britain and the French Revolution, 1789–1815* (Basingstoke & London : Macmillan, 1989)
Digby, Simon, 'The Bhugola of Ksema Karna : A Dated Sixteenth Century Piece of Indian Metalware', *Art and Archaeology Research Papers*, vol. 4 (1973), pp. 10–31
Dinwiddie, James, *Syllabus of a Course of Lectures on Experimental Philosophy* (London : A. Grant, 1789)
Dirks, Nicholas B., 'Colonial Histories and Native Informants : Biography of an Archive', in Breckenridge and van der Veer, eds. (1993), pp. 279–313 (*vide supra*)
———, *Castes of Mind : Colonialism and the Making of Modern India* (Princeton : Princeton University Press, 2001)
Drayton, Richard, *Nature's Government : Science, Imperial Britain, and the 'Improvement' of the World* (New Haven & London : Yale University Press, 2000)
Du Chaillu, Paul, *Explorations and Adventures in Equatorial Africa* (New York : 1861)
Duhem, Pierre, *Le système du monde*, 10 vols. (Paris : A. Hermann, 1913–59)
Edney, Matthew Henry, *Mapping an Empire : The Geographical Construction of British India, 1765–1843* (Chicago & London : University of Chicago Press, 1997)
Elkana, Yehuda, 'The Distinctiveness and Universality of Science : Reflections on the Work of Professor Robin Horton', *Minerva*, vol. 15, no. 2 (1977), pp. 155–73
Emsley, Clive, *British Society and the French Wars 1793–1815* (London : Macmillan, 1979)
———, *Britain and the French Revolution* (London : Longman, 2000)
Fan, Fa-ti, *British Naturalists in Qing China : Science, Empire, and Cultural Encounter* (Cambridge, MA & London : Harvard University Press, 2004)
Farrington, Anthony J., *The Records of the East India College Haileybury & Other Institutions* (London : Her Majesty's Stationery Office, 1976)
Fisher, Thomas, 'Memoir on Education of Indians', in *Report from the Select Committee of the House of Lords ...* (London : 1833), pp. 194–348 ; reprinted in *Bengal : Past and Present*, vol. 18 (January–June 1919), pp. 73–156
Fleming, Peter, *Bayonets to Tibet* (London : Rupert Hart-Davis, 1961)
Foltz, Richard C., *Mughal India and Central Asia* (Karachi : Oxford University Press, 2000)

Formigari, Lia, *Maupertuis, Turgot, Maine de Biron : Origine e funzione del linguaggio* (Bari : Laterza, 1971)
Foss, Theodor N., 'A Western Interpretation of China : Jesuit Cartography', in Ronan and Oh, eds. (1988), pp. 209-51 (*vide infra*)
Foucault, Michel, *Power/Knowledge : Selected Interviews and Other Writings 1972-77*, ed. Cohn Gordon (Brighton : Harvester Press, 1980)
Frängsmyr, Tore, John L. Heilbron and Robin E. Rider, eds., *The Quantifying Spirit in the Eighteenth Century* (Berkeley & Oxford : University of California Press, 1990)
Frykenberg, Robert E., *Guntur District 1788-1848 : A History of Local Influence and Central Authority in South India* (Oxford : Clarendon Press, 1965)
Fürer-Haimendorf, Christoph von, *Himalayan Traders* (New York : St. Martin's Press, 1975)
Galison, Peter L., *Image and Logic : A Material Culture of Microphysics* (Chicago & London : University of Chicago Press, 1997)
Garratt, Geoffrey Theodore, ed., *The Legacy of India* (Oxford : The Clarendon Press, 1937)
Gascoigne, John, *Joseph Banks and the English Enlightenment : Useful Knowledge and Polite Culture* (Cambridge : Cambridge University Press, 1994)
———, *Science in the Service of Empire : Joseph Banks, the British State and the Uses of Science in the Age of Revolution* (Cambridge : Cambridge University Press, 1998)
Giddens, Anthony, *The Consequences of Modernity* (Stanford : Stanford University Press, 1989) [アンソニー・ギデンズ（松尾精文・小幡正敏訳）『近代とはいかなる時代か？——モダニティの帰結』而立書房，1993 年]
Godlewska, Anne, *The Napoleonic Survey of Egypt : A Masterpiece of Cartographic Compilation and Early Nineteenth-Century Fieldwork, Cartographica* Monograph, 25 (1988)
Gole, Susan, *Indian Maps and Plans from Earliest Times to the Advent of European Surveys* (Delhi : Manohar, 1989)
Golinski, Jan, *Making Natural Knowledge : Constructivism and the History of Science* (Cambridge : Cambridge University Press, 1998)
Gooding, David, Trevor J. Pinch and Simon Schaffer, eds., *The Uses of Experiment : Studies in the Natural Sciences* (Cambridge : Cambridge University Press, 1989)
Greenblatt, Stephen, *Renaissance Self-Fashioning : From More to Shakespeare* (Chicago & London : University of Chicago Press, 1980) [S・グリーンブラット（高田茂樹訳）『ルネサンスの自己成型——モアからシェイクスピアまで』みすず書房，1992 年]
Grendi, Edoardo, 'Microanalisi e storia sociale', *Quaderni Storici*, vol. 7 (1972), pp. 506-20
Grove, Richard, 'Indigenous Knowledge and the Significance of South-West India for Portuguese and Dutch Constructions of Tropical Nature', *Modern Asian Studies*, vol. 30, no. 1 (1996), pp. 121-43
Grove, Richard, Vinita Damodaran and Satpal Sangwan, eds., *Nature and the Orient : The Environmental History of South and Southeast Asia* (Delhi : Oxford University Press, 1998)
Gruzinski, Serge, *La colonisation de l'imaginaire. Sociétés indigènes et occidentalisation dans le*

Mexique espagnol XVIe-XVIIIe siècle (Paris : Gallimard, 1988)

———, *La pensée métisse* (Paris : Fayard, 1999)

———, 'Les mondes mêlés de la monarchie catholique et autres "connected histories"', *Annales HSS*, 56e année, no. 1 (2001), pp. 85–117

———, *The Mestizo Mind : The Intellectual Dynamics of Colonization and Globalization* (New York : Routledge, 2002)

———, *Les quatre parties du monde. Histoire d'une mondialisation* (Paris : Éditions de la Martinière, 2004)

Gunn, Mary and Lesley Edward Wostall Codd, *Botanical Exploration of Southern Africa* (Cape Town : Botanical Research Institute/A. A. Balkema, 1981)

Gunther, Robert T., *The Astrolabes of the World*, 2 vols. (Oxford : Oxford University Press, 1932)

Guy, John, *Palm-Leaf and Paper : Illustrated Manuscripts of India and Southeast Asia* (Melbourne : National Gallery of Victoria, 1982)

Habib, Irfan, 'Cartography in Mughal India', *Medieval India, A Miscellany*, vol. 4 (1977), pp. 122–34

Habib, S. Irfan and Dhruv Raina, eds., *Situating the History of Science : Dialogues with Joseph Needham* (Delhi : Oxford University Press, 1999)

Hadden, Richard W., *On the Shoulders of Merchants : Exchange and the Mathematical Conception of Nature in Early Modern Europe* (Albany, NY : State University of New York Press, 1994)

Hall, A. Rupert, *The Scientific Revolution 1500–1800 : The Formation of the Modern Scientific Attitude* (London : Longmans, Green & Co., 1954) published in its 2nd edition as *The Revolution in Science* (Harlow : Longman, 1983)

Hans, Nicholas, *New Trends in Education in the Eighteenth Century* (London : Routledge & Kegan Paul, 1951)

Harle, John, *Ganitanka. Arithmetic ; Comprising the Five Fundamental Rules* (Calcutta : 1818)

Harley, John Brian and David Woodward, eds., *The History of Cartography*, 2 vols. (Chicago & London : University of Chicago Press, 1987–94)

Harris, Steven J., 'Long-Distance Corporations, Big Sciences, and the Geography of Knowledge', *Configurations*, vol. 6, no. 2 (1998), pp. 269–304

Hart, Roger, 'On the Problem of Chinese Science', in Biagioli, ed. (1999), pp. 189–201 (*vide supra*)

Haudrère, Philippe, *La Compagnie française des Indes au XVIIIe siècle : 1719–1795*, 4 vols. (Paris : Librairie de l'Inde, 1989)

Headrick, Daniel R., *The Tools of Empire : Technology and European Imperialism in the Nineteenth Century* (New York : Oxford University Press, 1981)

———, *The Tentacles of Progress : Technology Transfer in the Age of Imperialism, 1850–1940* (New York : Oxford University Press, 1988)

Hellyer, Marcus, ed., *The Scientific Revolution : The Essential Readings* (Oxford : Blackwell, 2003)

Heniger, Johannes, *Hendrik Adriaan Van Reede tot Drakenstein (1636–1691) and* Hortus Malabaricus : *A Contribution to the History of Dutch Colonial Botany* (Rotterdam & Boston : A. A. Balkema, 1986)

Hennessey, John Baboneau Nickerlien, 'Report on Pandit Kishen Singh's Explorations in Great Tibet an Mongolia', in Burrard, ed. (1915), part 2, pp. 215–324 (*vide supra*)

Hill, Christopher, *The Intellectual Origins of the English Revolution* (Oxford : Clarendon Press, 1965)

Hobsbawm, Eric J., *Industry and Empire* (London : Weidenfeld & Nicolson, 1968) ［E・J・ホブズボーム（浜林正夫他訳）『産業と帝国』未来社，1984年］

Hodges, Sarah, ed., *Reproductive Health in India : History, Politics, Controversies* (New Delhi : Orient Longman, 2006)

Holdich, Thomas Hungerford, 'Tibet', *Encyclopedia Britannica*, 11th edn., vol. 26 (1911), pp. 916–28

Home, Roderick Weir, ed., *Australian Science in the Making* (Cambridge : Cambridge University Press, 1988)

Hopkirk, Peter, *Trespassers on the Roof of the World : The Race for Lhasa* (London : John Murray, 1982)

Hostetler, Laura, *Qing Colonial Enterprise : Ethnography and Cartography in Early Modern China* (Chicago & London : University of Chicago Press, 2001)

Inkster, Ian, 'Scientific Enterprise and the Colonial "Model" : Observations on the Australian Experience in Historical Context', *Social Studies of Science*, vol. 15, no. 4 (1985), pp. 677–704

Irschick, Eugene, *Dialogue and History : Constructing South India, 1795–1895* (Berkeley, Los Angeles, London : University of California Press, 1994)

Iyer, Raghavan, ed., *The Glass Curtain between Asia and Europe* (London : Oxford University Press, 1965)

Jardine, Nicholas, James E. Secord and Emma C. Spary, eds., *Cultures of Natural History* (Cambridge : Cambridge University Press, 1996)

Jervis, Thomas Best, 'Historical and Geographical Account of the Western Coast of India', *Transactions of the Bombay Geographical Society*, vol. 4, no. 1 (1840), pp. 1–244

Johnson, Francis R., 'Gresham College : Precursor of the Royal Society', *Journal of the History of Ideas*, vol. 1, no. 4 (1940), pp. 413–38

Jones, William, *Histoire de Nader Chah connu sous le nom de Thahmus Kuli Khan, Empereur de Perse, traduite d'un manuscrit persan, par ordre de sa Majesté le Roi de Danemark, avec des notes chronologiques historiques géographiques et un traité sur la poésie* (London, 1770)

———, *The Works of Sir William Jones*, ed. John Shore, Lord Teignmouth, 13 vols. (London : John Stockdale, 1807)

———, *The Letters of Sir William Jones*, ed., Garland Hampton Cannon, 2 vols. (Oxford : Clarendon Press, 1970)

Kain, Roger J. P. and Elizabeth Baigent, *The Cadastral Map in the Service of the State : A History of Property Mapping* (Chicago & London : University of Chicago Press, 1992)

Kak, Subhash, 'Computational Aspects of the Aryabhata Algorithm', *Indian Journal of History of Science*, vol. 21, no. 1 (1986), pp. 62–71

———, 'The Astronomy of the Vedic Altars and the Rgveda', *Mankind Quarterly*, vol. 33 (1992), pp. 43–55

———, 'Early Theories on the Distance to the Sun', *Indian Journal of History of Science*, vol. 33 (1998), pp. 93–100

Kamwar Khan, Muhammad Hadi, *Tazkirat al-Salatin-i Chaghata*, ed. Muzaffar Alam (Bombay and New York : Asia Publishing House, 1980)

Kaye, George Rusby, *The Astronomical Observatories of Jai Singh* (Calcutta : Superintendent of Government Printing, 1918)

Keevil, John Joyce, Charles Christopher Lloyd and Jack Leonard Sagar Coulter, *Medicine and the Navy, 1200–1900*, 4 vols. (Edinburgh & London : E. & S. Livingstone, 1957–63)

Kennedy, Dane, *The Magic Mountains : Hill Stations and the British Raj* (Berkeley, Los Angeles, London : University of California Press, 1997)

Kerr, James, *A Review of Public Instruction in the Bengal Presidency from 1835 to 1851*, 2 vols. (London : William H. Allen & Co., 1853)

Keynes, John Maynard, *Essays in Biography* (London : Macmillan, 1933) [J・M・ケインズ（大野忠男訳）『人物評伝』東洋経済新報社，1980 年]

Knight, David, *Humphry Davy : Science and Power* (Oxford & Cambridge, MA : Blackwell, 1992)

Knorr-Cetina, Karin and Aaron Victor Cicourel, eds., *Toward an Integration of Micro- and Macro-Sociologies* (Boston & London : Henley/Routledge & Kegan Paul, 1981)

Kohler, Robert E., *Landscapes and Labscapes : Exploring the Lab-Field Border in Biology* (Chicago & London : University of Chicago Press, 2002)

Konvitz, Josef W., *Cartography in France 1660–1848 : Science, Engineering, and Statecraft* (Chicago & London : University of Chicago Press, 1987)

Kopf, David, *British Orientalism and the Bengal Renaissance : The Dynamics of Indian Modernization 1773–1835* (Calcutta : Firma K. L. Mukhopadhyay, 1969)

Koyré, Alexandre, *From the Closed World to the Infinite Universe* (New York : Harper, 1958)

———, *Metaphysics and Measurement : Essays in Scientific Revolution* (Cambridge, MA : Harvard University Press, 1968)

Kuklick, Henrika and Robert E. Kohler, eds., *Science in the Field, Osiris* (2nd series), vol. 11 (Chicago & London : University of Chicago Press, 1996)

Kumar, Deepak, ed., *Science and Empire : Essays in Indian Context* (Delhi : Anamika Prakashan, 1991)

———, *Science and the Raj, 1857–1905* (Delhi : Oxford University Press, 1995)

Kumar, Dharma, ed., *The Cambridge Economic History of India*, vol. 2 (Cambridge : Cambridge University Press, 1982)

La Touche, Thomas Henry Digges, ed., *The Journals of Major James Rennell Written for the Information of the Governors of Bengal during His Surveys of the Ganges and Brahmaputra Rivers 1764 to 1767* (Calcutta : Asiatic Society, 1910)

Lafuente, Antonio, Alberto Elena and María Luisa Ortega, eds., *Mundialización de la ciencia y cultura nacional* (Aranjuez : Doce Calles, 1993)

Laird, Michael Andrew, *Missionaries and Education in Bengal, 1793–1837* (Oxford : Clarendon Press, 1972)

Lal, Maneesha, 'Purdah as Pathology : Gender and the Circulation of Medical Knowledge in Late Colonial India', in Hodges, ed. (2006), pp. 85–114 (*vide supra*)

Latour, Bruno, *Science in Action : How to Follow Scientists and Engineers through Society* (Milton Keynes : Open University Press, 1986) ［ブルーノ・ラトゥール（川崎勝・高田紀代志訳）『科学が作られているとき——人類学的考察』産業図書，1999 年］

Law, John, ed., *Power, Action and Belief : A New Sociology of Knowledge?* (London : Routledge & Kegan Paul, 1986)

Lawson, John and Harold Silver, *A Social History of Education in England* (London : Methuen, 1973)

LeMahieu, Dan Lloyd, *The Mind of William Paley : A Philosopher of his Age* (Lincoln, NE & London : University of Nebraska Press, 1976)

Lewis, G. Malcolm, 'Indicators of Unacknowledged Assimilations for Amerindian Maps on Euro-American Maps of North America : Some General Principles Arising from the Study of La Vérandrye's Composite Map, 1728–29', *Imago Mundi*, vol. 38 (1986), pp. 9–34

Lindqvist, Svante, 'Labs in the Woods : The Quantification of Technology during the Swedish Enlightenment', in Frängsmyr *et al.*, eds. (1990), pp. 291–315 (*vide supra*)

Licoppe, Christian, *La formation de la pratique scientifique : le discours de l'expérience en France et en Angleterre (1630–1820)* (Paris : La Découverte, 1996)

Lightman, Bernard, ed., *Victorian Science in Context* (Chicago & London : University of Chicago Press, 1997)

Livingstone, David N., *Putting Science in its Place : Geographies of Scientific Knowledge* (Chicago & London : University of Chicago Press, 2003)

Livingstone, David N. and Charles W. J. Withers, eds., *Geography and Enlightenment* (Chicago & London : University of Chicago Press, 1999)

Lombard, Denys and Jean Aubin, eds., *Asian Merchants and Businessmen in the Indian Ocean and the China Sea* (Delhi : Oxford University Press, 2000)

Losty, Jeremiah P., *Krishna : A Hindu Vision of God : Scenes from the Life of Krishna Illustrated in Orissan and Other Eastern Indian Manuscripts in the British Library* (London : The British Library, 1980)

Low, Morris F., *Beyond Joseph Needham : Science, Technology, and Medicine in East and Southeast Asia, Osiris* (2nd series), vol. 13 (Chicago & London : University of Chicago Press, 1998)

Luhmann, Nicholas, *Truth and Power : Two Works* (Chichester : John Wiley, 1979)

MacGahan, Januarius Aloysius, *Campaigning on the Oxus, and the Fall of Khiva* (London : Sampson, Low, Marston, Low & Searle, 1874)

Maclean, Charles, *The Affairs of Asia Considered in their Effects on the Liberties of Britain, In a Series of Letters, Addressed to the Marquis Wellesley, Late Governor-General of India ; Including A Correspondence with the Government of Bengal, under that Nobleman, and a Narrative of Transactions, involving the Annihilation of the Personal Freedom of the Subject, and the Extinction of the Liberty of the Press in India : with the Marquis's Edict for the Regulation of the Press* (London : 1806, 2nd edn.)

MacLeod, Roy M., 'On Visiting the "Moving Metropolis" : Reflections on the Architecture of Imperial Science', *Historical Records of Australian Science*, vol. 5, no. 3 (1982), pp. 1–16

———, ed., *Nature and Empire, Osiris* (2nd series), vol. 15 (Chicago & London : University of Chicago Press, 2000)

McClellan III, James E., *Colonialism and Science : Saint Domingue in the Old Régime* (Baltimore : Johns Hopkins University Press, 1992)

McClellan III and Harold Dorn, *Science and Technology in World History : An Introduction* (Baltimore & London : Johns Hopkins University Press, 1999)

McCully, Bruce Tiebout, *English Education and the Origins of Indian Nationalism* (New York : Columbia University Press, 1940)

Malcolm, John, *The Life of Robert, Lord Clive*, 3 vols. (London, 1836)

Manning, Catherine, *Fortunes à Faire : The French in Asian Trade, 1719–48* (Aldershot : Variorum, 1996)

Marcuse, Herbert, *One-Dimensional Man : Studies in the Ideology of Advanced Industrial Society* (London : Routledge & Kegan Paul, 1964)

Markham, Clements Robert, *A Memoir on the Indian Surveys* (London : Her Majesty's Secretary of State for India in Council, 1878, 2nd edn.)

———, *Major James Rennell and the Rise of Modern English Geography* (New York : Macmillan & Co., 1895)

Markovits, Claude, Jacques Pouchepadass and Sanjay Subrahmanyam, eds., *Society and Circulation : Mobile People and Itinerant Cultures in South Asia 1750–1950* (Delhi : Permanent Black, 2003)

Marshall, Peter James, ed., *The British Discovery of Hinduism in the Eighteenth Century* (Cambridge : Cambridge University Press, 1970)

Mason, Kenneth, *Abode of Snow : A History of Himalayan Exploration and Mountaineering from Earliest Times to the Ascent of Everest* (London : Diadem Books, 1987)

May, Robert, *Gonito, being a Collection of Arithmetical Tables, made under the superintendence of the Rev. R. May, of Chinsura ; with Rules for their Application to Business, illustrated by examples* (Calcutta : The Calcutta School-Book Society, 1817)

Merrell, James H., *Into the American Woods : Negotiators on the Pennsylvania Frontier* (New

York : W. W. Norton, 1999)
Miller, David Philip and Peter Hanns Reill, eds., *Visions of Empire : Voyages, Botany and Representations of Nature* (Cambridge : Cambridge University Press, 1996)
Monserrate, António, 'Mongolicae Legationis Commentarius', ed. H. Hosten, *Memoirs of the Asiatic Society of Bengal*, vol. 3, no. 9 (1914), pp. 513–704. Translated into the English as *The Commentary of Father Monserrate, S. J. on his Journey to the Court of Akbar* by John S. Hoyland and S. N. Banerjee (Cuttack & London : Oxford University Press, 1922)
Montgomerie, Thomas George, 'Memorandum', *Journal of the Asiatic Society of Bengal*, vol. 31, no. 2 (1862), pp. 209–13
———, 'On the Geographical Position of Yarkand, and Some Other Places in Central Asia', *The Journal of the Royal Geographical Society*, vol. 36 (1866), pp. 157–72
———, 'Extracts from a Diary kept by Pundit ___, during his Journey from Nepal to Lhasa, and from Lhasa through the Upper Valley of the Brahmaputra to the Source of that River near the Mansarowar Lake', *Journal of the Royal Geographical Society*, vol. 38 (1868), pp. 154–79
———, 'Report of "The Mirza's" Exploration from Caubul to Kashgar', *Journal of the Royal Geographical Society*, vol. 41 (1871), pp. 132–93
———, 'A Havildar's Journey through Chitral to Faizabad, in 1870', *Journal of the Royal Geographical Society*, vol. 42 (1872), pp. 180–201
Moorehead, Alan, *The White Nile* (London : Penguin, 1973) [アラン・ムアヘッド（篠田一士訳）『白ナイル——ナイル水源の秘密』筑摩書房，1970 年]
Mukherjee, Soumyendra Nath, *Sir William Jones : A Study in Eighteenth-Century British Attitudes to India* (Cambridge : Cambridge University Press, 1968)
Mundy, Barbara E., *The Mapping of New Spain : Indigenous Cartography and the Maps of the* Relaciones Geográficas (Chicago & London : University of Chicago Press, 1996)
(Nain Singh), 'Extracts from a Diary kept by Pundit ___, during his Journey from Nepal to Lhasa, and from Lhasa through the Upper Valley of the Brahmaputra to the Source of that River near the Mansarowar Lake', *Journal of the Royal Geographical Society*, vol. 38 (1868), pp. 154–79
Nandy, Ashis, *Alternative Sciences* (Delhi : Allied Publishers, 1980)
Narahari Achar, B. N., 'On the Astronomical Basis of the Date of Satapatha Brahmana : A Re-Examination of Dikshit's Theory', *Indian Journal of History of Science*, vol. 35, no. 1 (2000), pp. 1–19
Needham, Joseph, *Science and Civilisation in China*, 7 vols. (Cambridge : Cambridge University Press, 1954–2005)
———, *The Grand Titration : Science and Society in East and West* (London : George Allen & Unwin, 1969) [ジョゼフ・ニーダム（橋本敬造訳）『文明の滴定——科学技術と中国の社会』法政大学出版局，1974 年]
———, *Clerks and Craftsmen in China and the West* (Cambridge : Cambridge University Press, 1970)
Newton, Isaac, *The Chronology of Ancient Kingdoms Amended. To which is prefix'd a short*

chronicle from the first memory of things in Europe, to the conquest of Persia by Alexander the Great (London : J. Tonson, J. Osborn & T. Longman, 1728)

Noltie, Henry J., *Indian Botanical Drawings 1793–1868 from the Royal Botanic Garden* (Edinburgh : Royal Botanic Garden, 1999)

Ogilvie, Robert Maxwell, *Latin and Greek : A History of the Influence of the Classics on English Life from 1600 to 1918* (London : Routledge & Kegan Paul, 1964)

Olby, Robert C., Geoffrey N. Cantor, John R. R. Christie and M. J. S. Hodge, eds., *Companion to the History of Modern Science* (London & New York : Routledge, 1990)

Ophir, Adir and Steven Shapin, 'The Place of Knowledge : A Methodological Survey', *Science in Context*, vol. 4, no. 1 (1991), pp. 3–21

Orme, Robert, *A History of the Military Transactions of the British Nation in Indostan, from the Year MDCCXLV*, 2 vols. (London : 1763–78)

Orta, Garcia da, *Coloquios dos simples e drogas he cousas mediçinais da India e assi d'algunas frutas achadas nella onde se tratam algunas cousas tocantes a mediçina pratica e outras cousas boas pera saber compostos pello Dor. Garcia Dorta* (Goa, 1563)

Ovington, John, *A Voyage to Suratt, in the year, 1689 : Giving a large account of that city, and its inhabitants, and of the English factory there. Likewise a description of Madeira, St. Jago, Annobon, Cabenda and Malemba (upon the coast of Africa) St. Helena, Johanna, Bombay, the of Muscatt, and its inhabitants in Arabia Felix, Mocha, and other maritine [sic] towns upon the Red-Sea, and the Cape of good hope and the island Ascension. To which is addded [sic] an appendix, containing I. The History of a late revolution in the kingdom of Golconda. II. A description of the Kingdom of Arracan and Pegu. III. An account of the coins of the kingdoms of India, Persia, Golconda, &c. IV. Observations concerning the silk-worms* (London : 1696)

Owen, David, *English Philanthropy 1660–1960* (London : Oxford University Press, 1965)

Pagden, Anthony, *European Encounters with the New World : From Renaissance to Romanticism* (New Haven & London : Yale University Press, 1993)

Pal, Pratapaditya, ed., *Aspects of Indian Art* (Leiden : E. J. Brill, 1972)

Panda, Koustubh, ed., *Nostalgia : An Illustrated History of Hindu-Presidency College, 1817–1992* (Calcutta : Sulagna Mukherjee, 1993)

Passeron, Jean-Claude and Jacques Revel, eds., *Penser par cas* (Paris : Éditions de l'École des Hautes Études en Sciences Sociales, 2005)

Pestre, Dominique, *Science, argent et politique. Un essai d'interprétation* (Paris : INRA, 2003)

Petitjean, Patrick, Catherine Jami and Anne-Marie Moulin, eds., *Science and Empires : Historical Studies about Scientific Development and European Expansion* (Dordrecht : Kluwer Academic Publishers, 1992)

Philips, Cyril Henry, *The East India Company, 1784–1834* (Manchester : Manchester University Press, 1961)

Phillimore, Reginald Henry, *Historical Records of the Survey of India*, 5 vols. (Dehra Dun : Survey of India, 1945–68)

———, 'Three Indian Maps', *Imago Mundi*, vol. 9 (1952), pp. 111–14
Pingree, David, *Jyotihsastra : Astral and Mathematical Literature* (Wiesbaden : Otto Harrassowitz, 1981)
Pleydel-Bouverie, Jacques, 'On a Wheel and a Prayer', *Geographical Magazine*, vol. 64, no. 5 (1992), pp. 12–5
Plumb, John Harold, *England in the Eighteenth Century* (Harmondsworth : Penguin, 1950)
———, *Men and Places* (London : The Cresset Press, 1963)
Porter, Roy, *English Society in the Eighteenth Century* (London : Penguin, 1991, 2nd edn.) [ロイ・ポーター(目羅公和訳)『イングランド18世紀の社会』法政大学出版局, 1996年]
Porter, Roy and Mikuláš Teich, eds., *The Enlightenment in National Context* (Cambridge : Cambridge University Press, 1981)
———, *The Scientific Revolution in National Context* (Cambridge : Cambridge University Press, 1992)
Porter, Theodore M., *Trust in Numbers : The Pursuit of Objectivity in Science and Public Life* (Princeton : Princeton University Press, 1995)
Powell, Lawrence Fitzroy, 'Sir William Jones and the Club', *Bulletin of the School of Oriental and African Studies*, vol. 11, no. 4 (1946), pp. 818–22
Prakash, Gyan, *Another Reason : Science and the Imagination of Modern India* (Princeton : Princeton University Press, 1999)
Pratt, Mary Louise, *Imperial Eyes : Travel Writing and Transculturation* (London & New York : Routledge, 1992)
Pratt, Peter, *An Easy Introduction to the Game of Chess* (London : David Ogilvy & Son, 1806)
Proudfoot, William Jardine, *Biographical Memoir of James Dinwiddie LLD Astronomer in the British Embassy to China, 1792–1793* (Liverpool : Edward Howell, 1866)
Pyenson, Lewis, 'Science and Imperialism', in Olby *et al.*, eds. (1990), pp. 920–33 (*vide supra*)
Qaisar, Ahsan Jan, *The Indian Response to European Technology and Culture (1498–1707)* (Delhi : Oxford University Press, 1999 ; orig. publ, 1982)
Raheja, Gloria Goodwin, 'The Ajaib-Gher and the Gun Zam-Zammah : Colonial Ethnography and the Elusive Politics of "Tradition" in the Literature of the Survey of India', *South Asia Research*, vol. 19, no. 1 (1999), pp. 29–52
Raina, Dhruv, *Images and Contexts : The Historiography of Science and Modernity in India* (Delhi : Oxford University Press, 2003)
Raina, Dhruv and S. Irfan Habib, *Domesticating Modern Science : A Social History of Science and Culture in Colonial India* (New Delhi : Tulika Books, 2004)
Raj, Kapil, 'Hermeneutics and Cross-Cultural Communication in Science : The Reception of Western Scientific Ideas in 19th-Century India', *Revue de Synthèse*, IVe série, nos. 1 & 2 (1986), pp. 107–20
———, 'La construction de l'empire de la géographie. L'odyssée des arpenteurs de Sa Très

Gracieuse Majesté, la reine Victoria, en Asie centrale', *Annales HSS*, 52e année, 5 (1997), pp. 1153-80

————, 'Du commerce à la linguistique', *La Recherche*, no. 300 (July-Aug. 1997), pp. 46-9

————, 'Eighteenth-Century Pacific Voyages of Discovery, "Big Science", and the Shaping of an European Scientific and Technological Culture', *History and Technology*, vol. 17, no. 2 (2000), pp. 79-98

Ramasubramanian, K., M. D. Srinivas and M. S. Sriram, 'Modification of the Earlier Indian Planetary Theory by the Kerala Astronomers (*c.* 1500 AD) and the Implied Heliocentric Picture of Planetary Motion', *Current Science*, vol. 66 (1994), pp. 784-90

Rawat, Indra Singh, *Indian Explorers of the 19th Century* (New Delhi : Government of India—Ministry of Information and Broadcasting, 1973)

Rawlinson, Hugh George, 'India and European Literature and Thought', in Garratt, ed. (1937), pp. 30-7 (*vide supra*)

Razzell, P. E., 'Social Origins of Officers in the Indian and British Home Army : 1758-1962', *British Journal of Sociology*, vol. 14, no. 3 (September 1963), pp. 248-60

Reingold, Nathan and Marc Rothenberg, eds., *Scientific Colonialism : A Cross-Cultural Comparison* (Washington, D. C. : Smithsonian Institution Press, 1987)

Rennell, James, *A Bengal Atlas : Containing Maps of the Theatre of War and Commerce on that Side of Hindoostan* (London, 1781)

————, *Memoir of a Map of Hindoostan, or the Mogul's Empire*, 1st edn. (London, 1783)

————, *The Marches of the British Armies in the Peninsula of India, during the Campaigns of 1790 and 1791 ; Illustrated and Explained by Reference to a Map, Compiled from Authentic Documents* (London, 1792)

Revel, Jacques, 'Knowledge of the Territory', *Science in Context*, vol. 4 (1991), pp. 133-61

Rizvi, Janet, *Trans-Himalayan Caravans : Merchant Princes and Peasant Traders in Ladakh* (Delhi : Oxford University Press, 1999)

Rocher, Ludo, ed., *Ezourvedam. A French Veda of the Eighteenth Century* (Amsterdam & Philadelphia : John Benjamins Publishing Co., 1984)

Rohatgi, Pauline and Pheroza Godrej, eds., *India : A Pageant of Prints* (Bombay : Marg Publishers, 1989)

Ronan, Charles E. and Bonnie B. C. Oh, eds., *East Meets West : The Jesuits in China, 1582-1773* (Chicago : Loyola University Press, 1988)

Roques, Georges, *La manière de négocier aux Indes 1676-1691* (Paris : École Française d'Extrême-Orient, 1996)

Rostow, Walt Whitman, *Stages of Economic Growth : A Non-Communist Manifesto* (Cambridge : Cambridge University Press, 1960)［W・W・ロストウ（木村健康ほか訳）『経済成長の諸段階——一つの非共産主義宣言』ダイヤモンド社，1974 年］

Roxburgh, William, *Plants of the Coast of Coromandel ; Selected from Drawings and Descriptions Presented to the Hon. Court of Directors of the East India Company*, 3 vols. (London,

1795–1820)

Rubiés, Joan-Pau, 'Instructions for Travellers : Teaching the Eye to See', *History and Anthropology*, vol. 9 (1996), pp. 139–90

Rumphius, Georgius Everhardus, *The Ambonese Curiosity Cabinet* (New Haven & London : Yale University Press, 1999)

Said, Edward W., *Orientalism* (London : Routledge & Kegan Paul, 1978) [E・W・サイード(今沢紀子訳)『オリエンタリズム』平凡社ライブラリー, 1993 年]

Salazar-Soler, Carmen, *Anthropologie des mineurs des Andes : Dans les entrailles de la terre* (Paris : Harmattan, 2002)

Sarkar, Jadunath, *The India of Aurangzib (Topography, Statistics, and Roads) Compared with the India of Akbar. With extracts from the* Khulasatu-t-tawarikh *and the* Chahar Gulshan (Calcutta : Bose Brothers, 1901)

Schaffer, Simon, 'Defoe's Natural Philosophy and the Worlds of Credit', in Christie and Shuttleworth, eds. (1989), pp. 13–44 (*vide supra*)

———, 'Glass Works : Newton's Prisms and the Uses of Experiment', in Gooding *et al*., eds. (1989), pp. 67–104 (*vide supra*)

———, 'Self Evidence', *Critical Inquiry*, vol. 18, no. 2 (1992), pp. 327–62

———, 'Late Victorian Metrology and Its Instrumentation : A Manufactory of Ohms', in Bud and Cozzens, eds. (1992), pp. 23–56 (*vide supra*)

———, *From Physics to Anthropology—and Back Again* (Cambridge : Prickly Pear Press, 1994)

———, 'Accurate Measurement is an English Science', in Wise, ed. (1995), pp. 135–72 (*vide infra*)

———, 'Metrology, Metrication and Victorian Values', in Lightman, ed. (1997), pp. 438–74 (*vide supra*)

———, 'Golden Means : Assay Instruments and the Geography of Precision in the Guinea Trade', in Bourguet *et al*., eds. (2002), pp. 20–50 (*vide supra*)

Schiebinger, Londa and Claudia Swan, eds., *Colonial Botany : Science, Commerce, and Politics in the Early Modern World* (Philadelphia : University of Pennsylvania Press, 2005)

Schlagintweit, Herman von, Adolf von Schlagintweit and Robert von Schlagintweit, *Results of a Scientific Mission to India and High Asia Undertaken between the Years MDCCCLIV and MDCCCLVIII, by Order of the Court of Directors of the Honourable East India Company*, 4 vols. (Leipzig, 1861–66)

Schmidt, Benjamin, 'Inventing Exoticism : The Project of Dutch Geography and the Marketing of the World', in Smith and Findlen, eds. (2002), pp. 347–69 (*vide infra*)

Schwab, Raymond, *La renaissance orientale* (Paris : Payot, 1950)

Schwartz, Stuart B., ed., *Implicit Understandings : Observing, Reporting, and Reflecting on the Encounters Between Europeans and Other Peoples in the Early Modern Era* (Cambridge : Cambridge University Press, 1994)

Schwartzberg, Joseph E., 'South Asian Cartography', in Harley and Woodward, eds. (1992), pp. 293–509 (*vide supra*)

Secord, Anne, 'Science in the Pub : Artisan Botanists in Early Nineteenth-Century Lancashire', *History of Science*, vol. 32, no. 3 (1994), pp. 269–315

Seton-Karr, Walter Scott, *Selections from the Calcutta Gazette*, 5 vols. (Calcutta : Military Orphan Press, 1864)

Seymour, W. A., ed., *A History of the Ordnance Survey* (Folkestone : William Dawson, 1980)

Shapin, Steven, *A Social History of Truth : Civility and Science in Seventeenth-Century England* (Chicago & London : University of Chicago Press, 1994)

———, 'Here and Everywhere : Sociology of Scientific Knowledge', *Annual Review of Sociology*, vol. 21 (1995), pp. 289–321

———, *The Scientific Revolution* (Chicago & London : University of Chicago Press, 1996) [スティーヴン・シェイピン（川田勝訳）『「科学革命」とは何だったのか——新しい歴史観の試み』白水社，1998 年]

———, 'Placing the View from Nowhere : Historical and Sociological Problems in the Location of Science', *Transactions of the Institute of British Geographers*, vol. 23 (1998), pp. 5–12

Shapin, Steven and Simon Schaffer, *Leviathan and the Air-Pump : Hobbes, Boyle and the Experimental Life* (Princeton : Princeton University Press, 1985) [スティーヴン・シェイピン，サイモン・シャッファー（吉本秀之監訳，柴田和宏・坂本邦暢訳）『リヴァイアサンと空気ポンプ——ホッブズ，ボイル，実験的生活』名古屋大学出版会，2016 年]

Sibeud, Emmanuelle, *Une science impériale pour l'Afrique? La construction des savoirs africanistes en France, 1878–1930* (Paris : Éditions de l'École des Hautes Études en Sciences Sociales, 2002)

Sibum, Heinz Otto, 'Reworking the Mechanical Value of Heat : Instruments of precision and gestures of Accuracy in Early Victorian England', *Studies in History and Philosophy of Science*, vol. 26, no. 1 (1995), pp. 73–106

———, 'Les gestes de la mesure : Joule, les pratiques de la brasserie et la science', *Annales HSS*, 53e année, nos 4–5 (1998), pp. 745–74

———, 'Experimentalists in the Republic of Letters', *Science in Context*, vol. 16, nos 1–2 (2003), pp. 89–120

———, 'Shifting Scales : Microstudies in Early Victorian Britain', *Isis* (forthcoming)

Silva Carvalho, Augusto da, 'Garcia d'Orta. Comemoração do quarto centenário da sua partida para a India em 12 de Março de 1534', *Revista da Universidade de Coimbra*, vol. 12, no. 1 (1934), pp. 61–246

Singh, Chandramani, 'Early 18th-Century Painted City Maps on Cloth', in Skelton *et al.*, eds. (1986), pp. 185–92 (*vide infra*)

Sinha, Narendra Krishna, ed., *Days of John Company. Selections from Calcutta Gazette, 1824–1832* (Calcutta : West Bengal Government Press, 1959)

———, *The Economic History of Bengal : From Plassey to the Permanent Settlement*, 3 vols. (Calcutta : Firma K. L. Mukhopadhyay, 1965–70)
Sivin, Nathan, *Science in Ancient China : Researches and Reflections* (Aldershot : Ashgate, 1995)
Skelton, Raleigh Ashlin, 'The Military Survey of Scotland 1747–1755', *The Scottish Geographical Magazine*, vol. 83, no. 1 (1967), pp. 1–15
Skelton, Robert *et al.*, eds., *Facets of Indian Art* (London : Victoria & Albert Museum, 1986)
Smith, Pamela H. and Paula Findlen, eds., *Merchants and Marvels : Commerce, Science, and Art in Early Modern Europe* (New York & London : Routledge, 2002)
Smollett, Tobias George, *Travels through France and Italy*, 2 vols. (London, 1766)
Smyth, Ralph and Henry Landour Thuillier, compilers, *A Manual of Surveying for India, Detailing the Mode of Operations on the Revenue Surveys in Bengal and the North-Western Provinces* (Calcutta : Thacker, Spink & Co., 1851)
Spary, Emma C., *Utopia's Garden : French Natural History from Old Regime to Revolution* (Chicago & London : University of Chicago Press, 2000)
Spear, Percival, *The Nabobs* (Oxford : Oxford University Press, 1963)
Spink, John and D. W. Moodie, *Eskimo Maps of the Canadian Arctic, Cartographica* Monograph, 5 (1972)
Stephen, Leslie and Sidney Lee, eds., *Dictionary of National Biography from the earliest times to 1900*, 22 vols. (Oxford : Oxford University Press, 1917)
Stewart, Larry, 'Other Centres of Calculation, or, Where the Royal Society Didn't Count : Commerce, Coffee-Houses and Natural Philosophy in Early Modern London', *British Journal for the History of Science*, vol. 32, no. 2 (1999), pp. 133–53
Stocking, George W., Jr., *Victorian Anthropology* (New York : The Free Press, 1987)
Stokes, Eric, *The English Utilitarians and India* (Oxford : Clarendon Press, 1959)
Stroup, Alice, *A Company of Scientists : Botany, Patronage, and Community at the Seventeenth-Century Parisian Academy of Sciences* (Berkeley : University of California Press, 1990)
Subrahmanyam, Sanjay, 'Connected Histories : Notes Towards a Reconfiguration of Early Modern Eurasia', *Modern Asian Studies*, vol. 31, no. 3 (1997), pp. 735–62
———, *Explorations in Connected History*, 2 vols. (Delhi : Oxford University Press, 2005) [*Mughals and Franks* の巻の邦訳は，S・スブラフマニアム（三田昌彦・太田信宏訳）『接続された歴史——インドとヨーロッパ』名古屋大学出版会，2009 年]
Sweet, Rosemary, *Antiquaries : The Discovery of the Past in Eighteenth-Century Britain* (London : Hambledon & London, 2004)
Swetz, Frank J., *Capitalism and Arithmetic : The New Math of the 15th Century* (La Salle, IL : Open Court, 1987)
Tachard, Guy, *Voyage au Siam, des peres Jesuites, envoyez par le roy aux Indes et à la Chine. Avec leurs observations astronomiques, et leurs remarques de Physique, de Géographie., d'Hydrographie, d'Histoire* (Paris, 1686)
Tanner, Henry Charles Baskerville, 'Kintup's Narrative of a Journey from Darjeeling to Gyala

Sindong (Gyala and Sengdam), Tsari and the Lower Tsang-po, 1880–84', in Burrard, ed. (1915), part 2, pp. 329–38 (*vide supra*)
Taylor, Eva Germaine Rimington, *The Haven-Finding Art : A History of Navigation from Odysseus to Captain Cook* (London : Hollis & Carter, 1956)
Taylor, Ronald, 'The East and German Romanticism', in Iyer, ed. (1965), pp. 188–200 (*vide supra*)
Teltscher, Kate, *India Inscribed : European and British Writing on India, 1600–1800* (Delhi : Oxford University Press, 1995)
Terrall, Mary, *The Man who Flattened the Earth : Maupertuis and the Sciences of the Enlightenment* (Chicago & London : University of Chicago Press, 2002)
Thackray, Arnold, ed., *Constructing Knowledge in the History of Science, Osiris* (2nd series), 10 (Chicago & London : University of Chicago Press, 1995)
Thomas, Nicholas, *Entangled Objects : Exchange, Material Culture, and Colonialism in the Pacific* (Cambridge, MA & London : Harvard University Press, 1991)
Thompson, Edward Palmer, *The Making of the English Working Class* (Harmondsworth : Penguin, 1980) ［エドワード・P・トムスン（市橋秀夫・芳賀健一訳）『イングランド労働者階級の形成』青弓社，2003 年］
Tibbetts, Gerald R., 'The Role of Charts in Islamic Navigation in the Indian Ocean', in Harley and Woodward, eds. (1992), pp. 256–62
Torrens, William Torrens McCullagh, *The Marquess Wellesley, Architect of Empire : An Historic Portrait* (London : Chatto & Windus, 1880)
Trautmann, Thomas R., *Aryans and British India* (New Delhi : Vistaar Publications, 1997)
————, 'Hullabaloo about Telugu', *South Asia Research*, vol. 19, no. 1 (1999), pp. 53–70
Uberoi, Jeet Pal Singh, *The Other Mind of Europe : Goethe as a Scientist* (Delhi : Oxford University Press, 1984)
————, *The European Modernity : Science, Truth and Method* (Delhi : Oxford University Press, 2002)
Van Damme, Stéphane, *Paris, capitale philosophique de la Fronde à la Révolution* (Paris : Odile Jacob, 2005)
Van Reede tot Drakenstein, Hendrik Adriaan, *Hortus Indicus Malabaricus*, 12 vols. (Amsterdam, 1678–93)
Vesey-Fitzgerald, Seymour Gonne, 'Sir William Jones the Jurist', *Bulletin of the School of Oriental and African Studies*, vol. 11, no. 4 (1946), pp. 807–17
Vicziany, Marika, 'Imperialism, Botany and Statistics in early Nineteenth-Century India : The Surveys of Francis Buchanan (1762–1829)', *Modern Asian Studies*, vol. 20, no. 4 (1986), pp. 623–60
Wagoner, Phillip B., 'Precolonial Intellectuals and the Production of Colonial Knowledge', *Comparative Studies in Society and History*, vol. 45, no. 4 (2003), pp. 783–814
Waller, Derek J., *The Pundits : British Exploration of Tibet & Central Asia* (Lexington : University

Press of Kentucky, 1990)

Washbrook, David, 'From Comparative Sociology to Global History : Britain and India in the Pre-History of Modernity', *Journal of the Economic and Social History of the Orient*, vol. 40, no. 4 (1997), pp. 410–43

Watts, Michael, *The Dissenters from the Reformation to the French Revolution* (Oxford : Oxford University Press, 1978)

Werskey, Gary, *The Visible College : A Collective Biography of British Scientists and Socialists in the 1930s* (London : Free Association Books, 1988)

Westfall, Robert S., *The Scientific Revolution in the 17th Century : The Construction of a New World View* (Oxford : Clarendon Press, 1992)

Whelan, Frederick G., *Edmund Burke and India : Political Morality and Empire* (Pittsburgh : University of Pittsburgh Press, 1996)

White, Richard, *The Middle Ground : Indians, Empires, and Republics in the Great Lakes Region, 1650–1815* (Cambridge : Cambridge University Press, 1991)

Widmalm, Sven, 'Accuracy, Rhetoric, and Technology : the Paris-Greenwich Triangulation, 1784–88', in Frängsmyr *et al.*, eds. (1990), pp. 179–206 (*vide supra*)

Wilson, Horace Hayman, *Two Lectures on the Religious Practices and Opinions of the Hindus ; Delivered before the University of Oxford on the 27th and 28th of February, 1840* (Oxford : John Henry Parker, 1840)

Wise, M. Norton, ed., *The Values of Precision* (Princeton : Princeton University Press, 1995)

Woodward, John, *Brief Instructions for the Making of Observations and Collections, in order for the Promotion of Natural History in all Parts of the World* (London, 1696)

Yule, Henry and A. C. Burnell, *Hobson-Jobson. A Glossary of Colloquial Anglo-Indian Words and Phrases* (London : John Murray, 1903)

Zastoupil, Lynn and Martin Moir, eds., *The Great Indian Education Debate : Documents Relating to the Orientalist-Anglicist Controversy, 1781–1843* (London : Curzon Press, 1999)

注

序　章

（1）ヨーロッパの経済的自立は常に科学史叙述を支えてきたけれども——例えば，Pierre Duhem, *Le Système du monde,* 10 volumes（Paris : A Hermann, 1913–59）を参照——，この問いについての古典的文献は Herert Butterfield, *The Origins of Modern Science*（London : G. Bell & Sons, 1949）である。以下の文献も参照。Alexandre Koyré, *From the Closed World to the Infinite Universe*（New York : Harper, 1958）; idem, *Metaphysics and Measurement : Essays in Scientific Revolution*（Cambridge, MA : Harvard University Press, 1968）; A. Rupert Hall, *The Scientific Revolution 1500–1800 : The Formation of the Modern Scientific Attitude*（London : Longmans, Green & Co., 1954）およびその第 2 版として刊行された同著者による *The Revolution in Science*（Harlow : Longman, 1983）; Robert S. Westfall, *The Scientific Revolution in the 17th Century : The Construction of a New World View*（Oxford : Clarendon Press, 1992）; Marcus Hellyer, ed., *The Scientific Revolution : The Essential Readings*（Oxford : Blackwell, 2003）. この起源探求の批判的な検証として，Andrew Cunningham and Perry Williams, 'De-centring the "Big Picture" : The Origins of Modern Science and the Modern Origins of Science', *British Journal for the History of Science*, vol. 26, no. 4（1993）, pp. 407–32 および Steven Shapin, *The Scientific Revolution*（Chicago & London : University of Chicago Press, 1996）を参照。

（2）ニーダムの世代の時代精神については，Gary Werskey, *The Visible College : A Collective Biography of British Scientists and Socialists in the 1930s*（London : Free Association Books, 1988）を参照。

（3）Joseph Needham, 'The Roles of Europe and China in the Evolution of "Ecumenical Science"' in idem, *Clerks and Craftsmen in China and the West*（Cambridge : Cambridge University Press, 1970）, p. 397. ニーダムは決して彼の「大問題」に対する最終的な答えに到達しなかったが，その断片は彼の代表作である Joseph Needham, *Science and Civilisation in China*, 7 vols.（Cambridge : Cambridge University Press, 1954–2005），およびさまざまな小論，特に Joseph Needham, *The Grand Titration : Science and Society in East and West*（London : George Allen & Unwin, 1969）に収録された多くの文章中にある。ニーダムによる命題への批判は，Nathan Sivin, *Science in Ancient China : Researches and Reflections*（Aldershot : Ashgate, 1995）を参照。

（4）George Basalla, 'The Spread of Western Science', *Science*, no. 156（5 May 1967）, pp. 611–22 および idem, 'The Spread of Western Science Revisited', in Antonio Lafuente, Alberto Elena, and María Luisa Ortega, eds., *Mundialización de la ciencia y cultura nacional*（Aranjuez, Madrid : Doce Calles, 1993）, pp. 599–603 を参照。

(5) Walt Whitman Rostow, *Stages of Economic Growth : A Non-Communist Manifesto* (Cambridge : Cambridge University Press, 1960). バサラのモデルの批判については，特に Roy M. MacLeod, ‘On Visiting the “Moving Metropolis” : Reflections on the Architecture of Imperial Science’, *Historical Records of Australian Science*, vol. 5, no. 3 (1982), pp. 1–16 ; Ian Inkster, ‘Scientific Enterprise and the Colonial “Model” : Observations on the Australian Experience in Historical Context’, *Social Studies of Science*, vol. 15, no. 4 (1985), pp. 677–704 を参照。Nathan Reingold and Marc Rothenberg, eds., *Scientific Colonialism : A Cross-Cultural Comparison* (Washington, DC : Smithsonian Institution Press, 1987) ; Deepak Kumar, ed., *Science and Empire : Essays in Indian Context* (Delhi : Anamika Prakashan, 1991) ; Patrick Petitjean, Catherine Jami and Anne-Marie Moulin, eds., *Science and Empires : Historical Studies about Scientific Development and European Expansion* (Dordrecht : Kluwer Academic Publishers, 1992) ; Lafuente *et al*., eds., *op. cit.* にそれぞれ収録されているさまざまな小論も参照。

(6) しかしながら，「科学と帝国」という呼び名は，ヨーロッパ中心的であるとともに不十分なものである。中国ないしペルシアなどの地域，あるいはオスマン帝国さえ，それら自体れっきとした帝国であったにもかかわらず，この領域の調査対象にされていない——もし対象にされるとしても，それらが近代の西ヨーロッパ人と接触する際，そして接触する限りにおいてでしかない。「科学」と「帝国」の双方の用語が，近代の西ヨーロッパの企てに対してのみ適用されるものとされてしまっている。しかしながら，中国人の科学への努力をそれ自体れっきとした帝国的文脈のなかに位置づけて研究する興味深い試みについては，Laura Hostetler, *Qing Colonial Enterprise : Ethnography and Cartography in Early Modern China* (Chicago & London : University of Chicago Press, 2001) を参照。

(7) 例えば，Morris F. Low, *Beyond Joseph Needham : Science, Technology, and Medicine in East and Southeast Asia, Osiris* (2nd series), vol. 13 (Chicago & London : University of Chicago Press, 1998) を参照。南アジアについては，特に Devendra Mohan Bose, ‘History of Science in India : How it Should be Written’, *Science and Culture*, vol. 29, no. 4 (1963), pp. 163–6 ; David Kopf, *British Orientalism and the Bengal Renaissance : the Dynamics of Indian Modernization 1773–1835* (Calcutta : Firma K. L. Mukhopadhyay, 1969) ; Devendra Mohan Bose, Samarendra Nath Sen and B. V. Subbarayappa, *A Concise History of Science in India* (New Delhi : Indian National Science Academy, 1971) ; Deepak Kumar, ed., *op. cit.* ; idem, *Science and the Raj, 1857–1905* (Delhi : Oxford University Press, 1995) ; Ahsan Jan Qaisar, *The Indian Response to European Technology and Culture (1498–1707)* (Delhi : Oxford University Press, 1999 ; orig. publ. 1982) ; Pratik Chakrabarti, *Western Science in Modern India : Metropolitan Methods, Colonial Practices* (Delhi : Permanent Black, 2004) を参照。他の地域，そしてより全般的には，Roderick Weir Home, ed., *Australian Science in the Making* (Cambridge : Cambridge University Press, 1988) ; Lewis Pyenson, ‘Science and Imperialism’, in Robert C. Olby, Geoffrey N. Cantor, John R. R. Christie and M. J. S. Hodge, eds., *Companion to the History of Modern Science* (London & New York : Routledge, 1990),

pp. 920–33 ; Petitjean, *et al.*, eds., *op. cit.* ; S. Irfan Habib and Dhruv Raina, eds., *Situating the History of Science : Dialogues with Joseph Needham* (Delhi : Oxford University Press, 1999) ; Roy M. MacLeod, ed., *Nature and Empire, Osiris* (2nd series), vol. 15 (Chicago & London : University of Chicago Press, 2000) を参照。もちろん，この疑いようもなく図式的な提示にもいくつかの例外がある。とりわけ，James E. McClellan III, *Colonialism and Science : Saint Domingue in the Old Régime* (Baltimore : Johns Hopkins University Press, 1992) を参照。

［1］「ゲリマンダリング（gerrymandering)」とは，本来，自党に有利になるように恣意的に選挙区の区割りを行うことを指す用語であるが，ここでは筆者はそれを隠喩的に使っている。

（8）インドの文脈におけるそうした研究の実例としては，K. Ramasubramanian, M. D. Srinivas and M. S. Sriram, 'Modification of the Earlier Indian Planetary Theory by the Kerala Astronomers (*c.* 1500 AD) and the Implied Heliocentric Picture of Planetary Motion', *Current Science,* vol. 66 (1994), pp. 784–90 ; Saroja Bhate and Subhash Kak, 'Panini's Grammar and Computer Science', *Annales of the Bhandarkar Oriental Research Institute*, no. 72 (1993), pp. 79–94 ; Subhash Kak, 'Computational Aspects of the Aryabhata Algorithm', *Indian Journal of History of Science*, vol. 21, no. 1 (1986), pp. 62–71 ; idem, 'The Astronomy of the Vedic Altars and the Rgveda', *Mankind Quarterly*, vol. 33 (1992), pp. 43–55 ; idem, 'Early Theories on the Distance to the Sun', *Indian Journal of History of Science*, vol. 33 (1998), pp. 93–100 ; B. N. Narahari Achar, 'On the Astronomical Basis of the Date of Satapatha Brahmana : A Re-Examination of Dikshit's Theory', *Indian Journal of History of Science*, vol. 35, no. 1 (2000), pp. 1–19 を参照。

（9）Theodor W. Adorno and Max Horkheimer, *Dialektik des Aufklärung. Philosophische Fragmente* (Amsterdam : Querido, 1947) ; Herbert Marcuse, *One-Dimensional Man : Studies in the Ideology of Advanced Industrial Society* (London : Routledge & Kegan Paul, 1964). Daryl E. Chubin and Ellen W. Chu, eds., *Science off the Pedestal : Social Perspectives on Science and Technology* (Belmont, CA : Wadsworth, 1989) も参照。さらに，より建設的な批判については，Jeet Pal Singh Uberoi, *The Other Mind of Europe : Goethe as a Scientist* (Delhi : Oxfard University Press, 1984) ; idem, *The European Modernity : Science, Truth and Method* (Delhi : Oxford University Press, 2002) を参照。Ashis Nandy, *Alternative Sciences* (Delhi : Allied Publishers, 1980) も参照のこと。

（10）典型的な例は Gyan Prakash, *Another Reason : Science and the Imagination of Modern India* (Princeton : Princeton University Press, 1999) である。David Arnold, *Science, Technology and Medicine in Colonial India* (Cambridge : Cambridge University Press, 2000) も参照。さらに，よりニュアンスを含んだものとして Christophe Bonneuil, 'Mettre en ordre et discipliner les tropiques : les sciences du végétal dans l'empire français, 1870–1940', unpublished doctoral dissertation, Université de Paris VII, 1997 を参照。

（11）Roy Porter and Mikuláš Teich, eds., *The Scientific Revolution in National Context* (Cambridge : Cambridge University Press, 1992) ; idem, eds., *The Enlightenment in National Context* (Cambridge : Cambridge University Press, 1981) を参照。

（12）私がここで参照するのは，David Washbrook, ‘From Comparative Sociology to Global History : Britain and India in the Pre-History of Modernity’, *Journal of the Economic and Social History of the Orient*, vol. 40, no. 4（1997）, pp. 410–43，バートン・スタイン（Burton Stein）およびデイヴィッド・キャナダイン（David Cannadine）によるさまざまな著作物，そして最も注目すべきものとして Christopher Alan Bayly, *Imperial Meridian : The British Empire and the World, 1780–1830*（London : Longman, 1989）である。引用は Linda Colley, ‘Clashes and Collaborations’, *London Review of Books*（18 July 1996）, p. 8 による。

（13）植民地の支配者と被支配者の双方への間文化的遭遇のインパクトに関する近年の文献の論評として，Frederick Cooper and Ann Laura Stoler, ‘Between Metropole and Colony : Rethinking a Research Agenda’, in idem, eds., *Tensions of Empire : Colonial Cultures in a Bourgeois World*（Berkeley, Los Angeles, London : University of California Press, 1997）, pp. 1–56 を参照。

（14）Stuart B. Schwartz, ed., *Implicit Understandings : Observing, Reporting, and Reflecting on the Encounters between Europeans and Other Peoples in the Early Modern Era*（Cambridge : Cambridge University Press, 1994）; Martin Daunton and Rick Halpern, eds., *Empire and Others : British Encounters with Indigenous Peoples, 1600–1850*（Philadelphia : University of Pennsylvania Press, 1999）を参照。

［2］「驚異の部屋（cabinets of curiosities）」とは珍品陳列室を指す。

（15）科学史，科学哲学，科学社会学におけるこれらの新しいアプローチの素晴らしい紹介としては，その相当数の参考文献とともに，Jan Golinski, *Making Natural Knowledge : Constructivism and the History of Science*（Cambridge : Cambridge University Press, 1998）を参照。この分野を象徴するものとしては，Steven Shapin and Simon Schaffer, *Leviathan and the Air-Pump : Hobbes, Boyle and the Experimental Life*（Princeton : Princeton University Press, 1985）［スティーヴン・シェイピン，サイモン・シャッファー（吉本秀之監訳）『リヴァイアサンと空気ポンプ——ホッブズ，ボイル，実験的生活』名古屋大学出版会，2016 年］を参照。その他，Adir Ophir and Steven Shapin, ‘The Place of Knowledge : A Methodological Survey’, *Science in Context*, vol. 4, no. 1（1991）, pp. 3–21 ; Steven Shapin, ‘Placing the View from Nowhere : Historical and Sociological Problems in the Location of Science’, *Transactions of the Institute of British Geographers*, vol. 23（1998）, pp. 5–12 も参照のこと。引用は Harry M. Collins, *Changing Order : Replication and Induction in Scientific Practice*（London : Sage, 1985）, p. 143 による。

（16）例えば以下を参照。Nicholas Jardine, James E. Secord and Emma C. Spary, eds., *Cultures of Natural History*（Cambridge : Cambridge University Press, 1996）; David Philip Miller and Peter Hanns Reill, eds., *Visions of Empire : Voyages, Botany and Representations of Nature*（Cambridge : Cambridge University Press, 1996）; Marie-Noëlle Bourguet, Christian Licoppe and Heinz Otto Sibum, eds., *Instruments, Travel and Science : Itineraries of Precision from the Seventeenth to the Twentieth Century*（London & New York : Routledge, 2002）; Pamela H. Smith and Paula Findlen, eds., *Merchants and Marvels : Commerce, Science, and Art in Early Modern Europe*（New York & London : Routledge, 2002）.

（17） David E. Allen, *The Naturalist in Britain : A Social History* (London : Allen Lane, 1976) ; Anne Secord, 'Science in the Pub : Artisan Botanists in Early Nineteenth-Century Lancashire', *History of Science*, vol. 32, no. 3 (1994), pp. 269-315 ; Heinz Otto Sibum, 'Les gestes de la mesure : Joule, les pratiques de la brasserie et la science', *Annales HSS*, 53e année, nos 4-5 (1998), pp. 745-74 を参照。

（18） しかしながら，Simon Schaffer, 'Golden Means : Assay Instruments and the Geography of Precision in the Guinea Trade' in Bourguet *et al.*, eds., *op. cit.*, pp. 20-50 を参照。

（19） Michel Callon, ed., *La science et ses réseaux* (Paris : La Découverte, 1988) を参照。

（20）「接触領域」という用語は，異なる文化的・地理的出自と歴史をもった人々が出会い，関係を確立する場――「強制，根本的不平等，解決の難しい紛争を通常ともなう」――を指し示す便利な方法として，Mary Louise Pratt, *Imperial Eyes : Travel Writing and Transculturation* (London & New York : Routledge, 1992), pp. 6-7 からとった。かくして，「接触領域」は，アメリカの歴史学におけるフロンティア概念を拡張したものである。つまり，固定された地理的および時間的実体から，さまざまな社会集団・エスニック集団間の社会的，経済的，そして時に軍事的な交錯および相互作用のプロセスへの拡張なのである。Richard White, *The Middle Ground : Indians, Empires, and Republics in the Great Lakes Region, 1650-1815* (Cambridge : Cambridge University Press, 1991) ; James H. Merrell, *Into the American Woods : Negotiators on the Pennsylvania Frontier* (New York : W. W. Norton, 1999) を参照。

（21） この点は Serge Gruzinski, *Les quatre parties du monde. Histoire d'une mondialisation* (Paris : Éditions de la Martinière, 2004) において説得的に主張されている。

（22） 例えば，Barbara E. Mundy, *The Mapping of New Spain : Indigenous Cartography and the Maps of the* Relaciones Geográficas (Chicago & London : University of Chicago Press, 1996) ; Merrell, *op. cit.* ; Serge Gruzinski, *The Mestizo Mind : The Intellectual Dynamics of Colonization and Globalization* (New York : Routledge, 2002 ; French original published 1999) ; Carmen Salazar-Soler, *Anthropologie des mineurs des Andes : Dans les entrailles de la terre* (Paris : Harmattan, 2002). 太平洋については，Nicholas Thomas, *Entangled Objects : Exchange, Material Culture, and Colonialism in the Pacific* (Cambridge, MA : Harvard University Press, 1991) を参照。

（23） Christopher Alan Bayly, *Empire and Information : Intelligence Gathering and Social Communication in India, 1780-1870* (Cambridge : Cambridge University Press, 1996) を参照。

（24） Theodore M. Porter, *Trust in Numbers ; The Pursuit of Objectivity in Science and Public Life* (Princeton : Princeton University Press, 1995) を参照。

（25） 特に，Bernard S. Cohn, *An Anthropologist Among the Historians and Other Essays* (Delhi : Oxford University Press, 1987) ; idem, *Colonialism and its Forms of Knowledge : The British in India* (Princeton : Princeton University Press, 1996) を参照。Emmanuelle Sibeud, *Une science impériale pour l'Afrique ? La construction des savoirs africanistes en France, 1878-1930* (Paris : Éditions de l'École des Hautes Études en Sciences Sociales, 2002) も参照のこと。

（26） Bernard S. Cohn, 'The Command of Language and the Language of Command', in idem,

Colonialism and its Forms of Knowledge, *op. cit.*, pp. 16-56. この引用は p. 16 による。

(27) Michel Callon, Pierre Lascoumes and Yannick Barthe, *Agir dans un monde incertain* (Paris : Le Seuil, 2001), p. 136 *et seq.* を参照。Henrika Kuklick and Robert E. Kohler, eds., *Science in the Field, Osiris* (2nd series), vol. 11 (Chicago & London : University of Chicago Press, 1996) ; Robert E. Kohler, *Landscapes and Labscapes : Exploring the Lab-Field Border in Biology* (Chicago & London : University of Chicago Press, 2002) も参照のこと。

(28) Josef W. Konvitz, *Cartography in France 1660-1848 : Science, Engineering, and Statecraft* (Chicago & London : University of Chicago Press, 1987).

(29) 近代科学知の形成にとっての貿易会社の重要性に対する歴史家の認識は遅れている。しかしながら，Johan Leonard Blussé and Ilonka Ooms, eds., *Kennis en Compagnie : De Verenigde Oost-Indische Compagnie en de moderne Wetenshap* (Amsterdam : Balans, 2002) ; Richard W. Hadden, *On the Shoulders of Merchants : Exchange and the Mathematical Conception of Nature in Early Modern Europe* (Albany, NY : State University of New York Press, 1994) を参照。これらは，近代知の数量化は 16 世紀から 17 世紀にかけて商人によって開発された商業簿記および勘定の実践から進化した，また，自然の機械論的な見方は社会的・経済的関係の日々の実践から発展した，と主張する。また，Steven J. Harris, 'Long-Distance Corporations, Big Sciences, and the Geography of Knowledge', *Configurations*, vol. 6, no. 2 (1998), pp. 269-304 ; Frank J. Swetz, *Capitalism and Arithmetic : The New Math of the 15th Century* (La Salle, Il. : Open Court, 1987) も参照。

(30) Christopher Hill, *The Intellectual Origins of the English Revolution* (Oxford : Clarendon Press, 1965), pp. 33-4 ; Francis R. Johnson, 'Gresham College : Precursor of the Royal Society', *Journal of the History of Ideas*, vol. 1, no. 4 (1940), pp. 413-38.

(31) Larry Stewart, 'Other Centres of Calculation, or, Where the Royal Society Didn't Count : Commerce, Coffee-Houses and Natural Philosophy in Early Modern London', *British Journal for the History of Science*, vol. 32, no. 2 (1999), pp. 133-53 ; Jerry Brotton, *Trading Territories : Mapping the Early Modern World* (London : Reaktion Books, 1997).

(32) Harold J. Cook, 'Physicians and Natural History', in Jardine *et al.*, eds., *op. cit.*, pp. 91-105.

(33) ここでは信用とは信頼，権利あるいは名誉を，そして同時に，株主と商人の間の新たな社会関係を指す。Simon Schaffer, 'Defoe's Natural Philosophy and the Worlds of Credit', in John R. R. Christie and Sally Shuttleworth, eds., *Nature Transfigured : Science and Literature 1700-1900* (Manchester : Manchester University Press, 1989), pp. 13-44 を参照。

(34) Lucile H. Brockway, *Science and Colonial Expansion : The Role of the British Royal Botanic Gardens* (New York : Academic Press, 1979) ; John Gascoigne, *Science in the Service of Empire : Joseph Banks, the British State and the Uses of Science in the Age of Revolution* (Cambridge : Cambridge University Press, 1998) を参照。

(35) Huw V. Bowen, *Elites, Enterprise and the Making of the British Overseas Empire* (London : Macmillan, 1996) を参照。P. E. Razzell, 'Social Origins of Officers in the Indian and British Home Army : 1758-1962', *British Journal of Sociology*, vol. 14, no. 3 (September 1963), pp. 248-60 も参照のこと。ヨーロッパ人の海外医療従事者の間でスコットランド人が占め

た大きな存在感は，例えば Dirom Grey Crawford, *A History of the Indian Medical Service, 1600–1913*, 2 volumes（London : W. Thacker & Co., 1914）で明らかにされている。

(36) 仲介者の不可避性については，Georges Roques, *La manière de négocier aux Indes 1676–1691* (Paris : École Française d'Extrême-Orient, 1996) を参照。

(37) 実際に本書は，サンジャイ・スブラフマニヤムが主張する「接続された歴史」の視点に大きな影響を受けている。Sanjay Subrahmanyam, 'Connected Histories : Notes Towards a Reconfiguration of Early Modern Eurasia', *Modern Asian Studies*, vol. 31, no. 3 (1997), pp. 735–62, そして，*Explorations in Connected History*, 2 volumes（Delhi : Oxford University Press, 2005）を参照。また，Frederick Cooper, 'Conflict and Connection : Rethinking Colonial African History', *American Historical Review*, vol. 99, no. 5（1994), pp. 1516–45 も参照のこと。

(38) この最後の側面は，北インドにおける近代科学への反応およびその流用と再構成に関する，ドゥルヴ・ライナとS・イルファン・ハビーブによる画期的な仕事の主な着眼点である。しかしながら，彼らは主に 19 世紀の後半および 20 世紀の初期——本書で探究される時代の終わりにあたる——に注目してきた。彼らの研究は最近，一冊の本として出版された。Dhruv Raina and S. Irfan Habib, *Domesticating Modern Science : A Social History of Science and Culture in Colonial India*（New Delhi : Tulika Books, 2004）を参照。

(39) 間文化的遭遇における仲介役の概念は，Louise Bénat Tachot and Serge Gruzinski, eds., *Passeurs culturels : mécanismes de métissage*（Paris : Presses Universitaires de Marne-la-Valleé and Éditions de la Maison des Sciences de l'Homme, 2001）のなかで主題として扱われている。

(40) このようにして循環に焦点を合わせる際，私は Claude Markovits, Jacques Pouchepadass and Sanjay Subrahmanyam, eds., *Society and Circulation : Mobile People and Itinerant Cultures in South Asia 1750–1950* (Delhi : Permanent Black, 2003) によって示された手本に従っていく。

(41) 例えば，David N. Livingstone, *Putting Science in its Place : Geographies of Scientific Knowledge*（Chicago & London : University of Chicago Press, 2003）を参照。そして，少なくとも一人の著名な学者は，実際に，科学知の普及および普遍化の可能性を説明するための「不変的に移動的な銘（immutably mobile inscriptions)」の構築を提案している。Bruno Latour, *Science in Action : How to Follow Scientists and engineers through Society* (Milton Keynes : Open University Press, 1986）の第 6 章を参照。文化間の科学的遭遇という主題に関する最近の書籍もまた，類似したモデルを基盤にしている。Fa-ti Fan, *British Naturalists in Qing China : Science, Empire, and Cultural Encounter*（Cambridge, MA & London : Harvard University Press, 2004）を参照。

(42) 知の生成の場としての循環への関心が急速に高まっていることは，著名な科学・技術・医療史家による少なくとも二つの近年の刊行物によって証明されている。Yves Cohen, 'The Soviet Fordson : Between the Politics of Stalin and the Philosophy of Ford, 1924–1932', in Hubert Bonin, Yannick Lung and Steven Tolliday, eds., *Ford, 1903–2003 : The*

European History, 2 volumes (Paris : PLAGE, 2003), vol. 2, pp. 531–58 ; Maneesha Lal, 'Purdah as Pathology : Gender and the Circulation of Medical Knowledge in Late Colonial India', in Sarah Hodges, ed., *Reproductive Health in India : History, Politics, Controversies* (New Delhi : Orient Longman, 2006), pp. 85–114 を参照。Stéphane Van Damme, *Paris, capitale philosophique de la Fronde à la Révolution* (Paris : Odile Jacob, 2005) も参照のこと。2004 年 8 月にカナダのハリファックスで開催されたイギリス，カナダ，アメリカの科学史学会の四カ年共同会議が，そのテーマとして「循環する知」を掲げたということを指摘しておこう。

(43)「例外的に正常」という用語は，イタリアのミクロヒストリー研究者であるエドアルド・グレンディによる造語で，その固有で非代表的な性質ゆえに，時代に支配的な規範と慣習をより広い視野から見ることを可能にする特異な歴史的事例を指す。Edoardo Grendi, 'Microanalisi e storia sociale', *Quaderni Storici*, vol. 7 (1972), pp. 506–20 を参照。

(44) Steven Shapin, 'Here and Everywhere : Sociology of Scientific Knowledge', *Annual Review of Sociology*, vol. 21 (1995), pp. 289–321.

(45) Harry M. Collins and Robert G. Harrison, 'Building a TEA Laser : The Caprices of Communication', *Social Studies of Science*, vol. 5, no. 4 (1975), pp. 441–50 による古典的研究を参照。Simon Schaffer, 'Glass Works : Newton's Prisms and the Uses of Experiment', in David Gooding, Trevor J. Pinch and Simon Schaffer, eds., *The Uses of Experiment : Studies in the Natural Sciences* (Cambridge : Cambridge University Press, 1989), pp. 67–104 ; idem, 'Self Evidence', *Critical Inquiry*, vol. 18, no. 2 (1992), pp. 327–62 ; idem, 'Late Victorian Metrology and Its Instrumentation : A Manufactory of Ohms', in Robert Bud and Susan E. Cozzens, eds., *Invisible Connections : Instruments, Institutions, and Science* (Bellingham, WA : SPIE, Optical Engineering Press, 1992), pp. 23–56 も参照のこと。

(46) Daniel R. Headrick, *The Tools of Empire : Technology and European Imperialism in the Nineteenth Century* (New York : Oxford University Press, 1981) ; idem, *The Tentacles of Progress : Technology Transfer in the Age of Imperialism, 1850–1940* (New York : Oxford University Press, 1988) ; Michael Adas, *Machines as the Measure of Men* (Ithaca : Cornell University Press, 1990) を参照。

第 1 章　外科医，行者，商人，そして職人

(1) Henrika Kuklick and Robert E. Kohler, 'Introduction', in idem, eds., *Science in the Field, Osiris* (2nd series), vol. 11 (Chicago & London : University of Chicago Press, 1996), pp. 1–14 を参照。

(2) Joan-Pau Rubiés, 'Instructions for Travellers : Teaching the Eye to See', *History and Anthropology*, vol. 9 (1996), pp. 139–90 ; Marie-Noëlle Bourguet, 'La collecte du monde : voyage et histoire naturelle (fin XVIIème siècle—début XIXème siècle)', in Claude Blanckaert, Claudine Cohen, Pietro Corsi and Jean-Louis Fischer, eds., *Le Muséum au premier siècle de son histoire* (Paris : Muséum National d'Hitoire Naturelle, 1997), pp. 163–96 ; John Law, 'On the Methods of Long-Distance Control : Vessels, Navigation and the Portuguese Route to India', in

idem, ed., *Power, Action and Belief : A New Sociology of Knowledge ?* (London : Routledge & Kegan Paul, 1986), pp. 234–63 を参照。

（3）Robert Boyle, *General Heads for the Natural History of a Country, Great or Small, Drawn out for the Use of Travellers and Navigators* (London : J. Taylor, 1692), pp. 1, 8, 9, 13 からの引用。「調査」を通して知識が得られるということは，同じ節の pp. 11–12 に明言されている。以下の文献も参照。Francis Bacon, 'Of Travel (1597)' (*The Works of Francis Bacon,* ed., James Spedding, Robert Leslie Ellis and Douglas Denon Heath, 14 volumes (London : Longman & Co., 1861), vol. vi, pp. 417–18)［フランシス・ベーコン（髙橋五郎訳）『ベーコン論説集』玄黄社，1911 年，321–26 頁］; John Woodward, *Brief Instructions for the Making of Observations and Collections, in order for the Promotion of Natural History in all Parts of the World* (London, 1696).

（4）Benjamin Schmidt, 'Inventing Exoticism : The Project of Dutch Geography and the Marketing of the World', in Pamela H. Smith and Paula Findlen, eds., *Merchants and Marvels : Commerce, Science, and Art in Early Modern Europe* (New York & London : Routledge, 2002), pp. 347–69.

（5）以下を参照。Jesús Bustamente García, 'Francisco Hernández, Plinio del Nuevo Mundo : Tradición clásica, teoría nominal y sistema terminológico indígena en una obra renacentista', in Berta Ares Queija and Serge Gruzinski, eds., *Entre dos mundos : Fronteras culturales y agentes mediadores* (Seville : Escuela de Estudios Hispano-Americanos, 1997), pp. 243–68 ; James H. Merrell, *Into the American Woods : Negotiators on the Pennsylvania Frontier* (New York : W. W. Norton, 1999) ; Antonio Barrera, 'Local Herbs, Global Medicines : Commerce, Knowledge, and Commodities in Spanish America', in Smith and Findlen, eds., *op cit.,* pp. 163–81.

（6）以下を参照。Denys Lombard and Jean Aubin, eds., *Asian Merchants and Businessmen in the Indian Ocean and the China Sea* (Delhi : Oxford University Press, 2000) ; Ashin Das Gupta, *The World of the Indian Ocean Merchant 1500–1800* (Delhi : Oxford University Press, 2001).

（7）Richard Grove, 'Indigenous Knowledge and the Significance of South-West India for Portuguese and Dutch Constructions of Tropical Nature', *Modern Asian Studies*, vol. 30, no. 1 (1996), pp. 121–43.

（8）伝統的な見方については，Isaac Henry Burkill, *Chapters on the History of Botany in India* (Calcutta : Botanical Survey of India, 1965) および Ray Desmond, *The European Discovery of the Indian Flora* (Oxford : Oxford University Press for the Royal Botanic Gardens, 1992) を参照。

（9）Muséum National d' Histoire Naturelle（以下 MNHN), Central Library, Manuscripts collection, Mss. 1915, 1916, 1916bis, 1916ter, and 1917 to 1926. 以下『オリシャの庭園』と記す。

(10) MNHN, Ms. 1915 : 'Preface', f. IIIv. この節以下の部分はすべて，本書の著者による翻訳である。

(11) The Archives Nationales, Paris (AN) ; the Centre des Archives d' Outre-Mer, Aix-en-

Provence (CAOM) ; the archives of the Laboratoire de Phanérogamie (LP), MNHN ; the archives of the Missions Étrangères de Paris, Paris (MEP) ; and the archives of the Académie de Sciences, Paris (AS).

(12) アジアにおけるフランスの活動に関する包括的な歴史については，Philippe Haudrère, *La Compagnie française des Indes au XVIIIe siècle : 1719–1795*, 4 volumes (Paris : Librairie de l'Inde, 1989) を参照。

(13) CAOM, Colonies, Série C^2 115, f. 358.

(14) Claude Chaligne, 'Chirurgiens de la Compagnie des Indes. Histoire du service de santé de la Compagnie, 1664–1793', unpublished doctoral dissertation, Faculté de Médicine, Université de Paris V, 1961, pp. 42–6.

(15) MNHN, Ms. 1915 : 'Preface', f. IIIr.

(16) Chaligne, *op. cit.,* Dedication and p. 85. また，John Joyce Keevil, Charles Christopher Lloyd and Jack Leonard Sagar Coulter, *Medicine and the Navy, 1200–1900,* 4 volumes (Edinburgh & London : E. & S. Livingstone, 1957–63), vol. 2, pp. 1649–1714 も参照。

(17) Anne Kroell, 'Une escadre décimée par la maladie dans le Golfe du Bengale en 1698', *Chronique d'histoire maritime*, vol. 16 (1987), pp. 24–35.

(18) MEP, V 959, f. 153 : L'Empereur to Delavigne, 20 January 1699.

(19) MNHN, Ms. 1915, 'Avis au lecteur', ff. IVr.

(20) MEP, V 990, f. 533 : L'Empereur to Delavigne, 6 January 1701.

(21) Garcia da Orta, *Colóquios dos simples e drogas he cousas mediçinais da Índia e assi d'algũas frutas achadas nella onde se tratam algũas cousas tocantes a mediçina, pratica, e outras cousas boas pera saber cõpostos pello Dor. Garcia Dorta* (Goa, 1563) ; Christóval Acosta, *Tractado de las drogas y medicinas de las Indias Orientales, con sus plantas debuxadas al bivo* (Burgos, 1578).

(22) ファン・レーデの姓にはさまざまな綴りが見られる。私はヘニガーの権威ある伝記で使われている形を採用する。Johannes Heniger, *Hendrik Adriaan Van Reede tot Drakenstein (1636–1691) and* Hortus Malabaricus : *A Contribution to the History of Dutch Colonial Botany* (Rotterdam & Boston : A. A. Balkema, 1986).

(23) パウル・ヘルマンの草本誌は現在ではロンドンの自然史博物館に所蔵されている。科学的知識に対するオランダ東インド会社の関心については，Leonard Blussé and Ilonka Ooms, eds., *Kennis en Compagnie : De Verenigde Oost-Indische Compagnie en de moderne wetenschap* (Amsterdam : Balans, 2002) を参照。より全般的には，Kapil Raj, 'Eighteenth-Century Pacific Voyages of Discovery, "Big Science", and the Shaping of an European Scientific and Technological Culture', *History and Technology,* vol. 17, no. 2 (2000), pp. 79–98 を参照。

(24) Peter Boomgaard, 'The Dutch Trade in Forest Products in the Seventeenth Century', in Richard Grove, Vinita Damodaran and Satpal Sangwan, eds., *Nature and the Orient : The Environmental History of South and Southeast Asia* (Delhi : Oxford University Press, 1998), pp. 375–95 を参照。

(25) Samuel Browne, 'An Account of Part of a Collection of Curious Plants and Drugs, lately given to the Royal Society by the East India Company', *Philosophical Transactions of the Royal Society,* vols. 20, 22, 23 (1700-1), pp. 313-35, 579-94, 699-721, 843-58, 933-46, 1007-22, 1055-65, 1251-65, 1450-60 を参照。別の外科医エドワード・バークレー（Edward Bulkley, 1651-1714 年）は少なくとも 5 セットの乾燥した植物，果物，薬種を，ときには現地の文字で書かれた現地名を付して本国に送った。これらはロンドンの自然史博物館のスローン植物標本集（Sloane Herbarium）に保管されている。

(26) Harold J. Cook, 'Physicians and Natural History' in Nicholas Jardine, James A. Secord, and Emma C. Spary, eds., *Cultures of Natural History* (Cambridge : Cambridge University Press, 1996), pp. 91-105 の特に p. 95 を参照。

(27) MEP, V 958, f. 207 : L'Empereur to Delavine, 4 December 1702.

(28) MNHN, LP, GGA/52766/1 : L'Empereur to Antoine de Jussieu, 25 December 1729.

(29) John Ovington, *A Voyage to Suratt in the Year 1689* (London : Oxford University Press, 1929, originally published 1696), p. 99.

(30) Guy Tachard, *Voyage au Siam, des peres Jesuites, envoyez par le roy aux Indes et à la Chine. Avec leurs observations astronomiques, et leurs remarques de Physique, de Géographie, d'Hydrographie, d'Histoire* (Paris, 1686), pp. 87-112.

[1] タシャールについては，ショワジ・タシャール（鈴木康司訳）『シャム旅行記』（岩波書店，1991 年）所収の「解題」（357-360 頁）を参照。ただし，同書に収められているタシャールの旅行記は，彼の 2 度のシャム旅行のうちの第 2 回（1688 年出発）のものであり，本書で挙げられている第 1 回旅行記（原注 30）とは異なる。

(31) Mary Gunn and Lesley Edward Wostall Codd, *Botanical Exploration of Southern Africa* (Cape Town : Botanical Research Institute/ A. A. Balkema, 1981), p. 118.

(32) Augusto da Silva Carvalho, 'Garcia d'Orta. Comemoração do quarto centenário da sua partida para a India em 12 de Março de 1534', *Revista da Universidade de Coimbra*, vol. 12, no. 1 (1934), pp. 61-246, 特に pp. 103, 126. Charles Ralph Boxer, *Two Pioneers of Tropical Medicine : Garcia d'Orta and Nicolás Monardes* (London : The Hispanic & Luso-Brazilian Councils, 1963) も参照。

[2] ファキールは「清貧」を意味するアラビア語 faqīr に由来する。イスラームの文脈では，コーラン（クルアーン）における「貧者」「持たざる者」，スーフィズムにおける「神以外なにも持たない者」（すなわちスーフィー）を指す用語である。スーフィーの修行の一環として，托鉢・乞食を修行として実践していた者がいたことから，「乞食」「托鉢僧」「行者」を指す英語の fakir となった。インドにおいては，ヒンドゥーの行者（サードゥー sadhu）の呼称として用いられたこともある（大塚和夫ほか編『岩波イスラーム辞典』岩波書店，2002 年；辛島昇ほか監修『新版 南アジアを知る事典』平凡社，2012 年)。本書においても，インドにおける英語の曖昧な意味合いで使われていることは明らかである。

(33) MNHN, Ms. 1915 : 'Avis au lecteur', ff. IVv-Vr.

(34) CAOM, F^5 19 : L'Empereur to the Abbé Raguet, 20 January 1727.

(35) MEP, V 990, ff. 533, 539 : L'Empereur to Delavigne, 6 January and 29 January 1701, respectively ; CAOM, Inde, Notariat de Cahndernagor, O 2 : Power of Attorney, dated 7 September 1712.

(36) MEP, V 957, f. 153 and V 990, f. 533 : L'Empereur to Delavigne, 20 January 1699 and 6 January 1701, respectively.

(37) MNHN, Ms. 1915 : 'Avis au Lecteur', IVr.

(38) MNHN, Ms. 1915 : Title page and Index.

(39) MEP, V 990, f. 533 : L'Empereur to Delavigne, 6 January 1701.

(40) MNHN, LP, GGA/52766/1 : L'Empereur to Antoine de Jussieu, 25 December 1729.

(41) MEP, V 957, f. 153 : L'Empereur to Delavigne, 20 January 1699.

(42) Monique Dussolin, 'Etude d'un groupe social : les Européens à Chandernagor, 1ère moitié du XVIIIe siècle', unpublished maîtrise dissertation, Universié de Paris VII, 1971, pp. 60–90, especially pp. 67–8.

(43) MNHN, LP, GGA/52766/1 : L'Empereur to Antoine de Jussieu, 25 Deccember 1729.

(44) 挿画つきの貝葉文書についてより詳しくは，Jeremiah P. Losty, *Krishna. A Hindu Vision of God : Scenes from the Life of Krishna Illustrated in Orissan and Other Eastern Indian Manuscripts in the British Library* (London : The British Library, 1980) ; John Guy, *Palm-Leaf and Paper : Illustrated Manuscripts of the India and Southeast Asia* (Melbourne : National Gallery of Victoria, 1982) を参照。

(45) Van Reede, *Hortus Indicus Malabaricus*, vol. 3 (1682), p. viii.

(46)『マラバール植物誌』の制作についてより詳しくは，Heniger, *op. cit*., pp. 144–51 を参照。

(47) Cf. *Jardin de Lorixa,* vol. 3 (MNHN, Ms. 1917), plates 18, 19, 20, 21 and 22 ; *Hortus Malabaricus,* vol. 1, figures 12, 13, 14 and 15 ; vol. 3, figures 26, 27 and 28.

(48) Cf. *Jardin de Lorixa,* vol. 4 (MNHN, Ms. 1918), plate 9, and *Hortus Malabaricus*, vol. 1, figure 37.

(49) ヨーロッパとインドの間で花模様や風景パターンが行き来し，インド産の布の絵付けにそれらの模様が取り入れられたことについては，M. K. Brett, 'Indian Painted and Dyed Cottons for the European Market', in Pratapaditya Pal, ed., *Aspects of Indian Art* (Leiden : E. J. Brill, 1972), pp. 167–71 を参照。

[3] マラヤーラム語の文字。

(50) MNHN, Ms. 1915 : 'Avis au lecteur', f. IVv.

(51) MEP, V 990, f. 539 : L'Empereur to Delavigne, 29 January 1701.

(52) CAOM, F^5 A 19, ff. 83r–84v : L'Empereur to Abbé Raguet, 20 January 1727.

(53) CAOM, Colonies, C^2 74, ff. 45r–50v ; CAOM, F^5 A 19, ff. 135r–137r : Pierre Christophe Lenoir to Abbé Raguet, 25 September 1728.

(54) これらの手紙のうち残っているのは 2，3 通だけである。以下を参照。MNHN, LP, GGA/52766/1 & 2 : L'Empereur to Jussieu, 25 December 1729 and 25 November 1733, respectively ; AS, Dossier Antoine de Jussieu, 'Extraits de la correspondance d'Antoine de

Jussieu', f. 22.

(55) 以下を参照。CAOM, C^2 285, ff. 11r–12r : L'Empereur to the Directors of the Compagnie des Indes, 25 January 1737 ; F^5 19, ff. 83r–84v, 116r–117v, 140r–142v, 169r–171r, 161r–162r and 179r–180r : four letters from L'Empereur to the Abbé Raguet and two from Raguet to L'Empereur.

(56) CAOM, Inde, A102, pp. 150–2 : Letter, dated 21 January 1733, from the Directors of the Compagnie des Indes to the Chandernagore Council ; F^5 19, ff. 179r–180v : Abbé Raguet to L'Empereur, 20 November 1730 ; AN, Marine, B^2 307, f. 465r–v : Maurepas to Du Fay, 16 March 1739.

(57) CAOM, Inde, Notariat de Chandernagor, O 17 (1742) N° 39/13e, unpaginated : declaration, dated 13 February 1742, by Nicolas L'Empereur of his debt before his death.

(58) CAOM, C^2 285, ff. 11r–12r : L'Empereur to the Directors of the Compagnie des Indes, 25 January 1737.

(59) MNHN, Jussieu manuscripts, Ms. 284 : 'Mémoire pour Messieurs de la Compagnie des Indes', undated.

(60) MNHN, LP, GGA/52766/1 : L'Empereur to Antoine de Jussieu, 25 December 1729, *Post scriptum*.

(61) MNHN, LP, GGA/52766/1 : L'Empereur to Antoine de Jussieu, 25 December 1729.

(62) AS, 'Extraits de la correspondance d'Antoine de Jussieu', ff. 23, 24 : letters from Barbé (27 December 1728) and Lenoir (10 January 1729).

(63) MNHN, Jussieu manuscripts, Ms. 1116, undated.

(64) Pierre Bourdieu, 'The Specificity of the Scientific Field and the Social Conditions of the Progress of Reason', *Social Science Information,* vol. 14, no. 6 (1975), pp. 19–47 ; Lorraine Daston, 'The Ideal and Reality of the Republic of Letters in the Enlightenment', *Science in Context,* vol. 4, no. 2 (1991), pp. 367–86. 科学と技術と市場の関係については，以下を参照。Michel Callon, ed., *The Laws of the Market* (Oxford : Blackwell, 1998) ; Dominique Pestre, *Science, argent et politique : Un essai d'interprétation* (Paris : INRA, 2003).

(65) これは，ロレーヌ・ダストン（Lorraine Daston）がその論文 'The Moral Economy of Science', in Arnold Thackray, ed., *Constructing Knowledge in the History of Science, Osiris* (2nd series), vol. 10 (Chicago & London : University of Schicago Press, 1995), pp. 2–26 において，科学の研究によって詳細に検討されるべきだと考えている，科学の道徳文化的価値のやや抽象的な一覧に，物質的・経済的側面を加えるものである。

(66) Georg Eberhard Rumpf, *Herbarium amboinense : plurimas conplectens arbores, frutices, herbas, plantas terrestres & aquaticas, quae in Amboina et adjacentibus reperiuntur insulis ... Omnia ... belgice conscripsit Georg. Everhard Rumphius ... ; Nunc primum in lucem edidit, & in latinum sermonem vertit Joannes Burmannus ... qui varia adjecit synonyma, suasque observationes ...*, 6 volumes (Amsterdam, 1741–50). 引用は，E. M. Beekman's Introduction to Georgius Everhardus Rumphius, *The Ambonese Curiosty Cabinet* (New Haven & London : Yale University Press, 1999), p. lxxxi.

(67) このような意味での翻訳は，今日のアクター・ネットワーク理論における翻訳の語法と明確な類似性をもつ。Michel Callon, 'Some Elements of a Sociology of Translation : Domestication of the Scallops and the Fishermen of St. Brieuc Bay', in John Law, ed., *Power, Action and Belief : A New Sociology of Knowledge ?* (London : Routledge and Kegan Paul, 1986), pp. 196–233 を参照。

(68) William Roxburgh, *Plants of the Coast of Coromandel : Selected from Drawings and Descriptions Presented to the Hon. Court of Directors of the East India Company,* 3 volumes (London, 1795–1820) ; Henry J. Noltie, *Indian Botanical Drawings 1793–1868 from the Royal Botanic Garden* (Edinburgh : Royal Botanic Garden, 1999) を参照。

(69) 例えば，リンネの弟子であったヨハン・ゲルハルト・ケーニヒ（1728–85 年）は，イギリス東インド会社に雇われる前，南インドのアルコットのナワーブ［大守］に植物学者として仕えていた。

第 2 章　循環と近代的地図作成法の出現

［1］ジェレミー・ベンサムが考案した，囚人に知られることなく周囲の独房をすべて監視できるような円形の刑務所のことをいうが，フーコーが近代管理システムの起源として紹介して以来，近代管理社会に対する比喩となっている。

(1) Matthew Henry Edney, *Mapping an Empire : The Geographical Construction of British India, 1765–1843* (Chicago & London : Universiry of Chicago Press, 1997). 引用はそれぞれ p. 25，p. 32 から。インド人による抵抗については，p. 325 以下を参照。

(2) 例えば *South Asia Research*, vol. 19, no. 1 (1999) の「植民地民族誌」に関する特別号，特に，Gloria Goodwin Raheja, 'The Ajaib-Gher and the Gun Zam-Zammah : Colonial Ethnography and the Elusive Politics of "Tradition" in the Literature of the Survey of India', pp. 29–52 を参照。

(3) その典型は，Gyan Prakash, *Another Reason : Science and the Imagination of Modern India* (Princeton : Princeton University Press, 1999).

(4) 研究者のなかにはヨーロッパ人と地元の情報提供者との間の関係に触れている者もいるが，後者の知識と専門的技術の性格は見過ごされている。例として，Nicholas B. Dirks, 'Colonial Histories and Native Informants : Biography of an Archive', in Carol A. Breckenridge and Peter van der Veer, eds., *Orientalism and the Postcolonial Predicament : Perspectives on South Asia* (Philadelphia : University of Pennsylvania Press, 1993), pp. 279–313.

(5) この特性の最近の事例としては，Ian J. Barrow, *Making History, Drawing Territory : British Mapping in India, c. 1756–1905* (Delhi : Oxford University Press, 2003) を参照。

(6) より最近の「フィールド」科学よりむしろ「屋外」科学という用語を選択していることについては，本書の序章を見よ。

(7) Simon Schaffer, 'Field Trials, the State of Nature and British Colonial Predicament', paper presented at the 'Sciences et Empires' seminar, Centre de Recherche en Histoire des Science et des Techniques, Cité des Sciences et de l'Industrie, La Villette, Paris, 11 June 1999.

(8) Linda Colley, *Britons : Forging the Nation, 1707–1837* (New Haven & London : Yale University Press, 1992) ［リンダ・コリー（川北稔訳）『イギリス国民の誕生』名古屋大学出版会，2000 年］を参照。また Roy Porter and Mikuláš Teich, eds., *The Scientific Revolution in National Context* (Cambridge : Cambridge University Press, 1981) も参照。

［2］トマス・マコーリー（Thomas Macaulay）が著した『教育に関する覚書』(1835 年)。

(9) Susan Faye Cannon, *Science in Culture : The Early Victorian Period* (New York : Science History Publications, 1978), p. 251.

(10) 例えば Catherine Delano-Smith and Roger J. P. Kain, *English Maps : A History* (London : British Library, 1999) を参照。

(11) Barvara E. Mundy, *The Mapping of New Spain : Indigenous Cartography and the Maps of the* Relaciones Geográficas (Chicago & London : University of Chicago Press, 1996) ; Louis De Vorsey, 'Amerindian Contributions to the Mapping of North America : A Preliminary View', *Imago Mundi*, xxx (1978), pp. 71–8 ; G. Malcolm Lewis, 'Indicators of Unacknowledged Assimilations for Amerindian Maps on Euro-American Maps of North America : Some General Principles Arising from the Study of La Vérandrye's Composite Map, 1728–29', *Imago Mundi*, vol. 38 (1986), pp. 9–34 ; John Spink and Donald Wayne Moodie, *Eskimo Maps of the Canadian Arctic, Cartographica* Monograph, vol. 5 (1972) ; Anne Godlewska, *The Napoleonic Survey of Egypt : A Masterpiece of Cartographic Compilation and Early Nineteenth-Century Fieldwork, Cartographica* Monograph, no. 25 (1988).

(12) 特に Christopher Alan Bayly, *Imperial Meridian : The British Empire and the World, 1780–1830* (London : Longman, 1989) を参照。

(13)「接続された」歴史の構想を主題化することに関しては，以下を参照。Sanjay Subrahmanyam, *Explorations in Connected History*, 2 volumes (Dehli : Oxford University Press, 2004) ［そのうち *Mughals and Franks* の巻の邦訳は，S・スブラフマニアム（三田昌彦・太田信宏訳）『接続された歴史――インドとヨーロッパ』名古屋大学出版会，2009 年］; Serge Gruzinski, 'Les mondes mêlés de la monarchie catholique et autres "connected histories", *Annales HSS*, 56e année, no. 1 (2001), pp. 85–117.

(14) Robert E. Frykenberg, *Guntur District 1788–1848 : A History of Local Influence and Central Authority in South India* (Oxford : Clarendon Press, 1965), p. 7.

(15) 南アジアに関しては，以下を参照のこと。Durba Ghosh, 'Colonial Companions : Bibis, Begums, and Concubines of the British in North India 1760–1830', unpublished doctoral dissertation, University of California, Berkeley, 2000 ; William Dalrymple, *White Mughals : Love and Betrayal in Eighteenth-Century India* (London : HarperCollins, 2002). 東南アジアに関しては，以下を参照。Johan Leonard Blussé, *Strange Company : Chinese Settlers, Mestizo Women and the Dutch in VOC Batavia* (Dordrecht : Foris, 1986) ; idem, *Bitter Bonds : A Colonial Divorce Drama of the Seventeenth Century* (Princeton, NJ : Markus Wiener Publishers. 2002).

(16) 海事運航に関する技術の歴史については以下を参照。Eva Germaine Rimington Taylor, *The Haven-Finding Art : A Hisotry of Navigation from Odysseus to Captain Cook* (London :

Hollis & Carter, 1956). テイラーによれば，ヨーロッパ初のポルトラノ海図（*portolan* chart）である *Carta Pisana* は 1275 年頃に遡る。ほぼ同時代に，マルコ・ポーロもインド洋で地元の海図利用について述べていた。また，トルコ人とアラブ人が地中海とインド洋で航行地図と情報源をかなり広い範囲で頼りにしていたことも知られている。以下も参照。Gerald R. Tibbetts, 'The Role of Charts in Islamic Navigation in the Indian Ocean', in John Brian Harly and David Woodward, eds., *The History of Cartography*, vol. 2, book 1 : *Cartography in the Traditional Islamic and South Asian Societies* (Chicago & London : University of Chicago Press, 1992), pp. 256–62.

(17) この唯一の例外がイエズス会士であった。中国への布教の最初期から，彼らは中華帝国の地理学的描図を主要な目標と見なしていた。この計画が最高潮に達したのが，18 世紀前半にフランス人イエズス会士によって製作された記念碑的な地図帳である。Theodor N. Foss, 'A Western Interpretation of China : Jesuit Cartography', in Charles E. Ronan and Bonnie B. C. Oh, eds., *East Meets West : The Jesuits in China, 1582–1773* (Chicago : Loyola University Press, 1988), pp. 209–51 を参照。インド亜大陸については，イエズス会も通常の天文学的観察を実施し，非常に多くの地点で座標を記録している。これらは，ダンヴィルのような地図製作者によって地図のなかに組み入れられていった。Jean-Baptiste Bourguignon d'Anville, *Éclaircissemens géographiques sur la carte de l'Inde* (Paris : Imprimerie royale, 1753) を参照。

(18) 以下を参照のこと。British Library, Oriental and India Office Collections（以下 OIOC), Bengal Public Consultations, 1 August 1757. P/1/29, f. 247 (letter dated 27 July 1757 from Robert Clive and members of Council at Muxudavad [*sic*] to the President and Council of Fort William). 一部は以下に収録されている。James Long, ed., *Selections from Unpublished Records of Government for the Years 1748 to 1767 inclusive Relating Mainly to the Social Conditions of Bengal* (Calcutta : Superintendent of Government Printing, 1869), p. 99, document 244.

(19) Letter dated 3 August 1757 from Admiral Charles Watson to the President and Council of Fort William in OIOC, Bengal Public Consultations, 1 August 1757. P/1/29, f. 259. Also in Long, *op. cit.*, p. 99, document 245. この引用ならびに以下の引用においては，綴りと文法における変則は原文と原翻訳のままであり，テクスト内で統一されていない。

(20) Reginald Henry Phillimore, *Historical Records of the Survey of India*, 5 volumes (Dehra Dun : Survey of India, 1945–68), vol. I, pp. 307–400.

(21) 近世ヨーロッパにおける地籍地図の利用に関しては，以下を参照。Roger J. P. Kain and Elizabeth Baigent, *The Cadastral Map in the Service of the State : A History of Property Mapping* (Chicago & London : University of Chicago Press, 1992).

(22) スコットランドにおける測量とその技術の歴史については，以下を参照。Raleigh Ashlin Skelton, 'The Military Survey of Scotland 1747–1755', *The Scottish Geographical Magazine*, vol. 83, no. 1 (1967), pp. 1–15. イングランドにおける初期の測量の歴史については，Charles Close, *The Early Years of the Ordnance Survey* (Newton Abbot : David & Charles reprints, 1969) および W. A. Seymour, ed., *A History of the Ordnance Survey*

(Folkestone : William Dawson, 1980) を参照。イングランドの州測量官の器具と方法については，以下を参照。James A. Bennett and Olivia Brown, *The Compleat Surveyor* (Cambridge : Whipple Museum of the History of Science, 1982), p. 10.

(23) Susan Gole, *Indian Maps and Plans from Earliest Times to the Advent of European Surveys* (Dehli : Manohar, 1989) ; Reginald Henry Phillimore, 'Three Indian Maps', *Imago Mundi*, vol. 9 (1952), pp. 111–14. 南アジアの地図と地図学的表象に関する概観としては，以下を参照。Joseph E. Schwarzberg, 'South Asian Cartography', in Harley and Woodward, eds., *op. cit.*, p. 400 *et seq.*

(24) *The Imperial Gazetteer of India—Madras*, vol. II, p. 134, Phillimore, *op. cit.*, vol. 1, p. 133 に引用がある。

[3] 1スパン (span) は掌を拡げたときの親指の先から小指の先までの長さ。約9インチ (約23センチ)。

(25) National Archives of India, New Delhi (以下 NAI), *Memoirs of the Survey of India* (1773–1866), vol. 3, f. 2 : 'The "Chetrie Ganietam"—A Sanskrit Work on Land Measurement Translated by Benjamin Heyne'.

(26) António Monserrate (ed. H. Hosten), 'Mongolicae Legationis Commentarius', *Memoirs of the Asiatic Society of Bengal*, vol. 3, no. 9 (1914), pp. 513–704. この引用は次の英訳から。Idem, *The Commentary of Father Monserratte, S. J. on his Journey to the Court of Akbar*, translated from the original Latin by John S. Hoyland and S. N. Banerjee (Cuttack & London : Oxford University Press, 1922), p. 78. ［ラテン語原本からの日本語訳として、モンセラーテ (清水廣一郎・池上岑夫訳)「ムガル帝国誌」『大航海時代叢書』第II期第5巻、岩波書店，1984年，5–203頁がある。該当箇所は68頁。なお，ここではラジの原著を尊重し，参照するにとどめた。］

[4] 本文では縄と竹を使った「二つの方法」の「結果」が一致していないが，これはラジが参照したフランス語版の原典も同じである。ドイツ語版原典 ("Joseph Tieffenthalers Erdbeschreibung von Indien oder Hindustan", in : *Des Pater Joseph Tieffenthaler d. G. J. und apostol. Mißionarius in Indien, historisch = geographische Beschreibung von Hindustan*, hrsg. von Johann Bernoulli, Berlin, 1785, p. 60) では、「その縄を100回用いると1インドマイル［インドリーグ］になる」とある。インドリーグ (Indian League / lieue Indienne) は、コスのことで、1コスは50ガズの縄 (タナーブ) 100本、または12.5ガズのポール (バーンス) 400本で5000ガズにあたる。*A Glossary of Judicial and Revenue Terms, and of Useful Words Occurring in Official Documents Relating to the Administration of the Government of British India, from the Arabic, Persian, Hindustání, Sanskrit, Hindí, Bengálí, Uṛiya, Maráṭhi, Guzaráthí, Telugu, Karnáta, Tamiḻ, Malayálam, and Other Languages*, compiled by H. H. Wilson, London, 1855, p. 294.

(27) 以下に収録されているフランス語原本からの著者による翻訳。Jean Bernoulli, ed., *Description historique et géographique de l' Inde*, 3 volumes (Berlin : Pierre Bourdeaux, 1786–8), vol. I : 'La Géographie de l'Indoustan, écrite en Latin, dans le pays même, par le Pere [*sic*] Joseph Tieffenthaler, Jésuite & Missionnaire apostolique dans l'Inde', pp. 23–4.

(28) Muhammad Hadi Kamwar Khan, *Tazkirat al-Salatin-i Chaghata, ed. Muzaffar Alam* (Bombay & New York : Asia Publishing House, 1980), pp. 19, 84, 90, 94, 101, 102. このテクストに興味を抱かせてくれるとともに，関連する諸節の翻訳を提供してくれたムザファ・アラムに感謝する。

(29) *Ibid*., p. 88.

(30) 実際，ジャック・ルヴェルが指摘するように，初期のフランス国家によって試みられたフランスの土地測量についての知識は，地図の形でまとめられなかった。そして，視覚化の技術があったにもかかわらず，これらは国家の領土には適用されなかった。Jacques Revel, 'Knowledge of the Territory', *Science in Context,* vol. 4 (1991), pp. 133-61 を参照。Josef W. Konvitz, *Cartography in France 1600-1848 : Science, Engineering, and Statecraft* (Chicago & London : University of Chicago Press, 1987) も参照。

(31) 'Abu 'al-Fazl ibn Mubarak, *Ain-i Akbari* は以下に英訳されている。H. Blochmann (vol. I), and H. S. Jarrrett (vols. II & III), 3 volumes (Calcutta : *Asiatic Society of Bengal*, 1873-94). アクバルの帝国における 12 のスーバ（州）についての歴史的・地理的記述では，異なる度量衡が帝国内の道路と土地の測量で用いられている，とアブル・ファズルは言う（vol. II, pp. 58-62, 414-18)。ヒンドゥーの信仰と知識についての部分では，大西洋中部から極東に至るよく知られた各地の座標についての長大な表を付し，緯度・経度を決定するためにその地域で用いられている方法を詳述している（vol. III, pp. 33-6, 46-105)。以下も参照。Jadunath Sarkar, *The India of Aurangzib (Topography, Statistics, and Roads) Compared with the India of Akbar : With extracts from the* Khulasatu-t-tawarikh *and the* Chahar Gulshan (Calcutta : Bose Brothers, 1901).

(32) David Pingree, *Jyotihsastra : Astral and Mathematical Literature* (Wiesbaden : Otto Harrassowitz, 1981), pp. 52-4 ; Robert T. Gunther, *The Astrolabes of the World*, 2 volumes (Oxford : Oxford University Press, 1932), vol. I, pp. 179-228 を参照。

[5] ジャイプール藩王国のジャイ・シン 2 世（1686-1743 年）が，ジャイプール，デリー，マトゥラ，ワーラーナシー（バラナシ，旧ベナレス），ウジャイン（ジャイシン）の 5 都市に建設した「ジャンタル・マンタル」と呼ばれる巨大な天体観測設備のこと。特にジャイプールの天文測器「ジャンタル・マンタル」は 2010 年に世界遺産に登録されている。

(33) George Rusby Kaye, *The Astronomical Observatories of Jai Singh* (Calcutta : Superintendent of Government Printing, 1918). より一般的には，Richard C. Foltz, *Mughal India and Central Asia* (Karachi : Oxford University Press, 2000)。

(34) Christopher Alan Bayly, *Empire and Information : Intelligence Gathering and Social Communication in India, 1780-1870* (Cambridge : Cambridge University Press, 1996), p. 20 *et seq* を参照。

(35) Bernoulli, *op. cit*., vol. I, p. 6 ; vol. II, 'Des Recherches historiques & chronologiques sur l'Inde, & la Description du Cours du Gange & du Gagra, avec une très grande Carte, par M. Anquetil Du Perron de l'Acad. des Insc, & B. L. & Interpréte du Roi pour les langues orientales, à Paris', p. 267 *et seq* を参照。縮小版の地図は同巻の折り込み部分として公刊されてい

る。

(36) Ibid., pp. 446-7 からの著者による翻訳。デュペロンによって言及された旅程や地図は，細長い道路測量地図で，彼の説明を読んで想像されるような地勢図ではなかったことは述べておく必要がある。

(37) Clements Robert Markham, *Major James Rennell and the Rise of Modern English Geography* (London : Cassell & Co., 1895), p. 9 から得られた評価。

(38) 1764 年 5 月 6 日付のフォート・ウィリアム総督のヘンリー・ヴァンシタート卿が出したレネル宛の指令は，以下に転載されている。Thomas Henry Digges La Touche, ed., *The Journals of Major James Rennell Written for the Information of the Governors of Bengal during his Surveys of the Ganges and Brahmaputra Rivers 1764 to 1767* (Calcutta : Asiatic Society, 1910), p. 9. ランガフラはフーグリとシュンドルボンをつなぐクリークの名前である。

(39) Ibid. レネルの後見人ギルバート・バリントン師との往復書簡は，OIOC, Mss. Eur/D1073，彼の手書きの地図は王立地理学協会蔵。

(40) James Rennell, *Memoir of a Map of Hindoostan, or the Mogul's Empire*, 1st edn (London : 1783), pp. vi, 66n, 69 ; idem, *A Bengal Atlas : Containing Maps of the Theatre of War and Commerce on that Side of Hindoostan* (London, 1781), p. x. レネルのサダナンドの説明は，1793 年版の *Memoir*, p. 186, n6 を参照。

(41) Bernoulli, ed., *op. cit.*, vol. I, p. ix.

(42) Rennell, *Memoir* (1st edn), p. iii.

(43) 'Explanation of the Emblematical Frontispiece to the Map', in ibid., p. xii を参照。

(44) *Royal Society Journal*, book 34, 1790-3, pp. 389-90.

(45) 前掲の Rennell, *Memoir* (2nd edn), pp. iv-v の注を参照。ロイはすでに 1763 年と 1766 年に 2 度，イギリス全土の公的な測量を政府に行わせるべく説得を試みていた。Catherine Delano-Smith and Roger J. P. Kain, *op. cit.*, p. 218.

(46) 以下を参照。Close, *op. cit.* および Sven Widmalm, 'Accuracy, Rhetoric, and Technology : The Paris-Greenwich Trangulation, 1784-88', in Tore Frängsmyr, John L. Heilbron and Robin E. Rider, eds., *The Quantifying Spirit in the Eighteenth Century* (Berkeley & Oxford : University of California Press, 1990), pp. 179-206.

(47) イングランドでは少なくとも 18 世紀以降，平板 (plane table) が知られていたが，広範囲に及ぶ測量のためには 20 世紀初頭まで使用されなかった。他方，インドでは，平板は 18 世紀のマドラス測量時に持ち込まれ定期的に使われるようになったことは特記すべきである。

(48) OIOC, Bengal Public Consultations, 6 October 1783 and 29 November 1784, それぞれ P/2/63 と P/3/7. 類似した調査に基づく多くの地図が，英国図書館に所蔵されている。例えば，Add. MSS 13907 (a, b, c, d, e) を参照。

(49) OIOC, X/520.

(50) OIOC, Madras Military Consultations 12 December 1797. Phillimore, *op. cit.*, vol. I, p. 287 より引用。18 世紀後半から 19 世紀初頭にかけてインド人測量技師が所持していた測

量ノートの翻訳の多くは，OIOC および NAI のインド測量回想録に収められている。
(51) 案内人の起源については，OIOC, Mackenzie Mss. General Collection, Ms. 69 : ff. 60–1 : letter dated 31 January 1790 to the Governor in Council, Report on the proposed Guides を参照。
(52) 例えば，British Library, Add. MSS 22897 : ff. 123–4, letter from Tiberius Cavallo to James Lind, dated 13 August 1791. この箇所を教えてくれたことについて，サイモン・シャッファーに感謝する。
(53) 歩測や時間との相関で距離を見積もる方法が地理的距離の標準単位であったのは，南アジアだけではない。同様の方法は，18 世紀中葉の北米においても用いられていた。James H. Merrell, *Into the American Woods : Negotiators on the Pennsylvania Frontier* (New York & London : W. W. Norton, 2000) を参照のこと。
(54) OIOC, Bombay Military Consultations, 13 January 1807, Phillimore, *op. cit.*, vol. I, p. 288 より引用。
(55) Ralph Smyth and Henry Landour Thuillier, compilers, *A Manual of Surveying for India, Detailing the Mode of Operations on the Revenue Surveys in Bengal and the North-Western Provinces* (Calcutta : Thacker, Spink & Co., 1851).
(56) インドにおける車輪付距離測定器の発展と進化についての詳細は，Phillimore, *op. cit*, vol. I, pp. 198–9 を参照。
(57) Kapil Raj, 'La construction de l'empire de la géographie. L'odyssée des arpenteurs de Sa Très Gracieuse Majesté, la reine Victoria, en Asie centrale', *Annales HSS*, 52e année, no. 5 (1997), pp. 1153–80. 以下の第 6 章も参照。
(58) Smyth and Thuillier, *op. cit.*, p. iii.
(59) イングランドにおける地図と社会の相互関係に関する近年の研究については，Delano-Smith and Kain, *op. cit.* を参照。Jerry Brotton, *Trading Territories : Mapping the Early Modern World* (London : Reaktion Books, 1997), p. 19 *et seq* も参照。
(60) Schwartzberg, *op. cit.*, p. 356 を参照。
(61) 現存する『シャーヒーディ・サーディク』の 1 冊は，OIOC に保管されている (IO Islamic 1537 & Egerton 1016)。Irfan Habib, 'Cartography in Mughal India', *Medieval India : A Miscellany*, vol. 4 (1977), pp. 122–34 を参照。
(62) Simon Digby, 'The Bhugola of Ksema Karna : A Dated Sixteenth Century Piece of Indian Metalware', *Art and Archaeology Research Papers*, vol. 4 (1973), pp. 10–31. 現在，地球儀（ブーゴーラー）はオックスフォードの科学史博物館が所蔵している。
(63) 例えば，William Norman Brown, 'A Painting of a Jaina Pilgrimage', in idem, *India and Indology : Selected Articles*, ed. Rosane Rocher (Delhi : Motilal Banarsidass, 1978), pp. 256–8 を参照。また，より一般的なものとしては，Chandramani Singh, 'Early 18th-Century Painted City Maps on Cloth', in Robert Skelton *et al.*, eds., *Facets of Indian Art* (London : Victoria & Albert Museum, 1986), pp. 185–92.
(64) OIOC, Mss. Or. 1996 より意訳。この文書の存在を教えてくれたことと原語のペルシア語を翻訳してくれたことについて，サンジェイ・スブラフマニアムに感謝する。
(65) James Rennell, *The Marches of the British Armies in the Peninsula of India, during the*

Campaigns of 1790 and 1791 ; Illustrated and Explained by Reference to a Map, Compiled from Authentic Documents (London : 1792), pp. 4–5.

(66) これらは現在，OIOC およびパリの国立図書館における印刷物・絵画コレクションに所蔵されている。

(67) La Touche, *op. cit.*, p. 9.

(68) John Malcolm, *The Life or Robert, Lord Clive*, 3 volumes (London : 1836), vol. II, p. 523 を参照。クライヴに贈呈された地図の何枚かは，現在，ケンブリッジ大学図書館に所蔵されている（MS Plans. X. 13)。

(69) Anville, *op. cit.*, p. iii.

(70) OIOC, Court Despatch to Bengal, 19 February 1766, 16 March 1768, and 11 November 1768.

(71) Thomas Best Jervis, 'Historical and Geographical Account of the Western Coast of India', *Transactions of the Bombay Geographical Society*, vol. 4, no. 1 (1840), pp. 1–244. ここでの引用は，p. 170.

(72) Rennell, *Memoir* (1st edn), p. i.

(73) Bernoulli, ed., *op. cit.*, vol. III, p. ii より翻訳。

(74) OIOC, Despatches to Bengal, 21 April and 31 May 1809, Phillimore, *op. cit.*, vol. II, p. 288 より引用。

(75) NAI, Survey of India Records, vol. 81, f. 182, Phillimore, *op. cit.*, vol. II, p. 289 より引用。

(76) NAI, Survey of India Records, vol. 204, f. 87, Phillimore, *op. cit.*, vol. III, p. 298 より引用。

(77) Andrew S Cook, 'The Beginning of Lithographic Map Printing in Calcutta', in Pauline Rohatgi and Pheroza Godrej, eds., *India : A Pageant of Prints* (Bombay : Marg Publishers, 1989), pp. 125–34 を参照。

(78) この問題については，Michel Callon and Bruno Latour, 'Unscrewing the Big Leviathan : How Actors Macro-structure Reality and How Sociologists Help Them Do So', in Karin Knorr-Cetina and Aaron Victor Cicourel, eds., *Toward an Integration of Micro- and Macro-Sociologies* (Boston & London : Henley/Routledge & Kegan Paul, 1981), pp. 277–303 を参照。Jean-Claude Passeron and Jacques Revel, eds., *Penser par cas* (Paris : Éditions de l'École des Hautes Études en Sciences Sociales, 2005) も参照。

(79) Eugene Irschick, *Dialogue and History : Constructing South India, 1795–1895* (Berkeley, Los Angels, London : University of California Press, 1994). ここでの引用は，p. 9.

(80) 大規模なフィールド科学の出現と定着において国家が運営する組織が果たした重要な役割についての議論は，Svante Lindqvist, 'Labs in the Woods : The Quantification of Technology during the Swedish Enlightenment', in Frängsmyr *et al.*, eds., *op. cit.*, pp. 291–315 を参照。

第 3 章　洗練性の再創造，信用の構築

(1) カルカッタでのウィリアム・ジョーンズのある 1 日の生活の再構成は，1785 年 8 月 25 日付の第二代スペンサー伯への書簡のなかの彼自身の記述，および『パンデックス (*Pandecs*)』からのエドワード・コークの引用句をジョーンズが模倣した一節（Seven

Hours to law, to soothing slumber seven, / Ten to the world allot, and *all* to Heaven.）に基づいている。現地の協力者の名前はウィリアム・ジョーンズの日記からとっている。ジョーンズは彼の論文やノートのなかに彼らの名前を記録することにかなりの労を払っている（Yale University, Beinecke Rare Book Library, Osborne Collection, and the National Library of Wales, Aberswyth 所蔵）。

（2）彼の曖昧な言語能力について述べているのは，実際，現地の仲介者だけではなかった。ウェルズリ卿は東インド会社の取締役へのメモで次のように述べている。「サー・ウィリアム・ジョーンズがカルカッタに着任した時，彼はインドの地元の母語話者に対してどの東洋の言語でも十分な意志疎通ができていなかった」と。Richard Wellesley, *The Despatches, Minutes and Correspondence, of the Marquess Wellesley, K. G., During his Administration in India*, ed. Robert Montgomerie Martin, 5 volumes（London : W. H. Allen & Co., 1836）, vol. II, p. 343n. インド事情について，より同時代に近い見解には次のように書かれている。「高名なサー・ウィリアム・ジョーンズは，ヨーロッパで数年間，東洋言語を集中的に学習した後にインドに着任した。そして彼が到着した時，まるでその言語について本を一冊も開いたことがないかのように，ペルシア語やヒンドゥスターンの言語で母語話者と意志疎通ができなかった。口語会話ができない状態はしばらく続いた。サー・ウィリアムがインドに着任後数カ月してヒンドゥー教の聖地であるワーラーナシーを訪れた時，自分が本当に欲しい情報を求めて，フォーク氏の助けを得て，学識ある母語話者と交流することができた。フォーク氏はワーラーナシーのイギリス人聖職者で，ジョーンズの通訳として礼儀正しく振る舞った。このことは，もし何らかの証拠が必要であればだが，ある言葉を学ぶには，その言語が文書や会話で一般的に使われている国で学ぶのがいかに効果的かということの説得力ある証拠である」。*Review of the Affairs of India, from the Year 1798, to the Year 1806 : Comprehending a Summary Account of the Principal Transactions during that Eventful Period*（London : 1807）, n. 43-4.

（3）William Jones, ‘On the *Hindus*’, *Asiatick Researches*, vol. 1（1788）, pp. 415-31. この引用は pp. 422-3.［風間喜代三『言語学の誕生』岩波新書，1978 年，13-14 頁の引用訳を利用させていただいた。］

（4）ジョーンズの著作のほとんどすべてのものが次の文献のなかに見出される。William Jones, *The Works of Sir William Jones*, ed. Charles John Shore, Lord Teignmouth, 13 volumes（London : John Stockdale, 1807）〔以下 *Works*〕，および *The Letters of Sir William Jones*, ed. Gerland Hampton Cannon, 2 volumes（Oxford : Clarendon Press, 1970）〔以下 *Letters*〕.

（5）ジョーンズに関する文献はあまりに数が多いのですべて挙げることはできない。以下を参照のこと。Soumyendra Nath Mukherjee, *Sir William Jones : A Study in Eighteenth-Century British Attitudes to India*（Cambridge : Cambridge University Press, 1968）; Garland Hampton Cannon, *The Life and Mind of Oriental Jones : Sir William Jones, the Father of Modern Linguistics*（Cambridge : Cambridge University Press, 1990）; Garland Hampton Cannon and Kevin R. Brine, eds., *Objects of Enquiry : The Life, Contributions and Influences of Sir William Jones (1746-1794)*（New York & London : New York University Press, 1995）;

David Kopf, *British Orientalism and the Bengal Renaissance : The Dynamics of Indian Modernization 1773–1835* (Calcutta : Firma K. L. Mukhopadhyay, 1969). やや古いがより完全な文献目録として，Gerald Hampton Cannon, *Sir William Jones : A Bibliography of Primary and Secondary Sources* (Amsterdam : John Benjamins B. V., 1970) を参照。ジョーンズの方法の革新性と 19 世紀言語学へのその影響については，Hans Aarsleff, *The Study of Language in England, 1780–1860* (Minneapolis : University of Minnesota Press, 1967) を参照。生まれてまもない民族学分野への彼の影響については，以下を参照。George W. Stocking, Jr., *Victorian Anthropology* (New York : The Free Press, 1987), p. 50 *et seq*. Thomas R. Trautmann, *Aryans and British India* (New Dehli : Vistaar Publications, 1997) も参照。19 世紀前半のヨーロッパのロマン主義運動への彼の影響については，Ronald Taylor, 'The East and German Romanticism", in Raghaven Iyer, ed., *The Glass Curtain between Asia and Europe* (London : Oxford University Press, 1965), pp. 188–200 ; Hugo George Rawlinson, 'India and European Literature and Thought', in Geoffrey Theodore Garratt, ed., *The Legacy of India* (Oxford : Clarendon Press, 1937), pp. 30–7 : Garland Cannon, 'The Literary Place of Sir William Jones', *Journal of the Asiatic Society*, vol. 2, no. 1 (1960), pp. 47–61 を参照。より一般的には Raymond Schwab, *La renaissance orientale* (Paris : Payot, 1950).

(6) Jones, 'On the *Hindus*', p. 421.

(7) Mary Louise Pratt, *Imperial Eyes : Travel Writing and Transculturation* (London & New York : Routledge, 1992), p. 7.

(8) 1821 年になってようやく，ジェイムズ・マッキントッシュ卿は新しい「言語の哲学」を古典的な「言語の哲学」に対するものとして，「まだ名前のない新しい科学」として叙述した。彼による 'Stewart's Introduction to the Encyclopaedia', *Edinburgh Review*, vol. XXXVI (October 1821), p. 264 を参照。

(9) 南アジアにおけるイギリスのオリエンタリズムにはあまり注意が払われていないが，Edward W. Said, *Orientalism* (London : Routledge & Kegan Paul, 1978) が多数のインドに特化した著作を生み出すきっかけとなった。例えば，Carol A. Breckenridge and Peter van der Veer, eds., *Orientalism and the Postcolonial Predicament : Perspectives on South Asia* (Philadelphia : University of Pennsylvania Press, 1993) や Kate Teltscher, *India Inscribed ; European and British Writing on India 1600–1800* (Delhi : Oxford University Press, 1995) を参照。また，Bernard S. Cohn, 'The Command of Language and the Language of Command' in idem, *Colonialism and its Forms of Knowledge* (Princeton ; Princeton University Press, 1996), pp. 16–56 も参照。

(10) 例えば，Breckenridge and van der Veer, eds., *op. cit.* を参照。

(11) フーコー自身の言葉に，「権力のメカニズムを考えるとき，私は権力の存在の毛細管状の部分を考えます。そこでは権力は個々の人間に教え込み，身体に触れ，人々の行動や態度，言説，学習の過程，日常生活の中に侵入します」とある。Michel Foucault, *Power/Knowledge : Selected Interviews and Other Writings 1972–77*, ed. Colin Gordon (Brighton : Harvester Press, 1980), p. 39.

(12) この厳しい評価への珍しい例外は，Trautmann, *op. cit.*

(13) Steven Shapin, *A Social History of Truth : Civility and Science in Seventeenth-Century England* (Chicago & London : University of Chicago Press, 1994). 以下も参照。Steven Shapin and Simon Schaffer, *Leviathan and the Air-Pump : Hobbes, Boyle, and the Experimental Life* (Princeton : Princeton University Press, 1985). 近世フランスとイングランドにおける社会規範と洗練性の比較史については，Christian Licoppe, *La formation de la pratique scientifique : le discours de l'expérience en France et en Angleterre (1630–1820)* (Paris : La Découverte, 1996).

(14) 東インド会社とウィリアム・ジョーンズのケースでいかにこれが作動していたかを，以下でより詳細に検討する。

(15) Joan-Pau Rubiés, 'Instructions for Travellers : Teaching the Eye to See', *History and Anthropology*, vol. 9 (1996), p. 142.

(16) Robert Boyle, *General Heads for the Natural History of a Country, Great or Small, Drawn Out for the Use of Travellers and Navigators* (London : J. Taylor, 1692), p. 101.

(17) Ludo Rocher, ed., *Ezourvedam. A French Veda of the Eighteenth Century* (Amsterdam & Philadelphia : John Benjamins Publishing Co., 1984), English translation, p. 13.

(18) *Letters*, vol. I, p. 176. 'Genuine Account of Omiah', *Annual Register, or, a View of the History, Politics, and Literature* (1774), pp. 61–3 も参照。

(19)「私はどんなことがあっても危険を顧みず昼夜栄光を追い求めるつもりだ」。彼はかつて冗長に特有の大げささをもって本心を記した。Letter to Charles Reviczki dated 5–6 March 1771, in *Letters*, vol. I, pp. 86–7. 他の 18 世紀の成り上がり者の宣言としては，ナイルの戦い前夜のネルソンによる，「明日のいま時分前には，私は爵位かウェストミンスター寺院を手に入れてしまっているだろう」がある。

(20) 新しいアプローチをとるにあたり，ジョーンズは聴衆の信頼に訴えた。「私は，あなた方が私に，この機会には証明することができないような多くの主張に関して，信用を与えてくださらなければならないということを知っています。というのも，もし私がバラバラの無味乾燥な単語リストを繰り返すことによって，そして学術論文の代わりに一冊の用語集を差し出すことによって，その信頼を裏切るようなことになれば，私はあなた方の寛大な注目を受けるに値しないものになってしまうであろうからです。しかし，私は支持すべき体系をもっておりませんし，私の判断を惑わすような空想にふけることもありませんでしたので，また文明の唯一の確固たる基盤である証拠から——それは実験が自然からそうするのと同じなのでありますが——，人間や物事についての見解を組み立てることを習慣にしてまいりましたので，そして私は自分が議論しようとしている問題について分別をもって考えてきておりますので，あなた方が私の言明をお疑いにならないだろうと確信しておりますし，私が満足をもって示すことができないものを明確に主張しないことをあなた方に保証するときには，私が度を越していないと思っていただけると確信いたしております」。*Works*, vol. III, pp. 111–12.

(21)「自己成型」という表現は，Stephen Greenblatt, *Renaisance Self-Fashioning : From More to Shakespeare* (Chicago & London : University of Chicago Press, 1980)［スティーブン・グリーンブラット（高田茂樹訳）『ルネサンスの自己成型——モアからシェイクスピア

まで』みすず書房，1992 年］に由来する。また，ガリレオのキャリアと彼の科学の共同生産物について論じた Mario Biagioli, *Galileo Courtier : The Practice of Science in the Culture of Absolutism* (Chicago & London : University of Chicago Press, 1994) の記述を参照した。

(22)『アジア研究』の再版 (New Delhi : Cosmo Publications, 1979) に付された出版社による注も参照。［Asiatick の］‘k’は協会の設立以後の英語の変遷のなかで欠落した。

(23) Christopher Alan Bayly, *Empire and Information : Intelligence Gathering and Social Communication in India, 1780–1870* (Cambridge : Cambridge University Press, 1996).

(24)「市民統治の名を汚すこれらの最も極悪な侮辱」についての広範なリスト（バーゴイン・レポート (Burgoyne Report), Narendra Krishna Sinha, *The Economic History of Bengal : From Plassey to the Permanent Settlement*, vol. 3〔Calcutta : Firma K. L. Mukhopadhyay, 1962〕, vol. I, p. 186 に引用がある）は，下記に見出せるかもしれない。‘Reports from the Committee Appointed to Enquire into the Nature, State and Condition of the East India Company and of the British Affairs in East India’, *Reports from Committees of the House of Commons, 1772–1773*, vol. III (London, 1803).

(25) Dharma Kumar, ed., *The Cambridge Economic History of India*, vol. 2 (Cambridge : Cambridge University Press, 1982), p. 299.

(26) 18 世紀後半のイギリスにおける国家権力の変容が，イングランド銀行とシティの創設に至ったことは特記すべきである。John Brewer, *The Sinews of Power : War, Money and the English State 1688–1783* (London : Unwin Hyman, 1989).［ジョン・ブリュア（大久保桂子訳）『財政＝軍事国家の衝撃――戦争・カネ・イギリス国家 1688–1783』名古屋大学出版会，2003 年］

(27) Warren Hastings, letter dated 4 October 1784 to Nathaniel Smith, Chairman of the EIC reprinted in Peter James Marshall, ed., *The British Discovery of Hinduism in the Eighteenth Century* (Cambridge : Cambridge University Press, 1970), pp. 184–92, この引用は p. 189. Charles Wilkins, tr. *Bhagavad Gita* (London, 1785), Preface, p. 13 にもある。

(28) Michael J. Cullen, *The Statistical Movement in Early Victorian Britain : The Foundations of Empirical Social Research* (New York : Harvester Press, 1975), pp. 10–11 を参照。

(29) OIOC, Court Minutes 1784–5, B/100, p. 216.

(30) Anthony J. Farrington, *The Records of the East India College Haileybury & Other Institutions* (London : Her Majesty’s Stationery Office, 1976), p. 4.

(31) スコットランド人と東インド会社に関する史料については，Paul Wood, ‘The Scientific Revolution in Scotland’, in Roy Porter and Mikuláš Teich, eds., *The Scientific Revolution in National Context* (Cambridge : Cambridge University Press, 1992), pp. 263–87 を参照。スコットランド人の移民については，Marika Vicziany, ‘Imperialism, Botany and Statistics in early-Nineteenth-Century India : The Surveys of Francis Buchanan (1762–1829)’, *Modern Asian Studies*, vol. 20, no. 4 (1986), pp. 625–60 を参照。

(32) Robert Maxwell Ogilvie, *Latin and Greek : A History of the Influence of the Classics on English Life from 1600 to 1918* (London : Routledge & Kegan Paul, 1964), p. 46 *et seq.* この時

期の在インド・イギリス人の日常生活の記述については，Percival Spear, *The Nabobs*（Oxford : Oxford University Press, 1963）を参照。

(33) John Harold Plumb, 'The Grand Tour', in idem, *Men and Places*（London : The Cresset Press, 1963）, pp. 54-66 を参照。

(34) John Lawson and Harold Silver, *A Social History of Education in England*（London : Methuen, 1973）, pp. 217-18. また，George Charles Brauer, *The Education of a Gentleman : Theories of Gentlemanly Education in England 1660-1775*（New York : Bookman Associates, 1959）, pp. 156-94 も参照。

(35) Letter from William Jones to Richard Johnson dated 15 December 1783, in *Letters*, vol. II, p. 624.

(36) Alexander Dow, 'Dissertation Concerning the Customs, Manners, Language, Religion, and Philosophy of the Hindoos', in Mahummud Casim Ferishta, *The History of Hindostan : From the Earliest Account of Time, to the Death of Akhbar*, 2 volumes, tr. Alexander Dow（London : T. Becker & P. A. De Hondt, 1768）, vol. I, p. xxxviii. ヨーロッパにおける平民に対するエリートの態度については，例えば Tobias George Smollett, *Travels through France and Italy*, 2 volumes（London, 1766），特に vol. II, pp. 197-8 を参照のこと。

(37) Warren Hastings, 'A Plan for the Administration of Justice, extracted from the Proceedings of the Committee of Circuit, 15th August 1772', in George William Forrest, ed., *Selections from the State Papers of Governors-General of India*, 4 volumes（Oxford : Blackwell, 1910-26）, vol. II, pp. 295-6.

(38) 作成を依頼されたことが明らかな書のリストについては，John Duncun Martin Derrett, 'Sanskrit Legal Treatises Compiled at the Instance of the British', *Zeitschrift für vergleichende Rechtswissenschaft*, vol. 63（1961）, pp. 72-117 を参照。ホールヘッドの『法典』の事項から，ヘイスティングズが効果的な統治に必要だと信じたものを確認できる。それらは，負債，相続，民事訴訟手続，預金，非当事者財産の売却，提携，贈与，奴隷，主従関係，貸借，売却，境界，土地開墾における共有，都市・町と凶作時の課徴金，名誉棄損，暴行，窃盗，不当な力の行使，姦通，義務，女性，雑多な規則（賭博，遺失物，売り上げ税，養子縁組を含む）である。Ibid., p. 86 を参照。

(39) William Jones, *A New Compendium of the Whole Art of Practical Navigation*, dedicated to the mathematician John Harris, F. R. S.（London, 1702）; idem, *Synopsis Palmoriorum Matheseos : Or, a New Introduction to the Mathematics*（London, 1706）.

(40) John Shore, Lord Teignmouth, *Memoirs of the Life, Writings and Correspondence of Sir William Jones*, printed as volumes 1 and 2 of *Works*, vol. I, p. 21.

(41) Antoine Galland, *Les mille et une nuits*, 12 volumes（Paris, 1704-17）.

(42) Peter Pratt, *An Easy Introduction to the Game of Chess*（London : David Ogilvy & Son, 1806）を参照。

(43) Shore, *op. cit*., in *Works*, vol. I, pp. 70-1.

(44) William Jones, *Histoire de Nader Chah, connu sous le nom de Thahmas Kuli Khan, Empereur de Perse, traduite d'un manuscrit persan, par ordre de sa Majesté le Roi de Danemark, avec des*

notes chronologiques, historiques, géographiques et un traité sur la poésie orientale (London : 1770).

(45) Lawrence Fitzroy Powell, 'Sir William Jones and the Club', *Bullettin of the School of Oriental and African Studies*, vol. 11 (1946), pp. 818–22 を参照。

(46) Letter to W. Bennett, dated 10 November 1771 in *Letters*, vol. I, pp. 103–4.

(47) Letter to H. A. Schultens, dated 6 October 1774, translated, with the Latin original, in ibid., p. 166.

(48) Letters to Lady Georgiana, dated 28 February 1774 and 24 May 1778, in ibid., pp. 143, 271.

(49) ロンドンでジョン・ニコルズによってチャールズ・ディリーのために公刊された。本書は「原典と同じように不明瞭」だといわれた。加えて，相続に関するシャーフィイー法がオランダ領東インドでのみ保持されていたという事実を無視するのみならず，ジョーンズはスンニ派間の区別や，インドにおけるアブ・ハニーファ派（Abu Hanifa）の優位，「イマーム（Imam）」という語がスンニ派とシーア派ではまったく違う意味で用いられるという事実についても無知だった。Semour Gonne Vesey-Fitzgerald, 'Sir William Jones, the Jurist', *Bulletin of the School of Oriental and African Studies*, vol. 11, no. 4 (1946), pp. 807–17 を参照。

(50) Letter to Robert Orme, dated 10 April 1772, in *Letters*, vol. I, pp. 112–13.

(51) Letter to Edward Gibbon, 30 June 1781 in ibid., vol. II, p. 481. Letter to Edmund Burke, 17 March 1782, in ibid., p. 521 も。

(52) Derrett, *op. cit.*, p. 82.

(53) 'Objects of Enquiry during my residence in Asia', dated 12 July 1783 and written on the frigate *Crocodile*, in *Works*, vol. II, pp. 3–4.

(54) *Asiatick Researches*, vol. 1 (1788), p. x.

(55) William Jones, 'A Discourse on the Institution of a Society for inquiring into the History, Civil and Natural, The Antiquities, Arts, Sciences and Literature of Asia', *Asiatick Researches*, vol. 1 (1788), pp. xii–xiv. Reprinted in *Works*, vol. III, pp. 6–7. [引用文中の natural predictions は原著では natural productions となっているため，訂正のうえ訳出した。]

(56) Ibid.（強調は引用者）。言語それ自体の無益さについて，ジョーンズは常にミルトン的な考えをもっていた。*Lettre à Monsieur A*** Du P**** からの以下の文章を見てみよう。「あなたは言語というものが何ら本質的な価値をもっていないということをご存じないのですか。一人の博学の士はこれまでに寄せ集めで編纂された辞書をそらで暗記できますが，結局その人は最も無学な人であることをご存じでしょうか」。William Jones, *Lettre à Monsieur A*** Du P*** dans laquelle est compris l'examen de sa traduction des livres attribués à Zoroastre* (London : P. Elmsly, 1771)（以下 *Lettre à Monsieur A*** Du P****), p. 11.

(57) Letter to Charles Wilkins, dated 24 April 1784, in *Letters*, vol. II, p. 646.

(58) Cannon, *The Life and Mind of Oriental Jones, op. cit.*, pp. 13–23.

(59) William Jones, 'Preface' to *A Grammar of the Persian Language* (1771), in *Works*, vol. V, pp. 177–9（強調は引用者）.

(60) Mirza Sheikh I'tesamuddin, *Shigurf Nama-i Vilayet*（もともとは1827年に英訳で出版された)。引用は最近の英語版である *The Wonders of Vilayet* (Leeds : Peepal Tree Press, 2001), p. 72による。

(61) Abraham-Hyacinth Anquetil-Duperron, *Zend-Avesta, ouvrage de Zoroastre, contenant les idées théologiques, physiques & morales de ce législateur, les cérémonies du culte religieux qu'il a établi, & plusieurs traits importants relatives à l'ancienne histoire des Perses*, 3 volumes (Paris : 1771).

(62) Jones, *Lettre à Monsieur A*** Du P****, pp. 12–13 and 47–8.

(63) Letters to Lord Cornwallis, 19 March 1788, in *Letters*, vol. II, p. 797.

(64) 1788年4月13日のコーンウォリス卿への書簡のなかで，ジョーンズは次のように書いている。「各々の法律の編纂に助力が欠かせないヒンドゥーとムスリムの法律家の選任に関して，私への信頼をお示しいただいた3月19日付のあなたの丁寧なお手紙でお返事をいただいて以来，私は，この仕事に抜きん出て有能な人物を求めてさらに入念に調査を行ってまいりました。ここに4名を推薦することをお許しください。部分的には私自身が彼らについて個人的に知っていることから，また一部にはその判断について私が完全に確信をもっている人々による情報から，彼らを人格者にして学識者であると信じるものであります」。Ibid., pp. 801–2.

(65) Letter to Charles Wilkins, *c.* March 1785, in ibid., p. 666.

(66) Ibid., pp. 667–8.

(67) Letter to Sir John Macpherson, 26 May 1785, in ibid., pp. 675–6.

(68) Letter to William Pitt the Younger, 5 February 1785, in ibid., p. 662

(69) Letter to Charles Wilkins, 6 June 1785, in ibid., pp. 677–8.

(70) *Works*, vol. VIII, pp. 8–12.

(71) Jones to Charles Wilkins, 17 September 1785, in *Letters*, vol. II, p. 682. この時点でもジョーンズには，書籍のなかにその解決策を見出せるという確信はなかった。「どうか学識ある聖者ジャワルに尋ねさせてほしいものです。ヒンドゥーの目撃者から証拠を得るための正当なやり方とは何か，虚偽の目撃証言を得たときのための〔……〕何らかの許し，贖罪があるかどうか，ガンジスもしくは他の聖物，聖句による宣誓が必要かどうかを。私は，ヒンドゥー教徒がこの観点からクエーカー教徒と同様であると考えつつあります。つまり，法廷における虚偽の証言ではなく無宣誓証言のみが，それによって命が救われるとき以外は罪深い犯罪となるのです」。Letter to Thomas Law, 28 September 1785, in ibid., pp. 685–6.

(72) Letter to Robert Orme, 12 October 1786, in ibid., p. 716 (強調は引用者).

(73) Trautmann, *op. cit.* を参照。

(74) William Jones, 'On the *Hindus*', in *Works*, vol. III, p. 28.

[1]『古代王国年代記（*The Chronology of Ancient Kingdoms Amended*)』のこと。

(75) Jacob Bryant, *A New System ; or An Analysis of Antient Mythology*, 3 volumes (London, J. Walker, 1774–6). Isaac Newton, *The Chronology of Ancient Kingdoms Amended. To Which is Prefix'd a short chronicle from the first memory of things in Europe, to the conquest of Persia by*

Alexander the Great (London : J. Tonson, J. Osborn & T. Longman, 1728).

(76) 'On the *Hindus*', p. 32.

(77) Ibid., pp. 42–3.

(78) William Jones, *An Essay on the Law of Bailments* (London : C. Dilly, 1781), p. 114.

(79) イギリスの民衆に対するジョーンズの態度については，ゴードン一揆（1780年6月）の時期に書かれた彼の書簡を参照。そこで彼は反乱者たちを「烏合の衆」と呼び，上流階級の側の自警活動を擁護した。*Letters*, vol. I, p. 402 *et seq*.

一般のインド人に関しては，ジョーンズの「大陪審への説示，1787年6月10日」の特に以下の一節を参照。「ヨーロッパで見境なく非難されているアジア人の過度な贅沢は，もちろん私たちの居留地にも存在する。しかし，贅沢がありそうに思える上流の人々の間ではなく，下層の人々，つまり我々の使用人，ここの港を頻繁に訪れる一般水夫，ここの路上や市場の小売商の間にそれは存在する。そこでは，古い法令の一節を用いれば，人はギャンブルと放蕩，酩酊のために昼間は寝て夜働くのである」。*Works*, vol. VII, p. 25.

(80) William Jones, 'The Best Practicable System of Judicature' (*c*. April 1784), Sheffield Central Library, Wentworth Woodhouse MSS, Burke Notes 9*c*. *Letters*, vol. II, pp. 643–4 に引用あり。

(81) Letter to Lord Cornwallis, 19 March 1788, ibid., p. 795.

(82) Ibid., p. 798.

(83) Ibid., p. 799. 実際ジョーンズは「インドのユスティニアヌス」として何度か自分自身を評していた！（*Letters*, vol. II, pp. 699, 723 を参照）

(84) Commonwealth Relations Office, Bengal Letters Received, vol. 27, pp. 288–9. *Letters*, vol. II, p. 803 に引用あり。

(85) Letter to the Supreme Council, April, 1788, ibid., pp. 801–2.

(86) Shore, *op. cit*., in *Works*, vol. II, pp. 154–5.

(87) ジョーンズの遺産については，OIOC, Bengal Wills 1793–4, L/AG/34/29/8 を参照。

(88) Cohn, *op. cit*., p. 21.

(89) John Duncan Martin Derrett, *Religion Law and the State in India* (London : Faber & Faber, 1968), pp. 247–8.

(90) Ibid., p. 253. ジョゴンナトの影響はマドラス管区にまで達していたようである。Ibid., p. 260 を参照。

(91) Letter from Jonathan Duncan, Resident Benares, dated 1 January 1792, to the Earl of Cornwallis, Governor General in Council in Henry Sharp, ed., *Selections from Educational Records*, vol. 2, part 1, 1781–1839 (Calcutta : Superintendent Government Printing, 1920), p. 11.

(92) Svante Lindqvist, 'Labs in the Woods : The Quantification of Technology During the Late Enlightenment', in Tore Frängsmyr, John L. Heilbron and Robin E. Rider, eds., *The Quantifying Spirit in the 18th Century* (Berkeley, Los Angeles, London : University of California Press, 1990), pp. 291–314. 同書は，大規模な知の生産において集権化された組織が来たす決定的な役割について論じている。

(93) Niklas Luhmann, *Truth and Power : Two Works* (Chichester : John Wiley, 1979) および Anthony Giddens, *The Consequences of Modernity* (Stanford : Stanford University Press, 1990)［アンソニー・ギデンズ（松尾精文・小幡正敏訳）『近代とはいかなる時代か？――モダニティの帰結』而立書房，1993年］.

(94) 特に Breckenridge and van der Veer, eds., *op. cit.* 所収の Rosane Rocher, David Ludden, Nicholas B. Dirks による論考，および Cohn, *op. cit.* が参考になる。ベイリーは情報収集における現地のインド人による先立つ協力を，その著作『帝国と情報』で取り上げており，上記の著者たちの単純でロマンティックな立場よりもはるかに含みがあるとはいえ，結局は相変わらずの本質主義的なインド人とイギリス人の二分法を示してしまっている。「現地の警察の記述や現地人の階級に対する社会学的な認識は，現地情報提供者の証言によってイギリス的な規範に組み入れられた。もちろん，この情報は再分類され，19世紀初頭のイギリス人の世界観を反映するヒエラルキーのなかに組み入れられたのである。にもかかわらず，インド社会学は〔……〕積極的であって，これらの構築物のなかで受け身な要素ではなかった。そしてインド人たちはすぐに内側からこれらの批判を始めた」。Bayly, *Empire and Information*, p. 179.

(95) Nicholas Thomas, *Entangled Objects : Exchange, Material Culture, and Colonialism in the Pacific* (Cambridge, MA & London : Harvard University Press, 1991) を参照。

第4章　19世紀初頭におけるイギリスの東洋学，もしくはグローバリズム対普遍主義

(1) British Library, Burney Colleciton, vol. 841 : *The London Chroncile*, LXXII, no. 5653 (10 November to 13 November 1792), p. 461. Michael T. Davis, ed., *London Corresponding Society, 1792–1799* (London : Pickering & Chatto, 2002) も参照。

(2) Public Record Office, London, TS 11.952.3496, John Frost and Joel Barlow to the Society for Constitutional Information, 29 November 1792.

(3) Edmund Burke, *Reflections on the Revolution in France*, in idem, *The Writings and Speeches of Edmund Burke*, vol. VIII, ed. Leslie George Mitchell (Oxford : Oxford University Press, 1989), pp. 53–293，ここでの引用は，pp. 87–8.［エドマンド・バーク（半澤孝麿訳）『フランス革命の省察』みすず書房，1987年，48頁（以下，訳文の表現を部分的に変更した場合がある）］

(4) Ibid., pp. 100–1.［バーク（半澤訳），63–4頁］

(5) Ibid., p. 58.［バーク（半澤訳），12頁］

(6) Ibid., pp. 268–9.［バーク（半澤訳），281頁］バークの蔵書はボドリアン図書館［オックスフォード大学図書館］に保管されているが，このうち，Cormier, *Mémoire sur la situation de Saint-Domingue, A l'époque du mois de janvier 1792* (Paris, 1792), p. 23 に書き込まれた注釈において，彼がいう犯罪の構成要件が示されている。

(7) 監督局長官で陸軍大臣のヘンリー・ダンダスは，ウェルズリに宛てた書簡において，「フランスを打ち破る方法は，その植民地をすべて奪い貿易を破壊することである」という基本方針を説明している。Board's Secret Drafts, 2, 31 October 1799. Cyril Henry Philips, *The East India Company, 1784–1834* (Manchester : Manchester University Press,

1961), p. 101 より引用。

（8）この説明は，Harry Thomas Dickinson, ed., *Britain and the French Revolution, 1789–1815* (Basingstoke & London : Macmillan, 1989) において最も説得的に示されている。この時期の概説については，Clive Emsley, *Britain and French Revolution* (London : Longman, 2000) ; John Harold Plumb, *England in the Eighteenth Century* (Harmondsworth : Penguin, 1950) ; Roy Porter, *English Society in the Eighteenth Century* (London : Penguin, 1991, 2nd edn) ［ロイ・ポーター（目羅公和訳）『イングランド 18 世紀の社会』法政大学出版局，1996 年］などを参照。

（9）例えば，1794 年に議会で対仏戦争継続を訴えた彼の演説を参照。当該演説は，William Torrens McCullagh Torrens, *The Marquess Wellesley, Architect of Empire : An Historic Portrait* (London : Chatto & Windus, 1880), pp. 101–8 を参照。

（10）Historical Manuscript Commission, Manuscripts of J. B. Fortesque, Drop-more Papers, vol. II, p. 126 (August 1791). この部分は，Iris Butler, *The Eldest Brother. The Marquess Wellesley, the Duke of Wellington's Eldest Brother* (London : Hodder & Sloughton, 1973), p. 68 より引用。

（11）Walter Scott Seton-Karr, *Selections from the Calcutta Gazette*, 5 volumes (Calcutta : Military Orphan Press, 1864), vol. III, pp. 201–2.

（12）Torrens, *op. cit.*, p. 155 ; OIOC, Home Miscellaneous Series H/572, ff. 5–7 を参照。

（13）James Kirkpatrick, 'A View of the State of the Deccan, 4th June 1798', British Library, Wellesley Papers, Add. MSS 13582.

（14）Despatch, dated 26 November 1798, from the Secret Committee to the Governor General in Council, and to the Governments in India. その抜粋は，*Review of the Affairs of India, from the Year 1798, to the Year 1806 ; Comprehending a Summary Account of the Principal Transactions during that Eventful Period* (London : 1807), p. 15 にある。また，Despatch, dated 18 June 1798 は，Richard Wellesley, *The Despatches, Minutes and Correspondence, of the Marquess Wellesley, K. G., During his Administration in India*, ed. Robert Montgomerie Martin, 5 volumes (London : W. H. Allen & Co., 1836), vol. I, pp. 61–4.

（15）OIOC, Home Miscellaneous Series, IOR/H/572, pp. 67–235 : Governor General's Minute concerning the political situation in India and measures to be adopted in reference to Tipu.

（16）Letters from the Marquess Wellesley to Major General Sir David Baird, dated 10 February 1801, in Wellesley, *op. cit.*, vol. II, pp. 440–52.

（17）Letter from the Earl of Mornington to the Court of Directors, dated 21 November 1798, in ibid., pp. 351–60.

（18）OIOC, Home Miscellaneous/H/537, pp. 339–59 : Imposition of censorship 1799 ; pp. 365–95 : Special prohibitory orders issued 1801–1808 to Editors and Printers of the *Calcutta Gazette*, *Asiatic Mirror*, *Hircarrah*, *Star*, *India Gazette*, *Morning Post*, *Oriental Star*, *Telegraph*, *Orphan*, and *Mirror*. また，Mornington to J. Lumsden, 23 December 1798, in Wellesley, *op. cit.*, vol. I, p. 386 ; Seton-Karr, *op. cit.*, vol. III, pp. 17–18 ; H. E. A. Cotton, 'The Story of James Paull', *Bengal Past and Present*, XXVII (July-December 1924), pp. 69–109, とくに 77–9 ;

Charles Maclean, *The Affairs of Asia Considered in their Effects on the Liberties of Britain, In a Series of Letters, Addressed to the Marquis Wellesley, Late Governor-General of India ; Including A Correspondence with the Government of Bengal, under that Nobleman, and a Narrative of Transactions, involving the Annihilation of the Personal Freedom of the Subject, and the Extinction of the Liberty of the Press in India : with the Marquis's Edict for the Regulation of the Press* (London : 1806, 2nd edn) を参照。

(19) Richard Wellesley, 'Notes on the Foundation of a College at Fort William, 10 July 1800', in idem, *op. cit.*, vol. II, pp. 325-55.

(20) ウェルズリの覚書とウォーレン・ヘイスティングズ弾劾裁判の冒頭におけるバークの演説の構成面および内容面での類似は，とても偶然とは言い難い。Edmund Burke, *The Writings and Speeches of Edmund Burke*, vol. VI, ed. Peter Marshall (Oxford : Oxford University Press, 1991), p. 280 *et seq* を参照。

(21) Wellesley, 'Notes ...', pp. 327-8.

(22) Ibid., p. 326.「しかしながら，インド会社は本来の商業的性格の痕跡をいまだにとどめており，また，その職務内容についての見かけ上の指示はいまだに商業的な計画と原則に沿ってなされています。しかし実際のところ，それは商人を偽装した国家であり，会計事務所の顔をした巨大な役所なのであります」というバークの見解を参照のこと。Opening of Impeachment, 15 February 1788, in idem, *op. cit.*, vol. VI, p. 283. 東インド会社への就職希望者に求められていたのは，三数法と商業簿記に関するいくらかの知識のみであった。Anthony J. Farrington, *The Records of the East India College of Haileybury & Other Institutions* (London : Her Majesty's Stationary Office, 1976), p. 4.

(23) Wellesley, *op. cit.*, pp. 326-7. 注 22 に引用したバークの見解も参照のこと。

(24) Wellesley, *op. cit.*, p. 346.

(25) ここでも，安定した階層的社会構造という考えを，バークによるヒンドゥー社会の描写およびバラモンとイングランド貴族の相同性についての指摘と比較してみるとよい。Burke, *op. cit.*, vol. VI, p. 303 *et seq* を参照。また，フォックスのインド法案についての彼の演説 1 December 1783, *op. cit.*, vol. V, pp. 389-90 も参照。

(26) Wellesley, 'Regulation for the Foundation of the College of Fort William in Bengal', *op. cit.*, pp. 356-61.

(27) ムンシーについては，Muzaffar Alam and Sanjay Subrahmanyam, 'The Making of a Munshi', *Comparative Studies of South Asia, Africa and the Middle East*, vol. 24, no. 2 (2004), pp. 61-72 を参照。

(28) イギリスにおける古物収集趣味の展開については，John Gascoigne, *Joseph Banks and the English Enlightenment : Useful Knowledge and Polite Culture* (Cambridge : Cambridge University Press, 1994) ; Rosemary Sweet, *Antiquaries : The Discovery of the Past in Eighteenth-Century Britain* (London : Hambledon & London, 2004) を参照。

(29) Deliberation of Governor General in Council, Fort William, Public Department, 21 December 1798, in Seton-Karr, *op. cit.*, vol. III, p. 22.

(30) Farrington, *op. cit.*, p. 6.

(31) NAI, Home Miscellaneous Series, 'Proceedings of the College of Fort William', DLIX (April, May, October 1801).
(32) 例えば，Eric Stokes, *The English Utilitarians and India* (Oxford : Clarendon Press, 1959) を参照。
(33) William Jardin Proudfoot, *Biographical Memoir of James Dinwiddie LLD Astronomer in the British Embassy to China, 1792–1793* (Liverpool : Edward Howell, 1866), pp. 98–9 ; James Dinwiddie, *Syllabus of a Course of Lectures on Experimental Philosophy* (London : A. Grant, 1789).
(34) British Library, Eur. MSS E.176, f. 698, 23 April 1802. グラントは次のように書いている。「ウェルズリ自身がうかつにも自らの敗北の種を播いたのである。取締役会に宛てて送付した民間商人の特権拡大に関する彼の書簡はちょうどよいタイミングで届き，自由な貿易を求める一派が劣勢にあった自らの主張を裏書きするために用いられたのであった」。Philips, *op. cit.*, p. 127 より引用。
(35) Ibid., pp. 104–6.
(36) Eric J. Hobsbawm, *Industry and Empire* (London : Weidenfeld & Nicolson, 1968), p. 18. [E. J. ホブズボーム（浜林正夫ほか訳）『産業と帝国』未来社，1984 年]
(37) John Maynard Keynes, *Essays in Biography* (London : Macmillan, 1933), p. 108. [J. M. ケインズ（大野忠男訳）『人物評伝』東洋経済新報社，1980 年] また，Dan Lloyd LeMahieu, *The Mind of William Paley : A Philosopher of his Age* (Lincoln, NE & London : University of Nebraska Press, 1976) も参照。
(38) David Owen, *English Philanthropy 1660–1960* (London : Oxford University Press, 1965), p. 105. こうした哲学の明確で明白な表現は，Humphry Davy, 'Elements of Agricultural Chemistry, in a Course of Lectures for the Board of Agriculture ; Delivered between 1802 and 1812', Lecture I を参照のこと。すなわち，「共同体における上位の階層の人々，土地の所有者たち——その教育ゆえに開明的な計画を立案し，その財産ゆえにそうした計画を実行に移すのに相応しい人々。こうした人々からこそ改良の信念が生まれ，それが共同体の労働者階層へと波及していく。すべての階層において，利益は相互に享受されるものである。というのも，借地人の利害は常にその土地の所有者の利害と同様であるはずだからである。労働者が雇用主の目を欺くことができないと信じ，また，自らの知識に確信をもっている時には，彼は細部にまで注意を払い，改良のためにさらに我が身を尽くすだろう。土地の持ち主の無知と土地の扱い方についての不案内は，一般的に，不注意もしくは借地人と土地管理人による無分別な行為に帰結するのである」。'*Agrum pessimum mulctari cujus Dominus non docet sed audit villicum*'. In idem, *The Collected Works of Sir Humphry Davy, Bart*. Ed. John Davy, 9 volumes (London : Smith, Elder & Co, 1839–40), vol. VII, p. 197.
(39) Morris Berman, *Social Change and Scientific Organization : The Royal Institution 1799–1844* (Ithaca : Cornell University Press, 1978), p. 78.
(40) Ibid., pp. 83–4. 通常，リチャード・ウェルズリの「弟」こそが，イングランドをフランスから守ったのだと考えられている。リチャードの役割がそこで言及されることは

決してなく，それは歴史のなかではインド史を扱う章に追いやられている。しかし，リチャードの業績はまさしく，イギリスの歴史，および，フランスの覇権的な普遍主義に対抗するグローバルな共同意識についてのイギリスの戦略の歴史の一部をなす。フォート・ウィリアム・カレッジ，王立研究所，農業委員会の 3 つを一組とみることは一般的ではない。しかし，それらは，同一の社会的・経済的発展段階のもとで生まれ，共通とはいえないまでも類似した行動指針を掲げたのであった。そして，これらの組織の執行部には，概して同じ顔ぶれの人々が並んでいたのである。

(41) 東インド会社に対する科学的知識の提供者としての王立研究所の役割については，OIOC, Home Correspondence, Miscellaneous Letters Sent, E/1/239, f. 141 William Ramsay to the Earl of Dundonald, 16, June 1803 ; Correspondence with India, Bombay Despatches, E/4/1019, f. 37, 13 January 1804.

(42) Davy, *op. cit.*, vol. II, p. 323.「実験の魔術師」というあだ名は，Roy Porter, *op. cit.*, p. 353 から借用した。また，David Knight, *Humphry Davy : Science and Power* (Oxford & Cambridge, MA : Blackwell, 1992) も参照。

第 5 章　普及論を打破する

(1) Rules of the Vidyalaya, or Hindoo College of Calcutta, approved by the Subscribers, 27 August 1816. *The Sessional Papers ... of the House of Leeds ... in the Session 1852–3*, vol. XXIX : Government of Indian Territories, Second Report from the Select Committee of the House of Lords Appointed to inquire into the Operation of the Act 3 & 4 Will. 4, *c*. 85, for the better Government of Her Majesty's Indian territories ... together wih the Minutes of Evicence', London, 1853, pp. 250–2 に再録。

(2) ヒンドゥー・カレッジの設立に至る一連の出来事は，ウィリアム・ウィルバーフォース・バードの貴族院への証言のなかで詳しく描写されている (ibid., p. 235 *et seq* を参照)。特別委員会に対する宣誓証言の途中で，バードはイーストのジョン・ハリントン宛の手紙を読み上げた。手紙のコピーは「それが含む情報がこの世から消え去ってしまうことのないように」イーストによって保管されていた。本文中の引用はイーストの描写から (pp. 236–7)。

(3) Ibid.

(4) Rules of the Vidyalaya : no. 2, ibid. p. 250.

(5) Ibid., p. 236.

(6) University of Calcutta, Presidency College, *Centenary Volume, 1955* (Alipore : West Bengal Government Press, 1956), p. 1 ; 'Appendix A—Analysis of Fisher's Memoir', in Henry Sharp, ed., *Selections from Educational Records*, vol. 2, part 1, 1781–1839 (Calcutta : Superintendent Government Printing, 1920), p. 183. Koustubh Panda, ed., *Nostalgia : An Illustrated History of Hindu-Presidency College, 1817–1992* (Calcutta : Sulagna Mukherjee, 1993) も参照。

(7) 'Report of the General Committee of Public Instruction', prepared by Horace Hayman Wilson, quoted in letter dated 16 April 1834 from Court of Directors to the Governor General in Council, OIOC, Board's Collections, Bengal (no. 26), E/4/740, p. 903 : on the Public Department of

Native Education, no. 5 を参照。

(8) 'Preliminary Rules for the Calcutta School Book Society', 6 May 1817 ; Rule 2, in *The Sessional Papers of the House of Lords*, p. 252.

(9) Minute by Warren Hastings, dated 17 April 1781, in Sharp, ed., *op. cit.*, pp. 7-9 and 30.

(10) Ibid.

(11) Thomas Fisher's Memoir dated 7 February 1827, quoted in 'Appendix A — Analysis of Fisher's Memoir' in ibid., pp. 186-7.

(12) Ibid., p. 31.

(13) David Kopf, *British Orientalism and the Bengal Renaissance : The Dynamics of Indian Modernization 1773-1835* (Calcutta : Firma K. L. Mukhopadhyay, 1969).

(14) 間文化的な仲介者の概念については，Louise Bénat Tachot and Serge Gruzinski, eds., *Passeurs culturels : mécanismes de métissage* (Paris : Presses Universitaires de Marne-la-Vallée and Éditions de la Maison des Sciences de l'Homme, 2001) を参照。

(15) Narendra Krishna Sinha, *The Economic History of Bengal : From Plassey to the Permanent Settlement*, 3 volumes (Calcutta : Firma K. L. Mukhopadhyay, 1965-70), vol. I, p. 101 を参照。

(16) Lal Behari Dey, *Recollections of Alexander Duff and of the Mission College which he founded at Calcutta* (London, 1878), pp. 40, 47. Bruce Tiebout McCully, *English Education and the Origins of Indian Nationalism* (New York : Columbia University Press, 1940), p. 44 に引用されている。

[1] 独立運動が高まるなか，インド統治のあり方を探るためにイギリスが 1927 年に設けた憲政改革調査委員会のこと。

(17) Indian Statutory Commission [Simon Commission], *Review of the Growth of Education in British India* (London : His Majesty's Stationery Office, 1929), p. 24.

(18)「知のイメージ」という用語の用法は，Yehuda Elkana, 'The Distinctiveness and Universality of Science : Reflections on the Work of Professor Robin Horton', *Minerva*, vol. XV, no. 2 (1977), pp. 155-73 のものと非常に近い。

(19) Kapil Raj, 'Hermeneutics and Cross-Cultural Communication in Science : The Reception of Western Scientific Ideas in 19th-Century India', *Revue de Synthése*, IVe série, N°s 1 and 2 (1986), pp. 107-20 を参照。

(20) Edward Hyde East to John Herbert Harington, in *Sessional Papers ... op. cit.*, p. 36. しかしながら，他の記録から，ラムモホン・ロイがすでに自宅で会合を開いていたということ，さらに，1816 年 5 月 14 日にイーストに提出された計画を作成する手助けをしていたということがわかる。*Centenary Volume*, *op. cit.*, appendix III, p. 300 を参照。

(21) Anthony J. Farrington, *The Records of the East India College Haileybury & Other Institutions* (London : Her Majesty's Stationery Office, 1976), p. 4.

(22) George Charles Brauer, *The Education of a Gentleman : Theories of Gentlemanly Education in England 1660-1775* (New York : Bookman Associates, 1959), pp. 156-94 ; Robert Maxwell Ogilvie, *Latin and Greek : A History of the Influence of the Classics on English Life from 1600 to 1918* (London : Routledge & Kegan Paul, 1964), p. 46 *et seq* を参照。

(23) Ibid. 実際，OIOC, 0/6/12 (609) に収められた記録のなかに私が見つけたフォート・ウィリアム・カレッジ関連のディンウィディーへの唯一の言及は，実験哲学教授としての経費に関するものである。彼への言及のその他のものは，①カルカッタの植物園で行われるブラジルのコチニール虫をインドに導入する実験，②インドのヒマラヤ杉油（‘deadwar’ [sic] oil ; deodar）の評価，③麻の栽培，に関係している。OIOC, 0/6/10 (683–92) and 0/6/11 (411). ディンウィディーについては，Wiliam Jardine Proudfoot, *Biographical Memoir of James Dinwiddie LLD, Astronomer in the British Embassy to China, 1791–1793* (Liverpool : Edward Howell, 1866) を参照。

(24) Cyril Henry Philips, *The East India Company 1784–1834* (Manchester : Manchester University Press, 1961).

(25) Charles Grant, *Observations on the State of Society among the Asiatic Subjects of Great Britain, Particularly with Respect to Morals ; and on the Means of Improving It*, reprinted in Sharp, *op. cit*., p. 83.

(26) Horace Hayman Wilson, *Two Lectures on the Religious Practices and Opinions of the Hindus ; Delivered before the University of Oxford on the 27th and 28th of February, 1840* (Oxford : John Henry Parker, 1840), pp. 2–3.

(27) P. E. Razzell, ‘Social Origins of Officers in the Indian and British Home Army’, *British Journal of Sociology*, vol. 14 (1963).

(28) ベンガル行政部門におけるスコットランド人の割合の「尋常ではない」増加は，ウォーレン・ヘイスティングズが弾劾された理由のひとつであった。John Reddy, ‘Warren Hastings : Scotland’s Benefactor’, in Geoffrey Carnall and Colin Nicholson, eds., *The Impeachment of Warren Hastings* (Edinburgh, 1989) を参照。

(29) Nicholas Hans, *New Trends in Education in the Eighteenth Century* (London : Routledge & Kegan Paul, 1951), pp. 32–6 を参照。

(30) John Lawson and Harold Silver, *A Social History of Education in England* (London : Methuen, 1973), p. 226 *et seq* を参照。

(31) Michael Watts, *The Dissenters from the Reformation to the French Revolution* (Oxford : Oxford University Press, 1978) ; Edward Palmer Thompson, *The Making of the English Working Class* (Harmondsworth : Penguin, 1980) ; Roy Porter, *English Society in the Eighteenth Century* (London : Penguin, 1991, 2nd edn).

(32) カルカッタ教科書協会によって刊行された書籍の完全なリストについては，*Annual Reports of the Calcutta School-Book Society* の 1817 年以降を参照。さらに，Sushil Kumar De, *History of Bengali Literature in the Nineteenth Century* (Calcutta : Firma K. L. Mukhopadhyay, 1961) も参照。

(33) *Report of the Provisional Committee of the Calcutta School-Book Society* (Calcutta : 1817), pp. 2–3.

(34) Evidence of Horace Hayman Wilson before the Select Committee of the House of Lords, 5th July, 1853, in *The Sessional Papers ... op. cit*., p. 261.

(35) Robert May, *Gonito, being a Collection of Arithmetical Tables, made under the*

superintendence of the Rev. R. May, of Chinsura ; with Rules for their Application to Business, illustrated by examples（Calcutta : The Calcutta School-Book Society, 1817）. メイは，ロンドン伝道協会（London Missionary Society）の一員だった。Michael Andrew Laird, *Missionaries and Education in Bengal 1793–1837*（Oxford : Clarendon Press, 1972）を参照。私は現存する『ゴニト』をインドあるいはイギリスのどの主要図書館においても探し当てることができていない。

（36）John Harle, *Ganitanka : Arithmetic ; comprising the Five Fundamental Rules*（Calcutta : The Calcutta School-Book Society, 1818）. この本は第 6 版まで刊行されたが，第 2 版は 1846 年まで出版されなかった。しかしながら，その後に続く 4 つの版は 1871 年から 78 年の間に連続で出た。James Fuller Blumhardt, *Catalogue of the Library of the India Office*, vol. II, part IV : Bengali, Oriya, and Assamese Books（London : Eyre & Spottiswoode for the King's Most Excellent Majesty, 1905）, p. 182 を参照。引用は *The Second Report of the Calcutta School-Book Society*（Calcutta : 1819）, p. 3 から。

（37）Ibid., pp. 2–3.

（38）Extract of a letter from Captain Francis Irvine, Recording Secretary of the Society to Dr Joshua Marshman, dated March 1819, in ibid., appendix X, p. 52. Thomas Fisher, 'Memoir on Education of Indians', appendix I of the *Report from the Select Committee of the House of Lords on the Affairs of the East India Company on the Renewal of the Charter, 1831–32*（London : 1833）, pp. 194–348 ; reprinted in *Bengal : Past and Present*, vol. 18（January–June 1919）, pp. 73–156 も参照のこと。

（39）*Fourth Report of the Calcutta School-Book Society*（Calcutta, 1821）, appendix III, p. 26.

（40）*Fifth Report of the Calcutta School-Book Society*（Calcutta, 1823）, appendix IV, p. 32.

（41）Fisher, 'Memoir ...'. この引用は *The Bengal Past and Present* reprint, pp. 97–9 から。OIOC, Bengal Public Consultations, 3 July 1823（no. 3）and 30 July 1823（nos 12–14）も参照。

（42）Hans, *op. cit.* を参照。

（43）Presidency College, *op. cit.*, p. 3.

（44）Ibid.（強調は引用者による）。

（45）James Kerr, *A Review of Public Instruction in the Bengal Presidency from 1835 to 1851*, 2 volumes（London : William H. Allen & Co., 1853）, vol. II, p. 22.

（46）*Report of the Colleges and Schools for Native Education under the Superintendence of the General Committee of Public Instruction in Bengal, 1831*（Calcutta, 1832）, p. 72. McCully, *op. cit.*, p. 23 に引用されている。のちの 1835 年においてさえ，ウィリアム・アダムは，彼の最初の報告において「おそらく，この国の英語教育の最も熱心な支持者たちは，我が子および自国の人々に英語教育を提供するための現地人自身によるあらゆる努力と犠牲に気づいていない」と述べることになるのである。William Adam, 'First Report on the State of Education in Bengal—1835', in idem, *Reports on the State of Education in Bengal (1835 & 1838)*, ed. A. Basu（Calcutta : University of Calcutta, 1941）, pp. 35–6.

（47）Address, dated 11 December 1823, from Raja Rammohun Roy in Sharp, ed., *op. cit.*, pp. 98–101 ; Narendra Krishna Sinha, ed., *Days of John Company. Selections from Calcutta*

Gazette, 1824–1832* (Calcutta : West Bengal Government Press, 1959), p. 227.

(48) Kopf, *op. cit.*, p. 184.

第 6 章　旅人が機器になるとき

［1］訳文は，斉藤兆史訳『少年キム』（ちくま文庫，2010 年）に基づき，若干の修正を加えた。

（1）Clements Robert Markham, *A Memoir on the Indian Surveys* (London : Her Majesty's Secretary of State for India in Council, 1878, 2nd edn), pp. 113, 132.

（2）トマス・ジョージ・モンゴメリの若年期や教育に関するもう少し詳しい事柄については，アディスコーム士官学校への志願書（OIOC, L/MIL/9/215 folios 238–46）および 1836 年 2 月から 1851 年 5 月までの士官学校の月報（OIOC, L/MIL/9/341）から収集することができる。また，Reginald Henry Phillimore, *Historical Records of the Survey of India*, 5 volumes (Dehra Dun : Survey of India, 1945–68), vol. V, p. 513 も参照。

（3）'Montgomerie, Thomas George', in Leslie Stephen and Sidney Lee, eds., *Dictionary of National Biography from the Earliest Times to 1900*, 22 volumes (Oxford : Oxford University Press, 1917), vol. XIII, pp. 758–60.

（4）Markham, *op. cit.*, p. 428 からの引用。モンブラン山が，オラス＝ベネディクト・ド・ソシュール（Horace Bénédict Saussure）による踏査以後，科学的な観測登山の比較の基準としての役割を常にもっていたことは注目に値するかもしれない。

［2］この 19 世紀の英語の綴りから推察される本来の名前は，ムハンマド・ハミード（Muḥammad Ḥamīd）あるいはマフムード・ハミード（Maḥmūd Ḥamīd）であろうかと考えられる。しかし，現時点では十分な根拠に乏しいため，ここでは綴りの単純な音写にとどめ，マホメディ・ハミードとする。

（5）残念ながら，私はハミードの生涯やキャリアについての情報を見つけることはできなかった。

（6）Dane Kennedy, *The Magic Mountains : Hill Stations and the British Raj* (Berkeley, Los Angeles, London : University of California Press, 1997) を参照。

［3］トランスヒマラヤの測量に活躍したパンディットたちの詳しい活動については，薬師義美『大ヒマラヤ探検史——インド測量局とその密偵たち』（白水社，2006 年）が参考になる。

［4］図 17 のキャプションの原文は「オクサス地方（the Oxus region）」だが，日本の中央アジア関係文献において「オクサス」は古代を対象とする地名として使われることが多いため，「アム川流域」と改めた。

（7）Phillimore, *op. cit.*, vol. V, p. 480 に引用されている，NAI, Survey of India Records, Dehra Dun Volumes, Decade 1850–60, 641 (393), letter dated 9 June 1853 from Surveyor General to Montgomerie.

（8）'Proceedings of the Asiatic Society of Bengal, N° 2 (April 1862)', *Journal of the Asiatic Society of Bengal*, Vol. 31 (1863), pp. 209–13,［引用部分は］p. 212.

（9）*Journal of the Royal Geographic Society*, vol. 38 (1868), p. 129.

［5］以下，パンディットのコードネームは「　」で表記し，個人名とは区別する。

(10) 最新版の *Times Atlas* によれば，ヤルカンドは東経 77 度 16 分，北緯 38 度 27 分に位置する。

(11) *The Journal of the Royal Geographical Society*, vol. 38 (1868), p. 164.

(12) 報告後の討議に関する記録を伴う報告の抄録は，*Proceedings of the Royal Geographical Society*, vol. X (1865–6), pp. 162–5 に掲載された。報告全文は，*Journal of the Royal Geographical Society*, vol. 36 (1866), pp. 157–72 所載の Thomas George Montgomerie, 'On the Geographical Position of Yarkand, and Some Other Places in Central Asia' である。

(13) ボーティヤーとは一般に，チベット語を話し，主に仏教徒であるヒマラヤ諸地域の人々を指す総称である。

(14) Christoph von Fürer-Haimendorf, *Himalayan Traders* (New York : St. Martin' s Press, 1975), Chapter 7 を参照。また，Janet Rizvi, *Trans-Himalayan Caravans : Merchant Princes and Peasant Traders in Ladakh* (Delhi : Oxford University Press, 1999) も参照。

(15) Herman von Schlagintweit, Adolf von Schlagintweit, and Robert von Schlagintweit, *Results of a Scientific Mission to India and High Asia Undertaken between the Years MDCCCLIV and MDCCCLVIII, by Order of the Court of Directors of the Honourable East India Company*, 4 volumes (Leipzig : 1861–6), vol. I, p. 38.

(16) これらの機器は，2 つの小型六分儀，懐中コンパス，プリズム・コンパス，懐中クロノメーター，空気温度計と沸点温度計，そして時計であった。

［6］エリオット兄弟社（Elliot Brothers）は 19 世紀後半のイギリスで有名な科学機器製造会社であった。Gloria Clifton, 'An Introduction to the History of Elliott Brothers up to 1900', *Bulletin of the Scientific Instrument Society*, No. 36 (1993), pp. 2–7 ; H. R. Bristow, 'Elliott, Instrument Makers of London : Products, Customers and Development in the 19th Century', *Bulletin of the Scientific Instrument Society*, No. 36 (1993), pp. 8–11.

(17) Thomas George Montgomerie, 'Extracts from a Diary kept by Pundit ——during his Journey from Nepal to Lhasa, and from Lhasa through the Upper Valley of the Brahmaputra to the Source of that River near the Mansarowar Lake', *Journal of the Royal Geographical Society*, vol. 38 (1868), pp. 154–79.

(18) NAI, letter dated 23 August 1867 from Foreign Department, Foreign Department Proceedings, March 1868.

(19) これらの任務の詳細については以下を参照。Thomas George Montgomerie, 'Report of "The Mirza's" Exploration from Caubul to Kashgar', *Journal of the Royal Geographical Society*, vol. 41 (1871), pp. 132–93 ; idem, 'A Havildar's Journey through Chitral to Faizabad, in 1870', *Journal of the Royal Geographical Society*, vol. 42 (1872), pp. 180–201 ; Anon., *Narrative of Surveys made, during 1876, by 'The Mullah', in connexion with the operations of the Great Trigonometrical Survey of India* (Simla : Government of India Press, 1877).

(20) *Journal of the Royal Geographical Society*, vol. 47 (1877), p. cxxvi.

［7］日本では，チベット行を目指した河口慧海に援助を与えた人物として知られる。慧海によるサラト・チャンドラ・ダースに関する記述は，河口慧海『チベット旅行記』

（講談社，2015 年）および奥山直司編『河口慧海日記』（講談社，2007 年）に見られる。

(21) Sarat Chandra Das, *Indian Pandits in the Land of Snow* (Calcutta : Baptist Mission Press, 1893) ; idem, *Journey to Lhasa and Central Tibet* (London : John Murray, 1902) ; idem, *A Tibetan-English Dictionary* (Calcutta : Government of Bengal, 1902) ; idem, *Autobiography : Narratives of the Incidents of My Early Life* (Calcutta : K. L. Mukhopadhyay, 1969).

［8］原文は lama-merchant だが，lama は通常チベット仏教での高僧を指すことから，「チベット商人」と訳す。

(22) この任務の全記録については，以下を参照。John Baboneau Nickerlien Hennessey, 'Report on Pandit Kishen Singh's Explorations in Great Tibet and Mongolia', in Sidney Gerald Burrard, ed., *Exploration in Tibet and Neighbouring Regions, Part 1, 1865–1879 ; Part 2, 1879–1892*. Records of the Survey of India, vol. VIII, 2 parts (Dehra Dun : Survey of India Press, 1915), part 2, pp. 215–324.

(23) Peter Fleming, *Bayonets to Tibet* (London : Rupert Hart-Davis, 1961), p. 23.

(24) 例えば以下を参照。Thomas Hungerford Holdich, 'Tibet' in *Encyclopaedia Britannica*, 11th edn, vol. 26 (1911), pp. 916–28 ; John Norman Leonard Baker, *A History of Geographical Discovery and Exploration* (London : George G. Harrap, 1931) ; Indra Singh Rawat, *Indian Explorers of the 19th Century* (New Delhi : Government of India, Ministry of Information and Broadcasting, 1973) ; Kenneth Mason, *Abode of Snow : A History of Himalayan Exploration and Mountaineering from Earliest Times to the Ascent of Everest* (London : Diadem Books, 1987) ; Derek J. Waller, *The Pundits : British Exploration of Tibet and Central Asia* (Lexington : University Press of Kentucky, 1990) ; Jacques Pleydel-Bouverie, 'On a Wheel and a Prayer', *Geographical Magazine*, vol. 64, no. 5 (1992), pp. 12–15.

(25) 例えば，ヘンリー・ユールからラザフォード・オルコックに宛てられた 1876 年 7 月 18 日付の書簡（王立地理学協会蔵）を参照。

(26) Mary Louise Pratt, *Imperial Eyes : Travel Writing and Transculturation* (London & New York : Routledge, 1992), p. 7.

(27) Alan Moorehead, *The White Nile* (London : Penguin, 1973), p. 65.［アラン・ムアヘッド（篠田一士訳）『白ナイル――ナイル水源の秘密』筑摩書房，1970 年，65 頁］

(28) ポール・デュ・シャイユ（Paul Du Chaillu）の *Explorations and Adventurers in Equatorial Africa* (New York, 1861), p. 83 からの以下の引用は，この覇権主義的目標をみごとにもじっている。「足元の急流の音が私の耳に響いていた。そして，私が辿りつきたいと思うあの遠くの山々に向かって目を見張りながら，キリスト教文明の光がアフリカの黒人の子供たちの間に一旦正しく広められさえすれば，この原野がどのように見えるだろうかと考え始めた。森林がコーヒー，綿花，スパイスのプランテーションに代わるのを，平和な黒人たちが満足して日々の仕事に出かけるのを，農場経営と製造業を，教会と学校を私は夢見た。それから幸運なことに，ここまで考えたところで視線を天に向かって上げたその時，私が座っていた木の真下の枝から，巨大なヘビがぶら下がっているのが見えた。明らかに自分の領域に踏み込んできたこの夢見る侵入者をがぶりとやろうとしているところだった」(Pratt, *op. cit.*, p. 209 への引用から)。

(29) ヘンリー・モートン・スタンリーは，どうにかして『ニューヨーク・ヘラルド』と『ロンドン・デイリー・ニュース』という2紙からの共同出資を受けられたという点で唯一の例外であった。

(30) [Moorehead] Ibid.

(31) Svante Lindqvist, 'Labs in the Woods : The Quantification of Technology During the Late Enlightenment', in Tore Frängsmyr, John L. Heilbron, and Robin E. Rider, eds., *The Quantifying Spirit in the 18th Century* (Berkeley, Los Angeles, London : University of California Press, 1990), pp. 291–314.

(32) Sven Widmalm, 'Accuracy, Rhetoric, and Technology : the Paris-Greenwich Triangulation, 1784–88', in ibid., pp. 179–206 を参照。また，S. Schaffer, 'Accurate Measurement is an English Science', in M. Norton Wise, ed., *The Values of Precision* (Princeton : Princeton University Press, 1995), pp. 135–72 も参照。

(33) Susan Faye Cannon, *Science in Culture : The Early Victorian Period* (New York : Science History Publications, 1978), pp. 75–6.

(34)「この確信はますます高まっている。計測対象により近いところに底辺を置けば，歩幅によって，あるいは計測者の前に順々に突き出していく長い棒によって，たいそう素早く測ることができる高さである，40t.［トワズ（toise)］までを計測することができると。人間の歩幅の規則正しいことよ。習熟すれば何という正確さに至ることができるのか。歩数を数えず時間によって計測すること。地平線が見えなくても，目の高さでの標識に使える高さ5フィートの棒によって高度を計測すること。私には，人工水平儀とこの標識が，たいていの場合5〜6分の誤差で合っていることがわかった。これほどの細かい差異ならば，きわめて精密であろうと思われる。対象物のおおよその大きさを確認するひとつの方法を得るには，10の方法を考案することができる。ただし，これらのおおよその値には誤差という限界があり，それを経験によって把握しなければならない。この種の方法では，100トワズを［厳密に言えば］計測し誤るかもしれないが，それでも［その値は］2トワズや300トワズではないだろう。（繰り返しになるが）博物学者が求めるものは，天文学者のそれとは異なる。生命の大きな問題は，わずかな時間に多くのものを生み出すということである。もしきわめて単純な手段による計測方法が一般に広まり，田野や森や山に生きる人々の関心が，ものの大きさや距離により向けられるなら，二つの半球で数多の旅や研究が行われた後には，地質学（人類の知識のなかで最も美しく最も興味深い分野）についての我々の知識は，3倍の進歩を遂げることだろう」。Alexander von Humboldt, Tagebuch 1, Bl. 81r, Deutsche Staatsbibliothek, Berlin. 私は，この文献を提供し，どのような文脈で歩測が有効な計測技術であるとフンボルトが考えていたのかを解説してくれたミヒャエル・デテルバッハ（Michael Dettelbach）に大いに感謝する。

(35) Simon Schaffer, 'Metrology, Metrication and Victorian Values', in Bernard Lightman, ed., *Victorian Science in Context* (Chicago : University of Chicago Press, 1997), pp. 438–74 を参照。

(36) Cannon, *op. cit.*, p. 104.

(37) Markham, *op. cit.*, p. 64.

(38) Ralph Smyth and Henry Landour Thuillier, compilers, *A Manual of Surveying for India, Detailing the Mode of Operations on the Revenue Surveys in Bengal and the North-Western Provinces* (Calcutta : Thacker, Spink & Co., 1851).

(39) Phillimore, *op. cit.*, vol. I, p. 199.

(40) Smyth and Thuillier, *op. cit.*, pp. 106–8.

(41) Montgomerie, 'On the Geographical Position of Yarkand, ...', *The Journal of the Royal Geographical Society*, vol. 36 (1866), p. 163.

(42) Heniz Otto Sibum, 'Reworking the Mechanical Value of Heat : Instruments of Precision and Gestures of Accuracy in Early Victorian England', *Studies in History and Philosophy of Science*, vol. 26, no. 1 (1995), pp. 73–106.

(43) *Proceedings of the Royal Geographical Society*, vol. 10 (1865–6), pp. 162–5.

(44) Harry M. Collins, *Changing Order : Replication and Induction in Scientific Practice* (London : Sage, 1985), pp. 100–6 を参照。

(45) なお，1851 年に創立された英国科学振興協会（British Association for the Advancement of Science）のセクション E は「地理学および民族学」と称された。

(46) Robert Boyle, 'The Christian Virtuoso', in idem, *The Works of the Honourable Robert Boyle*, ed. Thomas Birch, 6 volumes (London : J. & F. Rivington, 1772), vol. 5, p. 529. Steven Shapin and Simon Shcaffer, *Leviathan and the Air-Pump : Hobbes, Boyle and the Experimental Life* (Princeton : Princeton University Press, 1985), p. 58 における引用から。

(47) Simon Shcaffer, *From Physics to Anthropology—and Back Again* (Cambridge : Prickly Pear Press, 1994) を参照。

(48) 植民地期インドにおける現地人仲介者の問題を分析した研究はほとんどなかったが，この空隙は Christopher Alan Bayly, *Empire and Information : Intelligence Gathering and Social Communication in India, 1780–1870* (Cambridge : Cambridge University Press, 1996) によって埋められた。

(49) 本書第 2 章参照。南アジアの地図製作の伝統一般については，Joseph E. Schwartzberg, 'South Asian Cartography', in John Brian Harley and David Woodward, eds., *The History of Cartography. Cartography in the Traditional Islamic and South Asian Societies*, vol. 2, book 1 (Chicago & London : University of Chicago Press, 1992), pp. 293–509 を参照。

(50) Phillimore, *op. cit.*, vol. II, plate 22, facing page 427. また以下も参照。Marika Vicziany, 'Imperialism, Botany and Statistics in early Nineteenth-Century India : The Surveys of Francis Buchanan (1762–1829)', *Modern Asian Studies*, vol. 20, no. 4 (1986), pp. 625–60 ; Nicholas B. Dirks, 'Colonial Histories and Native Informants : Biography of an Archive', in Carol A. Breckenridge and Peter van der Veer, eds., *Orientalism and the Postcolonial Predicament : Perspectives on South Asia* (Philadelphia : University of Pennsylvania Press, 1993), pp. 279–313.

(51) もちろん，知識の形成におけるこうした仲介は正当化されなければならなかったし，イギリス人たちは実際にこのことの必要性に気づいていた。イギリスのオリエンタリ

ズムの主たる機能のひとつはまさしくこれであった。Kapil Raj, 'Du commerce à la linguistique', *La Recherche*, 300（July–August 1997）, pp. 46–9，および本書第 3 章を参照。

（52）英語におけるこれらの用語の意味の展開については，*The Oxford English Dictionary* および Henry Yule and A. C. Burnell, *Hobson-Jobson : A Glossary of Colloquial Anglo-Indian Words and Phrases*（London : John Murray, 1903 ; new edition : London : Routledge & Kegan Paul, 1985）を参照。

（53）Steven Shapin, *A Social History of Truth : Civility and Science in Seventeenth-Century England*（Chicago & London : University of Chicago Press, 1994）を参照。

（54）Thomas George Montgomerie, 'Report of a Route-Survey made by Pundit *—, from Nepal to Lhasa, and thence through the Upper Valley of the Brahmaputra to its Source : Extracts', *Proceedings of the Royal Geographical Society*, vol. 12（1867–8）, p. 144.

［9］明らかに，ミシェル・フーコーの『監獄の誕生』（初版 1975 年）に見られる「従順な身体（Les corps dociles）」に基づく表現である。同書の邦訳には，ミシェル・フーコー（田村俶訳）『監獄の誕生——監視と処罰』（新潮社，1977 年）がある。

（55）この問題については，Frédéric d' Osten Sacken, Secretary of the Imperial Russian Geographical Society と General J. T. Walker, Superintendent of the Great Trigonometrical Survey of India の往復書簡（王立地理学協会蔵）を見よ。

（56）キントゥプの話については，Henry Charles Baskerville Tanner, 'Kintup's Narrative of a Journey from Darjeeling to Gyala Sindong（Gyala and Sengdam）, Tsari and the Lower Tsang-po, 1880–84', in Sidney Gerald Burrard, ed., *Exploration in Tibet and Neighbouring Regions, Part 1, 1865–1879 ; Part 2, 1879–1892*, Records of the Survey of India, vol. VIII, 2 parts（Dehra Dun : Survey of India Press, 1915）, pt. 2, pp. 329–38 を参照。

終　章　リロケーション

（1）Steven J. Harris, 'Long-Distance Corporations, Big Sciences, and the Geography of Knowledge', *Configurations*, vol. 6, no. 2（1998）, pp. 269–304 ; Larry Stewart, 'Other Centres of Calculation, or, Where the Royal Society Didn't Count : Commerce, Coffee-Houses and Natural Philosophy in Early Modern London', *British Journal for the History of Science*, vol. 32, no. 2（1999）, pp. 133–53 ; Johan Leonard Blussé and Ilonka Ooms, eds., *Kennis en Compagnie : De Verenigde Oost-Indische Compagnie en de moderne Wetenshap*（Amsterdam : Balans, 2002）を参照。

（2）Bruno Latour, *Science in Action : How to Follow Scientists and Engineers through Society*（Milton Keynes : Open University Press, 1986）, chapter 6 を参照。

（3）例えば，以下を参照。Lia Formigari, *Maupertuis, Turgot, Maine de Biron : Origine e funzione del linguaggio*（Bari : Laterza, 1971）; Marie-Noëlle Bourguet, *Déchiffrer la France. La statistique départementale à l'époque napoléonienne*（Paris : Editions des archives contemporaines, 1988）; Pietro Corsi, *The Age of Lamarck*（Berkeley : University of California Press, 1988）; Alice Stroup, *A Company of Scientists : Botany, Patronage, and Community at the Seventeenth-Century Parisian Academy of Sciences*（Berkeley : University of California

Press, 1990) ; John Brian Harley and David Woodward, eds., *The History of Cartography*, 2 volumes (Chicago & London : University of Chicago Press, 1987–94) ; Eric Brian, *La mesure de l'Etat : Administrateurs et géomètres au XVIIIe siècle* (Paris : Albin Michel, 1994) ; Theodore M. Porter, *Trust in Numbers ; The Pursuit of Objectivity in Science and Public Life* (Princeton : Princeton University Press, 1995) ; Nicholas Jardine, James E. Secord and Emma C. Spary, eds., *Cultures of Natural History* (Cambridge : Cambridge University Press, 1996) ; Emma C. Spary, *Utopia's Garden : French Natural History from Old Regime to Revolution* (Chicago & London : University of Chicago Press, 2000) ; Richard Drayton, *Nature's Government : Science, Imperial Britain, and the 'Improvement' of the World* (New Haven & London : Yale University Press, 2000) ; Mary Terrall, *The Man who Flattened the Earth : Maupertuis and the Sciences of the Enlightenment* (Chicago & London : University of Chicago Press, 2002).

（4） Josef W. Konvitz, *Cartography in France 1660–1848 : Science, Engineering, and Statecraft* (Chicago & London : University of Chicago Press, 1987).

（5） Simon Schaffer, 'Golden Means ; Assay Instruments and the Geography of Precision in the Guinea Trade', in Marie-Noëlle Bourguet, Christian Licoppe and Heinz Otto Sibum, eds., *Instruments, Travel and Science : Itineraries of Precision from the Seventeenth to the Twentieth Century* (London & New York : Routledge, 2002), pp. 20–50 ; idem, 'Astrophysics, Anthropology and Other Imperial Pursuits', Plenary Talk at the Decennial Meeting of the Association for Social Anthropology, Manchester, July 2003 を参照。

（6） Bernard S. Cohn, *Colonialism and Its Forms of Knowledge : The British in India* (Princeton : Princeton University Press, 1996) ; Nicholas B. Dirks, 'Colonial Histories and Native Informants : Biography of an Archive', in Carol A. Breckenridge and Peter van der Veer, eds., *Orientalism and the Postcolonial Predicament : Perspectives on South Asia* (Philadelphia : University of Pennsylvania Press, 2001), pp. 279–313 ; idem, *Castes of Mind : Colonialism and the Making of Modern India* (Princeton : Princeton University Press, 2001) ; Eugene Irschick, *Dialogue and History : Constructing South India, 1795–1895* (Berkeley, Los Angeles, London : University of California Press, 1994) ; Gyan Prakash, *Another Reason : Science and the Imagination of Modern India* (Princeton : Princeton University Press, 1999) ; Thomas Trautmann, 'Hullabaloo about Telugu', *South Asia Research*, vol. 19, no. 1 (1999), pp. 53–70 ; Philip B. Wagoner, 'Precolonial Intellectuals and the Production of Colonial Knowledge', *Comparative Studies in Society and History*, vol. 45, no. 4 (2003), pp. 783–814.

（7） Irschick, *op. cit*., p. 9.

（8） Christopher Alan Bayly, *Empire and Information : Intelligence Gathering and Social Communication in India, 1780–1870* (Cambridge : Cambridge University Press, 1996).

（9） Ibid., p. 179.

（10） Simon J. Schaffer, 'Field Trials, the State of Nature and British Colonial Predicament', paper presented at the 'Science and Empire' seminar, Centre de Recherche en Histoire des Sciences et des Techniques, Cité des Sciences et de l'Industrie, La Villette, Paris, 11 June 1999.

(11) Bayly, *op. cit.*, chapters 7 and 8.

(12) Linda Colley, *Britons : Forging the Nation, 1707–1837* (New Haven & London : Yale University Press, 1992) を参照。Roy Porter and Mikuláš Teich, eds., *The Scientific Revolution in National Context* (Cambridge : Cambridge University Press, 1981) も参照のこと。

(13) Svante Lindqvist, 'Labs in the Woods : The Quantification of Technology During the Swedish Enlightenment' in Tore Frängsmyr, John L. Heibron and Robin E. Rider, eds., *The Quantifying Spirit in the Eighteenth Century* (Berkley : University of California Press, 1990), pp. 291–315 を参照。

(14) まさにこの主題に関する基調パネル「18 世紀後期の帝国経験における仲介者と知のネットワーク (Mediators and Knowledge Networks in Late Eighteenth-Century Imperial Experience)」が，The Fifth Joint Meeting of the British Society for the History of Science, the Canadian Society for the History of Science, and the [American] History of Science Society in Halifax, 5–7 August 2004 において企画され，ジェイムズ・デルブルゴーニュ，リサ・ロバーツ，サイモン・シャッファー，そして私自身によるペーパーが発表された。我々は現在，この主題に関する本 [Simon Schaffer, Lissa Roberts, Kapil Raj, and James Delbourgo, eds., *The Brokered World : Go-Betweens and Global Intelligence, 1770–1820* (Sagamore Beach : Science History Publications, 2009)] を準備中である。

(15) Heinz Otto Sibum, 'Experimentalists in the Republic of Letters', *Science in Context*, vol. 16, nos 1–2 (2003), pp. 89–120 ; idem, 'Shifting Scales : Microstudies in Early Victorian Britain', *Isis* : forthcoming.